Michael W. Fox · Vom Wolf zum Hund

Michael W. Fox

Vom Wolf zum Hund

Entwicklung, Verhalten und soziale Organisation der Caniden

BLV Verlagsgesellschaft München
Verlag ›Das Bergland-Buch‹ Salzburg
Albert Müller Verlag Rüschlikon-Zürich

Titel der englischen Originalausgabe:
Behaviour of Wolves, Dogs and Related Canids
erschienen bei Jonathan Cape Ltd., London

Aus dem Englischen übersetzt von Sigrid Rücker
Bearbeitung: Eberhard Trumler

Druck: Brönner & Daentler KG, Eichstätt
Buchbinder: Conzella, München
Printed in Germany · ISBN 3-405-11365-2

Inhaltsverzeichnis

Vorwort

Eine ganze Reihe von Veröffentlichungen befaßt sich bereits mit der Ökologie und den Lebenszyklen der Wölfe, Kojoten und Füchse. Hingegen gibt es nur wenige Untersuchungen über die soziale Organisation und das Verhalten dieser Tiere und anderer Hundeartiger. Studien über die Entwicklung eng verwandter Arten können zusätzliche Beiträge zum Verständnis der Verhaltensevolution (Phylogenie) bringen.

Diese Monographie enthält Originalbeobachtungen an verschiedenen Arten handaufgezogener Caniden: an jungen und erwachsenen Hundeartigen, die in europäischen oder amerikanischen Tiergärten aufgezogen worden sind, sowie an Hundeartigen, die erst als Alttiere in Gefangenschaft geraten waren. Ergänzend wurden – für einen allgemeinen Überblick über die Ethologie der Hundeartigen – vielfältige Quellen zur Information herangezogen: Arbeiten über Tiere in Gefangenschaft und in ihrem natürlichen Lebensraum. Viele der hier zitierten Beobachtungen bedürfen weiterer Bekräftigung und Quantifizierung. Immerhin bieten sie Arbeitsgerüst und Anreiz für künftige Studien über diese faszinierende und wenig bearbeitete Familie der Fleischfresser.

Caniden unterscheiden sich von Art zu Art im Grad ihrer sozialen Organisation; einige Spezies leben verhältnismässig solitär (ausgenommen während der Paarungszeit), während andere in hochorganisierten Rudeln zusammenarbeiten. Diese Monographie konzentriert sich in erster Linie auf den Wolf. Er wird in seinem Verhalten, seiner Entwicklung und seiner sozialen Organisation sodann mit anderen Hundeartigen – Haushunden, Kojoten und Rotfüchsen verglichen. Wir hoffen, daß hiermit der Anstoß zu weiteren exakten Studien gegeben wird – über die Ontogenie und Phylogenie des Verhaltens nicht nur bei den Caniden, sondern auch bei anderen Angehörigen der Ordnung der Carnivoren.

Noch mangelt es an Daten über Entwicklungsvergleiche bei den Verhaltensmustern der Wildcaniden, die in Gefangenschaft geboren worden sind. Tatsächlich sind die Hundeartigen eine äußerst ergiebige Gruppe für das Studium ontogenetischer und phylogenetischer Prozesse der Verhaltensentwicklung innerhalb einer kleinen Familie. Die Daten über die Entwicklung der Haushunde (Canis familiaris), die SCOTT und FULLER (1965) und FOX (1967) erarbeitet haben, liefern den Ansatzpunkt für dieses Projekt. Es gibt beim Studium domestizierter Arten, bei denen selektive Zucht den Bestand der Aktionsmuster abgeändert haben mag, gewisse Grenzen; ebenso wie bei dem erwachsener Gefangenschaftstiere, deren Aktionsmuster als Folge von Reizausfällen (MORRIS 1966) unterdrückt oder hypertrophiert sind. Diese Überlegungen lassen ganz klar auch Grenzen beim Studium nicht-domestizierter Arten erkennen, die in Gefangenschaft geboren worden sind. Ihr Lebensraum reicht vermutlich für die Entwicklung normaler Verhaltensmuster nicht aus. Diese Einschränkungen werden, wie HEDIGER (1950) betont, einigermaßen durch die größere Anpassungsfähigkeit der Jungtiere an die Verhältnisse in der Gefangenschaft (oder einem begrenzten Lebensraum) aufgewogen.

Solche Jungtiere zeigen auch verschiedene Abstufungen von Zahmheit, so daß ein Beobachter ihr Verhalten weniger hemmt, als das bei erwachsenen Tieren, die aus der Wildbahn stammen, der Fall wäre.

Ein entscheidender Nachteil bei der Beobachtung der Verhaltensentwicklung von Wildtieren, besonders bei den Fleischfressern, ist allerdings die Tatsache, daß man die erste Generation von Hand aufziehen muß. Ungezähmte Muttertiere töten häufig ihre Jungen, wenn sie von einem Beobachter über Gebühr gestört werden. Ein handaufgezogenes Tier wächst gewissermaßen in einer Umgebung auf, in der es keine artspezifischen Erfahrungen machen kann. Die normale Bereicherung und Abänderung der Verhaltensmuster durch ›kulturelle‹ Einflüsse (Anm. d. Übers.: gemeint sind Traditionsbildungen), die beim Wolf ein ganz entscheidender Faktor sein können, werden daher nicht in Erscheinung treten. So vermutet z.B. BOLWIG (1964), daß handaufgezogene Affen übertriebenen Gesichtsausdruck zeigen, weil sie entweder die menschliche Ziehmutter nachahmen oder aber weil ihre normalen Ausdrucksweisen zur Kommunikation mit dem Menschen nicht ausreichen. Wir berücksichtigten diese Variabilitäten in unserer Studie und hielten uns stets an mindestens zwei Individuen jeder Art, die zusammen aufgezogen worden waren. Wir haben uns bemüht, die Gefahr einer zu starken Bindung an die menschliche Ziehmutter so weit wie möglich zu vermeiden. Daher gaben wir jedem Individuum einen Artgenossen gleichen Alters (wenn nicht sogar aus demselben Wurf) zur Gesellschaft, damit die Ontogenie des Verhaltens nicht ungünstig beeinflußt werde.

Evolution und Klassifikation der Hundeartigen

COLBERT (1939) vermutet, daß der Haushund vom eurasischen Wolf abstammt; die Abstammungsfrage wird aber durch Domestikationserscheinungen der Hunde verschiedener Gebiete schwieriger, denen dann Rückkreuzung mit Wildhunden und ein über die Kontinente reichender Hundehandel folgte. Er verfolgt die Vorfahrenschaft bis zu *Miacis* zurück, einem kleinen, schleichkatzenähnlichen fleischfressenden Säugetier, mit kurzen Beinen und langgestrecktem Körper, das vor über vierzig Millionen Jahren (Übergang vom Eozän zum Oligozän) gelebt hat. Die Schleichkatzen sind die unmittelbaren Nachkommen dieses Tieres. Während des Oligozäns entwickelten sich aus *Miacis* zwei nordamerikanische Grundformen: der große, kräftige, langschwänzige *Daphaenus,* und der kleinere, schlankere *Cynodictis.* Ersterer erinnert an einen »Bärenhund« (und gleicht dem heute lebenden Vielfraß), letzterer wird für den Urahnen der gesamten Hundefamilie gehalten. Die Nachkommen von *Daphaenus* vergrößerten sich im Miozän (vor zehn Millionen Jahren) und entwickelten sich im Pliozän zu Bären. *Cynodictis* hatte teilweise rückziehbare Krallen in Anpassung an ein Baumleben und glich Schleichkatzen. Daraus entstammten im unteren Miozän zwei Formen: *Temnocyon,* aus dem die neuzeitlichen Hyänenhunde Afrikas und die Rothunde Asiens hervorgingen (der südamerikanische Buschhund mag diesen altweltlichen Wildhunden verwandt sein); *Cynodesmus* aus Nordamerika entwickelte sich zu großen hyänenartigen Tieren (die aber den Hyänen nicht verwandt sind; ein Beispiel für konvergente Evolution, belegt durch *Borophagus* und *Hyaenognathus,* die schließlich ausstarben). Ein Nachkomme von *Cynodesmus* entwickelte sich im oberen Miozän. Das war *Tomarctus,* aus dem sich Wolf, Fuchs und Wildhund entwickelten.

Abb. 1 Bei diesen großen, kojotenartigen Caniden kann es sich um Rotwölfe (Canis lupus niger) oder um Hybriden aus Texas handeln.

MIVART bringt in seiner Monographie der *Canidae* folgenden taxonomischen Überblick über die Familie:

Familienkennzeichen: Die Canidae sind fleischfressende Säugetiere, mit nur vier vollständigen Zehen an den Hinterfüßen und vier oder fünf an den Vorderfüßen; vier Prämolaren oben und vier unten; Molaren gewöhnlich zwei oben und drei unten an jeder Seite; Ohrkapsel glatt, abgerundet, mit einem sehr unvollständigen inneren Septum; Paroccipital-Fortsatz abstehend und gegen die Bulla gerichtet; Mastoid klein, aber deutlich; Condyloid- und Glenoid-Öffnungen deutlich sichtbar; ein gut-entwickelter Alisphaenoidkanal; Gehirn mit vier Windungen rund um die Sylvische Spalte; Blinddarm stets vorhanden und meist aufgerollt; Penisknochen gestreckt, breit und gefurcht; Prostata vorspringend; keine Cowperschen Drüsen.

Unterteilung der Familie Canidae:

	Backenzähne, oben/unten	Unterfamilie
Zehen 5–4	2/3	Canis
	2/2	Cyon
	1/2	Icticyon
	3/4	Otocyon
Zehen 4–4		Lycaon

MIVART beschreibt danach die Merkmale der verschiedenen Unterfamilien:

Unterfamilie Canidae: Zehen 5–4, Prämolaren 4/4, Molaren 2/3. Nasenbeine erstrecken sich nach hinten zwischen die Stirnfortsätze des Oberkiefers, oder nicht so weitgehend; Außenrand der Nasenbeine nicht scharf ausgezackt; vordere Gaumenlöcher nicht sehr groß; erster oberer Prämolar gut entwickelt, sehr groß; erster oberer Prämolar wesentlich kleiner als der zweite; innerer Teil des ersten oberen Molaren gut entwickelt, das Cingulum nicht mit den Innenhöckern verwachsen; Blinddarm allgemein aufgerollt und gewunden.

Diese Unterfamilie umfaßt den Haushund, den Wolf, den Kojoten, die Schakale, Füchse und die südamerikanischen Hundeartigen, von denen manche hundeartigen Füchsen gleichen. Die folgenden Arten sind in der Unterfamilie *Canidae* enthalten:

Canis lupus	Wolf. Europa, Asien (Indien: *Canis lupus pallipes*), Nordamerika, Arktis.
Canis niger	Rotwolf. Nordamerika, Gebiet des Golf von Texas.
Canis latrans	Kojote. Nord- und Zentralamerika.
Canis aureus	Goldschakal. West- Südwest- und Südasien, Nordafrika.
Canis mesomelus	Schabrackenschakal. Afrika
Canis adustus	Streifenschakal. Afrika.
Canis simensis	Walgie. Nordostafrika.
Canis familiaris	Hund (domestiziert, ebenso Dingo).
Alopex lagopus	Polarfuchs. Arktis.
Vulpes velox	Swift-Fuchs. Nordamerika.
Vulpes macrotis	Großohr-Kitfuchs. Nordamerika.
Vulpes vulpes	Rotfuchs. Nordamerika, Asien, Nordafrika, Europa.

Vulpes corsac	Steppenfuchs. Zentralasien.
Vulpes bengalensis	Bengalfuchs. Südasien.
Vulpes ruppelli	Rüppelfuchs. Nordafrika und Süd-West-Asien.
Vulpes pallida	Blaßfuchs. Nordafrika.
Vulpes cana	Afghanfuchs. Südasien.
Vulpes chama	Kapfuchs. Südafrika.
Vulpes ferrilata	Tibetfuchs. Zentralasien.
Fennecus zerda	Fennek. Nordafrika, Süd-West-Asien.
Urocyon cinereo-argenteus	Graufuchs. Nord- und Südamerika.
Urocyon littoralis	Insel-Graufuchs. Inseln von Nordamerika.
Nyctereutes procyonides	Marderhund. Ost-Asien.
Dusicyon culpacolus	Culpeofuchs aus Soriano.
Dusicyon culpaeus	Culpeofuchs, eher Wolf oder Hund ähnlich. Bolivien, Chile, Tierra del Fuego, Anden von Ecuador, Südamerika.
Dusicyon fulvipes	Chiloe-Fuchs, Insel Chiloe (Südamerika).
Dusicyon griseus	Argentinischer Graufuchs. Südamerika, Chile, Patagonien.
Dusicyon gymnocercus	Pampasfuchs. Südamerika, Argentinien, Cordoba.
Dusicyon inca	Südamerika, südliches Peru.
Dusicyon sechurae	Peru und Ecuador.
Dusicyon vetulus	Weiß-grauer Fuchs (oder kleinzähniger Hund). Südamerika, Süd-Zentralbrasilien.
Cerdocyon thous	Maikong oder Krabbenfuchs. Südamerika, Kolumbien.
Atelocynus microtis	Kurzohrfuchs. Südamerika, Brasilien, Amazonas.
Chrysocyon brachyurus	Mähnenwolf. Südamerika, Bolivien, Paraguay, Argentinien.

Man muß ausdrücklich die großen regionalen Unterschiede betonen, die es nach Größe und Farbe zwischen vielen dieser Caniden gibt. Der Polarfuchs beispielsweise ist ganz weiß, wohingegen Wölfe in anderen Gebieten von Grau über Rehbraun bis Schwarz vorkommen. Den Rotfuchs gibt es in südlichen Gegenden von Kastanienrot bis zu einem blassen Sandton, während der Polarfuchs jahreszeitlich die Farbe wechselt – im Winter weiß, im Sommer schiefergrau/braun. Auch eine Blau-Phase ist bei solchen Polarfüchsen zu beobachten, die ihre Schiefergrau-Blau-Tönung bis in den Winter behalten; alle Füchse auf Pribilof haben diese Farbe. Viele Wildcaniden sind bei der Geburt dunkelbraun. Die Farben des Erwachsenenpelzes entwickeln sich während der ersten Lebenswochen.

Hybridisierung zwischen den wilden Canidenstämmen (Wölfe, Präriewölfe, Schakale) und Haushunden trifft man in vielen Gegenden, namentlich mit Präriewölfen. Diese Kojoten-Hunde (»*coydogs*«) sind oft wesentlich größer als Präriewölfe. Es ist schwer, einige dieser Hybriden von dem nunmehr nahezu ausgestorbenen Rot-Wolf zu unterscheiden. Der indische Wildhund, der Waldhund und der afrikanische Wildhund gehören zur Unterfamilie der *Simocyoninae*.

MIVART beschreibt jede Gattung wie folgt:

Genus *Cyon* (Hodgson). Zehen 5–4, Pm. 4/4, M. 2/2. Die Nasenbeine reichen nach hinten weit unter die angrenzenden Teile der Oberkiefer; Außenrand jedes Nasenbeins, distal vom Nasenfortsatz der Stirn, stark nach innen gewölbt, so daß der Außenrand auf der Gesamtlänge jedes Nasenbeins eine nach unten gezackte Außenlinie besitzt; das Gesicht ziemlich kurz; die rückwärtige Oberfläche der Partie zwischen den Augenhöhlen jedoch querver-

Abb. 2 Schabracken-schakal (Canis mesomelus), Afrika.

laufend nur wenig konkav. Der Schädel zeigt, im Profil betrachtet, nur eine geringe Erhebung zwischen den Augenhöhlen, so daß die Aushöhlung zwischen diesen Partien und dem Vorderende der Nasenbeine erscheint und sowohl hinsichtlich der Höhe als auch der Vorwärts-Rückwärts-Ausdehnung von geringem Ausmaß ist; hinter den Augenhöhlen deutliche Fortsätze der Molaren; keine stark herausgewölbten Jochbeine; vordere Gaumenlöcher sehr groß und stark verlängert; der erste obere Prämolar ist in der Größe dem zweiten ähnlicher als beim Hund; der vierte obere Prämolar mit einem kleineren inneren Lappen als gewöhnlich beim Hund; der innere Teil des ersten oberen Molaren klein, seine inneren Wölbungen

Abb. 3 Fennek (Fennecus zerda), Nordafrika

Abb. 4 Südafrikanischer Kapfuchs (Vulpes chama). Foto San Diego Zoo.

Abb. 5 Großohr-Kitfuchs (Vulpes macrotis). Nordafrika. Foto San Diego Zoo.

Abb. 6 Swift-Fuchs (Vulpes velox) aus Nordafrika.

sind mehr oder weniger vollständig mit dem Cingulum zusammengewachsen; der erste untere Molar klein, besonders sein innerer Grat; der Schwanz weniger als die halbe Körperlänge.

Eine Art, *Cuon alpinus,* gehört zu dieser Gattung. Dieser Canide, gemeinhin als asiatischer Wildhund oder Dhole bekannt, zeigt beträchtliche regionale Unterschiede in Größe und Farbe und ist ein Rudeljäger.

Abb. 7 Cerdocyon thous, Südamerika. Foto San Diego Zoo.

Abb. 8 Argentinischer Fuchs (Dusicyon griseus).

Genus *Icticyon* (Lund.) Zehen 5–4, Pm. 4/4, M. 1/2, selten M. 2/2. Nasenbeine erstrecken sich nach hinten bis über die angrenzenden Teile der Oberkiefer; der äußere Rand eines jeden an der Äußenlinie ziemlich ausgezackt; kurzes Gesicht; die Kinnladen nach unten eckig verlaufend; hinter den Augenhöhlen kleine Stirn- und Molarenfortsätze; vordere Gaumenlöcher nicht sehr groß; der erste obere Prämolar klein; der erste obere Molar nach unten dreieckig; kein zweiter oberer Molar oder nur ein winziger; der zweite untere Molar ist winzig oder fehlt; kurze Glieder; Schwanz und Ohren sehr kurz; gerader Blinddarm.
Bei dieser Gattung gibt es eine Spezies, *Speothos venaticus,* den Waldhund Süd- und Zentralamerikas. Dieser kleine Canide jagt in kleinen Rudeln.

Abb. 9 Mähnenwolf (Chrysocyon brachyurus). Südamerika.

Abb. 10 Kurzohr-Hund (Atelocynus microtis). Südamerika.

Genus *Lycaon* (Brookes). Zehen 4–4, Pm. 4/4, M. 2/3. Die Nasenbeine erstrecken sich nach hinten so weit wie die Augenhöhlenfortsätze der Oberkiefer; der äußere Rand von beiden an der Außenlinie scharf gezackt; Gesicht ziemlich kurz; Gaumen sehr breit; kein nach unten eckiger Fortsatz; die Fortsätze hinter den Augenhöhlen gut entwickelt; vordere Gaumenlöcher groß; lange Glieder; kurze Schnauze; aufgerollter Blinddarm; Zunge ohne Lytta.

Der Afrikanische Wildhund, *Lycaon pictus* von Afrika, ist der einzige Vertreter dieser Gattung. Er ist ein Rudeljäger.

Abb. 11 Culpeofuchs (Dusicyon culpaeus). Südamerika. Foto San Diego Zoo.

Der nunmehr in die Unterfamilie der Otocyoninae eingereihte Löffelhund wurde ursprünglich von MIVART folgendermaßen beschrieben:

Genus *Otocyon (Lichtenstein)*. Zehen 5-4, Pm. 4/4. M. 3/4. – Die Nasenbeine erstrecken sich nach hinten unter die angrenzenden Teile der Oberkiefer; der Schädel zeigt im Profil eine geringfügige vertikale Erhebung auf der Partie zwischen den Augenhöhlen; die Fortsätze hinter den Augenhöhlen sind gut entwickelt; der Gaumen reicht rückwärts bis hinter die letzten Molaren; Kinnladen mit einem sehr großen, nach unten eckigen Fortsatz und einem spärlichen waagerechten rami; abschnittweise verhältnismäßig sehr kleine Zähne; teilweise mit kleinen Blättern; sehr große Ohren; Blinddarm gewunden. Diese Gattung enthält eine Spezies, den Löffelhund oder Delalande-Fuchs, *Otocon megalotis* von Afrika. Er ist wahrscheinlich der am höchsten sozialisierte unter den fuchsähnlichen Caniden.

Neuerdings sind die drei Gattungen – *Cyon, Icticyon und Lycaon* – in der Unterfamilie *Simocyoninae* zusammengefaßt worden. Es ist erstaunlich, daß die Anatomen so verhaltensmäßig unterschiedliche Arten wie den Waldhund (*Speothos venaticus,* Genus Icticyon von MIVART) und den Dhole (*Cuon alpinus,* Genus Cyon von MIVART) und den Afrikanischen Wildhund (*Lycaon pictus,* Genus Lycaon von MIVART) nebeneinanderzustellen wagten. Cuon und Lycaon haben einige gemeinsame Verhaltenszüge. Speothos jedoch ist in seinem Verhalten weit von den beiden anderen Arten entfernt. Der Löffelhund (*Otocyon megalotis*) bleibt (von MIVART in die Gattung Otocyon eingeteilt) als eine Unterfamilie der Caniden, nämlich die Otocyoninae, separiert. Es gibt Beweise aus dem Bereich des Verhaltens, aber auch anatomische Gründe (gut entwickelte ›nach unten eckige Fortsätze‹ oder nach oben eckige Fortsätze der Kinnladen) dafür, daß der waschbärähnliche Marderhund, *Nyctereutes procyonoides,* zur Gattung der Otocyoninae zu klassifizieren wäre, doch steht diese Frage vorläufig noch zur Debatte

GUILDAY (1962) hält das Verhalten für einen Beweis einer gewissen Ähnlichkeit in der Entwicklung von Graufuchs, Löffelhund (*Otocyon*) und Marderhund. Er folgert, daß der Löffelhund näher dem Graufuchs als dem Rot- oder Polarfuchs verwandt ist, weil beide, Graufuchs und Löffelhund, einen stufenförmigen nach unten eckigen Fortsatz und eine plastische Partie für den Ausgang der Schläfenmuskeln am Schädel besitzen. Dieser nach unten eckige

Abb. 12 Dhole, der indische Wildhund (Cuon alpinus).

Abb. 13 Afrikanischer Wildhund (Lycaon pictus).

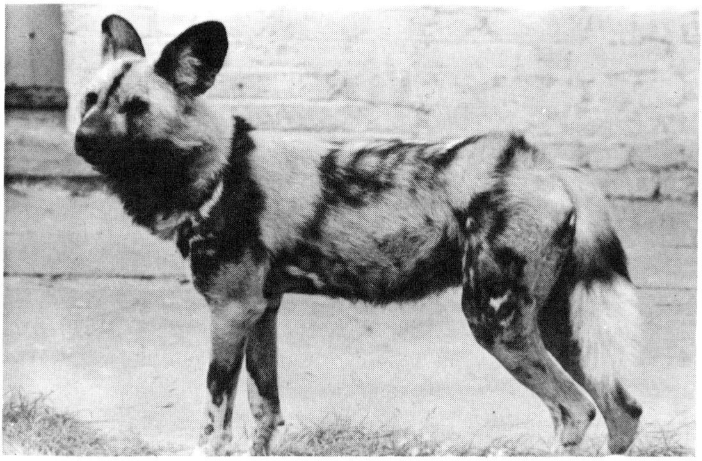

Abb. 14 Marderhund (Nyctereutes procyonides). Ost-Asien.

Abb. 15 Löffelhund (Otocyon megalotis). Afrika. Man beachte die Unterwerfshaltung des Weibchens und das Verhaltensmuster des Schweifaufrichtens beim Männchen im Vordergrund!

Fortsatz ist auch beim Marderhund gut entwickelt, dennoch erscheint er andererseits nicht verwandt. GUILDAY hebt hervor, daß die Klassifizierung der Caniden angesichts solcher anatomischen Beweise neu überdacht werden sollte.

Beobachtungen an Gruppen von Afrikanischen Wildhunden in der Gefangenschaft enthüllen einen bemerkenswerten Mangel an Gesichts-Ausdrucksmöglichkeiten, im Gegensatz zu der aus Intensität und gleichzeitigen Kombinationen resultierenden Vielfalt, wie sie beim Wolf auftritt. Ferner sind die qualitativen Aspekte der nichtverbalen Kommunikations-Signale beim Wolf wesentlich stärker ausgeprägt. Man muß zu der Schlußfolgerung kommen, daß der Wolf in sozialer Hinsicht der am höchsten entwickelte Canide ist, wobei ausgeprägte Individualität eher als Anonymität mit dem hohen Grad von sozialer Organisation innerhalb eines Hierarchiesystems vereinbar ist, das auf Dominanz, Rangfolge und einem Status aufgebaut ist, in welchem Rituale aktiver und passiver Unterwerfung und von Toleranz-Domination wiederholt hervortreten. Auch dem Dhole mangelt es an Gesichts-Ausdrucksmöglichkeiten, wohingegen der andere Rudeljäger, der Waldhund, ein bedeutend breiter entwickeltes Repertoir besitzt.

Die nächste Caniden-Gruppe jagt einzeln, paarweise oder im Familienverband – bis die Nachkommen ein gewisses Alter erreicht haben oder bis die Mutter wieder in die Hitze kommt, zu welcher Zeit die Jungen verjagt werden. Das trifft auch für die Präriewölfe zu (*Canis latrans*), die Schakale wie Goldschakal (*Canis aureus*), welcher Rudel bildet und der am weitesten sozialisierte von allen Schakalen zu sein scheint), der Seitenstreifen- (*Canis adustus*) und der Schwarzrücken-Schakal (*Canis mesomelus*), den Waldhund (*Speothos venaticus*, der Rudel bildet), sowie den Dingo (*Canis familiaris*). Die Berichte sind etwas unterschiedlich, und es scheint, daß ein ganz beachtlicher Teil unter der Vielzahl von Dingos gemeinsam jagt. Das mag von dem Nahrungsangebot im jeweiligen Areal abhängen. Es kann unvorteilhaft sein, auch nur ein kleines Rudel zu formen, so daß die fragliche Spezies Einzeljäger sind oder daß höchstens das Männchen-Weibchen-Paar gemeinsam jagt. Umgekehrt kann ein Überfluß an Nahrung zu vorübergehenden Ansammlungen (eher noch als

zu sozialisierten Rudeln) von Individuen führen, die sich in einem bestimmten Abschnitt konzentrieren. Man hat verschiedene Präriewölfe im selben Revier gemeinsam nach kleinen Nagetieren, die im Überfluß vorhanden waren, jagen sehen. Unter solchen Umständen konnte man auch eine gewisse Zusammenarbeit beobachten. Schließlich führen bei Präriewölfen und Schwarzrücken-Schakalen die Beweise aus den Revier-Beobachtungen zu der Verallgemeinerung, daß diese zwei Spezies, die in eine sehr ähnliche ökologische Ecke gehören, eine recht beständige Paar-Verbindung eingehen (VAN WORMER 1964, VAN DER MERWE 1953). Sie sind ortsgebunden und jagen im Familienverband. Ihre Jungen bleiben bis zur nächsten Paarungszeit bei den Eltern, dann werden sie verjagt.
Die letzte Canidengruppe vertreibt ihre Nachkommen schon in einem jüngeren Alter, auch die Paar-Verbindung zerbricht um diese Zeit. Nach BURROWS (1968) tritt beim Rotfuchs gelegentlich Polygamie auf, so daß es bei ihm keine Partnerverpflichtung während der Nachkommen-Fürsorge gibt; normalerweise steht das Männchen dem Weibchen bei der Nahrungsbeschaffung für die Jungen bei, wo jedoch eine Überzahl an Weibchen im Verhältnis zu den Männchen besteht, paaren diese sich mit mehr als einem Weibchen. Das Männchen leistet noch etwas elterlichen Beistand, wenn es sich mit einem erstgebärenden oder einem erfahrenen Weibchen gepaart hat, denn letzteres kommt früher in die Hitze und gebiert konsequenterweise auch einige Wochen vor einem jungen Weibchen in seiner ersten Saison.
Andere Caniden dieser Gruppe umfassen den Graufuchs (*Urocaon cinereo-argenteus*) und Polarfuchs (*Alopex lagopus*). Polarfüchse graben häufig Höhlen, die sehr nahe beieinander liegen. Diese Ansammlungen oder »Städte« sind durch das Terrain bedingt, wo das einzige für Höhlenbau geeignete Stück auf einen schmalen Streifen beschränkt ist. Dort sind die Paare gezwungen, sich zu versammeln. Gewisse Polygamie mag in diesen Situationen auftreten, wenn ältere Männchen andere Geschlechtsgenossen beherrschen. Polarfüchse können sich auch dort versammeln, wo es einen solchen Überfluß an Beute gibt, daß er bequem auch für eine hohe »Räuber«-Population hinreicht. Durch die Umwelt wird ferner die Gruppenbildung forciert. OGNEV (1962) hat von einer Vielzahl von Polarfüchsen berichtet, die gemeinsam auf der Suche nach Nahrung und einem angenehmeren Klima in den Süden wanderten.
Zur Beständigkeit der Paarverbindungen von Rot- und Polarfüchsen von Jahr zu Jahr gibt es einige Fragen. Das Rotfuchsmännchen führt, nachdem die Jungen aufgezogen wurden, ein einsames Leben. Er lebt an der Oberfläche auf dem Land, zwischen Hecken und passenden Windzäunen und in seichten Erdmulden. Der weibliche Rotfuchs verbringt einen wesentlichen Teil des Jahres unter der Erde – unabhängig vom Männchen bis zur nächsten Paarungszeit. Die Berichte über Graufüchse sind uneinheitlich. Manche Beobachter berichten von einer ständigen Paar-Verbindung und daß der Graufuchs während des ganzen Jahres in seiner Höhle lebt, die oftmals ein Windbruchloch oder ein hohler Baumstumpf ist.
Beobachtern von gefangenen Füchsen scheinen Graufüchse im Vergleich zu Rot-* und Polarfüchsen die am weitesten sozialisierten zu sein. Sie putzen sich häufig gegenseitig und liegen zusammen, während die beiden anderen Fuchsarten eher mehr indifferent als intolerant gegeneinander zu sein scheinen. In dieser Hinsicht ähnelt der Graufuchs dem Löf-

* Subjektiv sind die Rotfuchsweibchen untereinander und gegenüber dem Züchter toleranter als die Männchen. Möglicherweise entwickeln die Weibchen, die in der Nähe der Höhlengegend bleiben, eine gewisse soziale Zusammengehörigkeit, während die Männchen außerhalb der Brunstzeit einzelgängerisch und nichtsozial sind.

Abb. 16 Eindeutiges Unterwerfungs »Grinsen« beim südamerikanischen Waldhund (Speothos venaticus).

Abb. 17 Das Weibchen entfaltet das »Drohgähnen« beim Annähern des Männchens.

felhund, bei welchem KLEIMAN (1967) ein hohes Maß an sozialem Verhalten entdeckte. Vergleichende Beobachtungen über die Entwicklung sozialer Beziehungen an den Würfen von Rotfuchs, Polarfuchs, Präriewolf und Wolf zeigen eine ansteigende Tendenz zu gruppenkoordiniertem Verhalten, stabiler sozialer Hierarchie, gegenseitiger Toleranz und abnehmender Indifferenz verbunden mit stärker ausgebildetem positivem sozialem Verhalten in Form von aktiver Unterwerfung vom Fuchs über den Präriewolf hin zum Wolf. Beschränkte Beobachtungen an jungen Goldschakalen weisen auf eine starke Ähnlichkeit

Abb. 18 Intensiveres »Drohgähnen« während ritualisierter Aggressionshandlungen.

Abb. 19 Drohendes Maulaufreißen beim Dhole, gegen den Wärter gerichtet. Man beachte, daß bei beiden Arten senkrechtes Zurücknehmen der Lippen fehlt.

mit den Präriewölfen hin (mit Ausnahme des sagenhaft weiten Kiefer-Aufreißens und dem dramatischen Unterwerfungs-»Grinsen« der Präriewölfe, was der längeren Schnauze und vielleicht einer unterschiedlichen Kieferausbildung zuzuschreiben ist). Goldschakale scheinen im Vergleich zu unseren vier von Hand aufgezogenen Präriewölfen sowohl anderen Caniden als auch Menschen gegenüber geselliger zu sein.

Ein Rudel oder – für diesen Zweck – eine Paarverbindung zwischen ansässigen, nicht umherwandernden Tieren sind schon von einem gewissen Vorteil, insbesondere zur Verteidigung von Territorium, Höhle oder Jungen. Mit Sicherheit ist der Rotfuchs unter den zur Diskussion stehenden Caniden der einzelgängerischste, und nach den Beobachtungen von BURROWS etabliert das Männchen sich durch stimmliche Ankündigung und durch die Markierung des Territoriums zu Beginn der Brunstsaison. Dieses Verhalten treibt wohl andere Männchen aus dem Territorium oder hält sie davon ab, während die Weibchen in dieses Territorium des Männchens kommen, wo es alte, noch verwendbare Höhlen gibt. Gewisse Rivalitäten kommen zwischen den Weibchen beim Aussuchen der Höhlenplätze vor. Die zu vermutenden Kämpfe zwischen jungen und alten Weibchen sind jedoch wegen der breiten Fächerung des Hitzebeginns bei den Erstgebärenden und den Mehrgebärenden selten. Vermutlich kehrt das Weibchen dorthin zurück oder bleibt in der vertrauten Höhle im Territorium des Männchens, mit welchem es sich im vorhergehenden Jahr gepaart hat. Aufgrund der hohen Sterblichkeitsziffer und des schnellen Umgruppierens der jungen Männchen, die über größere Entfernungen von ihrer Geburtshöhle auswandern als das ihre Schwestern aus demselben Wurf tun, gibt es zweifellos von Jahr zu Jahr auch einige außerordentliche Paarungen. Die Nähe zur Geburtshöhle mag bei den Weibchen eine Dominanzfunktion innerhalb des Wurfes und innerhalb des Geschlechtes haben.

Es ist klar, daß bei Fuchs-, Präriewolf- und Schakalarten die Agression oder der Mangel an Toleranz und positiven sozialen Tendenzen für die Verbreitung sorgen, ein außerordentlich anpassungsfähiger ökologischer Verhaltens-Mechanismus, der die Bevölkerungsdichte der Jäger im Verhältnis zur Art und Häufigkeit der Beutetiere reguliert. VAN DER MERWE (1953) bringt einige Beweise für das Vorhandensein von Paarverbindungen innerhalb des Wurfes, bevor dieser sich von der Geburts- und Heimatregion zerstreut, und BURROWS (1968) führt an, daß beim Rotfuchs Junge mit einem extremen sozialen Rang (das sind stark dominierende oder sehr unterwürfige Rollen) zusammenbleiben, wohingegen die in der Mitte rangierenden Mitglieder des Wurfes sich schon zu einem früheren Zeitpunkt trennen.

Man weiß nur wenig über die soziale Organisation der verschiedenen Arten südamerikanischer Caniden. Der Waldhund scheint der sozialisierteste hinsichtlich aktivem Unterwerfen und gruppenkoordiniertem Verhalten von den Spezies der Neuen Welt zu sein. Die anderen Arten, von denen einige wie eine Kreuzung zwischen einem Hund und einem Fuchs oder einem Präriewolf aussehen, bilden sicherlich keine Rudel. Sie gehen höchstwahrscheinlich entweder für eine Saison oder für ständig Paarverbindungen ein und tolerieren ihre Jungen bis sie groß genug sind, um für sich selbst sorgen zu können oder bis die Mutter wieder in die Hitze kommt. Zu diesen verschiedenen Arten zählen der Kurzohrfuchs (*Atelocynus microtis*), der Waldfuchs (*Cerdocyon Thous*), der Mähnenwolf (*Chrysocyon brachyurus*) und der Pampasfuchs (*Dusicyon gymnocercus*).

Wenig weiß man auch über das soziale Verhalten des nordafrikanischen Fennek (*Fennecus zerda*) oder über den nordamerikanischen Swiftfuchs und Großohr-Kitfuchs (*Vulpes velox* und *Vulpes macrotis*), die in einen ganz ähnlich kargen ökologischen Abschnitt passen. In

Abb. 20 Ritualisierte Aggression bei Fenneks; Beißen kommt kaum vor. Beide zeigen das drohende Maulaufreißen, heulen, und stoßen sich gegenseitig mit den ausgestreckten Vorderläufen.

der Gefangenschaft können diese Füchse unter der Voraussetzung von genügend Nahrung in großer Zahl gehalten werden. In der Natur sind diese kleinen räuberischen Caniden weit über die Wüste verstreut, wo sie keine Rudel bilden und überwiegend Nachttiere sind. In der Gefangenschaft ähnelt ihr Verhalten sehr dem von Rot- und Polarfüchsen, was den Mangel an gruppenkoordinierten Aktivitäten und gegenseitige Intoleranz angeht. Trotz der Intoleranz sind Kämpfe selten, und in geschlossenen gefangenen Gruppen tritt eine gewisse Dominanz-Hierarchie auf. Zufällige Begegnungen oder kleinere Konflikte lösen ritualisiertes Drohen aus (gegenseitiges »Angähnen« mit weit offenem Kiefer, Heulen und Hüftenstoßen), gefolgt von Rückzug oder Flucht.

Nach kleineren Konflikten erscheinen Zurückziehen oder gegenseitige Annäherung, zwischen anderen Paaren wieder hat man Kämpfen oder Jagen und Kämpfen und passive Unterwerfung gesehen. Aktive Unterwerfung beobachtete man gelegentlich zwischen einigen Individuen, häufig nach dem vorübergehenden Fortbringen eines Gruppenmitgliedes.

In der Regel ergibt bei allen Caniden die Einführung eines Fremden in die Gruppe eine Untersuchung des Fremden durch die Gruppe, was passive Unterwerfung, Angst oder defensive Agression offenbart. Gruppenmitglieder können den Fremden grüßen, aktive Unterwerfung und Spielaufforderung zeigen, während andere Individuen (die dominierenderen Mitglieder der Gruppe) angreifen können und physische Dominanz behaupten, oder sie können ihre Dominanz zeigen und den Fremden meiden. Wenn der Fremde sich dann aufdringlicherweise unterwürfig nähert, kann er angegriffen und beherrscht oder wiederum ignoriert werden. Ein größerer sozialer Abstand scheint zwischen einem jungen Rotfuchs und einem fremden eingehalten zu werden, als dies bei einem Polarfuchs der Fall ist. Der Abstand ist noch geringer beim jungen Präriewolf und fehlt ganz beim jungen Wolf. Sobald bei den Präriewölfen eine Paarverbindung geschlossen worden ist, erscheint eine deutlich zunehmende soziale Distanzierung gegenüber einem hinzukommenden Fremden. Ein Weibchen wird ein fremdes Männchen angreifen, und ihr Gefährte unterstützt sie bei diesem Angriff. Man hat das auch beim Graufuchs gesehen, wo ein Weibchen ein fremdes Weibchen angriff; zu einem früheren Zeitpunkt freilich, bevor sie eine Paar-Verbindung eingegangen ist, zeigt sie ein ängstliches Verhalten, um den sozialen Abstand zu vergrößern. Diese Schlüsse stammen von Experimenten, bei denen man Paare von handaufgezogenen Rot-, Polar- und Graufüchsen, Präriewölfen und Wölfen kurz mit einem fremden Artgenossen desselben Alters konfrontiert hatte. Mit zunehmendem Alter sah man bei Graufuchs und Präriewolf größere Intoleranz, was dem Knüpfen von Paarverbindungen zuzuschreiben ist. Der Wolf akzeptiert einen Fremden immer, was Rot- und Polarfuchs nur teilweise tun. Sie werden einen Fremden untersuchen, grüßen und entweder ignorieren oder mit ihm spielen, kämpfen und dann den Fremden ignorieren. Hinzu kam noch das Fehlen einer Formation von Paar-Verbindung und konsequenterweise zunehmende Toleranz gegenüber Fremden desselben Geschlechts – im Gegensatz zum Präriewolf und Graufuchs.

Vergleichende Aspekte des Verhaltens bei Caniden

Bisher wurde die Entwicklung des Gesichtsausdrucks beim Wolf, Präriewolf und Graufuchs beschrieben. Ferner sind die Gesichtsausdrücke dieser Arten mit denen von Rot- und Polarfuchs verglichen worden (FOX 1970). Bei den verschiedenen Spezies der Gattung Fuchs, denen die soziale Organisation des Wolfes weitgehend fehlt, sind die Gesichtsausdrücke eindeutig durch die unterschiedlich motivierten oder sozialen Anlässe identifiziert und mit einer Vergrößerung oder Verminderung der sozialen Entfernung verbunden. Dieselben Möglichkeiten des Ausdrucks wurden beim Präriewolf und Wolf gesehen (ausgenommen das Maulöffnen, das man in diesem Ausmaß beim Wolf nicht sehen konnte.).

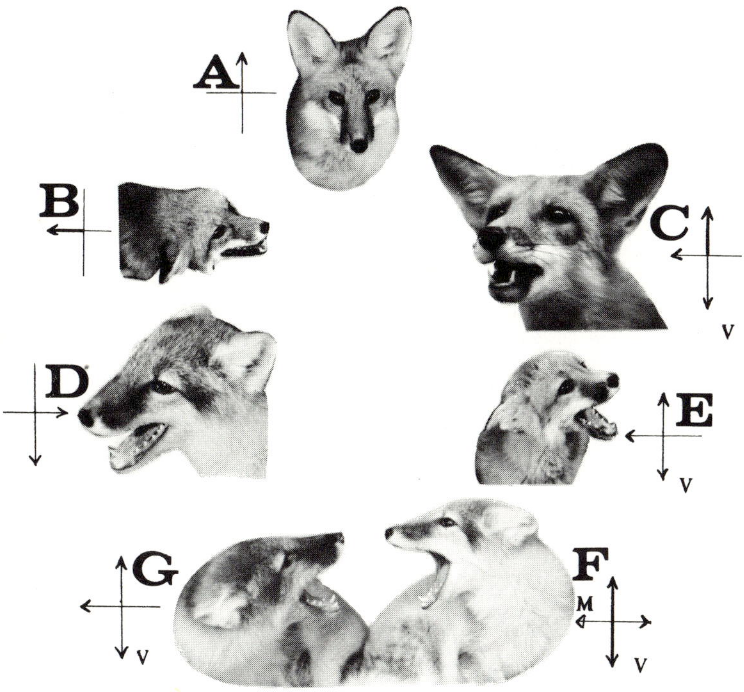

Abb. 21 A Vorsichtiges oder neutrales Gesicht
B Unterwürfiges »Grinsen« kombiniert mit »Gruß«-Ausdruck
C Offensives drohendes Maulaufreißen beim Rotfuchsrüden
D Unterwürfiges Grinsen mit leicht aufgerissenem Maul – das »Spielgesicht«
E Defensives Maulaufreißen
F und G Aggressives Maulaufreißen, wobei F über G dominiert

Abb. 22 A Neutrales Gesicht
B Unterwürfiges Grinsen und Leckintentionen (bei Füchsen nicht zu beachten) während des Grüßens
C Offensiv-aggressives Drohen mit deutlich senkrecht zurückgezogenen Lippen, leicht geöffneten Kiefern und Vorwärtsdrehen der Ohren
D und E Aggressive Handlungen, wobei D über E steht und ein klein in Falten zusammengezogenes Maul hat, während E in defensiver Drohhaltung gleichzeitiges Maulaufreißen und senkrechtes, später waagerechtes Zurückziehen der Lippen zeigt (das ist eine Kombination von Knurren und unterwürfigem »Grinsen«).

Wolf, Präriewolf und Haushund unterscheiden sich von Füchsen durch die Fähigkeit, eine größere Anzahl verschiedener Gesichtsausdrücke in gleichzeitiger Kombination zu zeigen. Das könnte auf eine Entwicklungsverbesserung der Ausdruckszeichen bei den sozialen Arten hinweisen. Während des Aufwachsens dieser letzten Arten wurden die ›primitiven‹ Gesichtsausdrücke, die man bei den Füchsen findet, früher beobachtet als andere Ausdrücke – darunter gleichzeitige Kombinationen und umfassendere soziale Verhaltensmuster, die erst im späteren Leben herauskommen. Die später herauskommenden Komponenten mögen phylogenetisch später erworben worden sein als jene Muster, die beiden – Füchsen und anderen Caniden – gemeinsam sind.

Die Entwicklung des Gesichtsausdrucks beim Wolf

Mit dem Alter von 21 Tagen wurden die ersten Anzeichen von Spielverhalten beobachtet. Diese bestanden aus ›Pföteln‹, das Gesicht des Artgenossen Lecken und gelegentlichem Knabbern an einem Ohr oder dem Nackenfell. Das Gesicht wahrte selbst dann noch einen maskenhaften Ausdruck, wenn die Jungen sich näherten, weil sie zum Fressen gerufen worden waren. Sie leckten und beknabberten auch Gesicht und Hände des Beobachters. Dieses Lecken und Knabbern hielt während der ersten zwei Lebensjahre an und war vor allem gegen das Gesicht und den Mund eines Artgenossen oder eines Menschen gerichtet. Es wirkt aufregend, ist gelegentlich übersteigert und geht gewöhnlich dem Spielbeißen voraus.
Mit 24 Tagen zeigten die Jungen bereits eine deutliche Reaktion von Erschrecken und wichen unbekannten Reizen aus. Sie versuchten zu flüchten und sich zu verstecken. Mit gesenktem Kopf, gespanntem Nacken und zurückgelegten Ohren rannten sie davon. Kein Maulaufreißen, wie es alle anderen Caniden (Mit Ausnahme der Haushunde) in diesem Bericht zeigen, war zu sehen! Im selben Alter trat das ausgeprägt unterwürfige Grüßen gegen einen Artgenossen oder Menschen auf. Das Junge nähert sich in geduckter Haltung, wedelt schnell mit dem Schwanz und kommt mit zurückgelegten Ohren heran. Während der Annäherung werden die Lippen horizontal in einem unterwürfigen Grinsen zurückgezogen und die Zunge wiederholt wie zum Ansatz eines Leckens herausgestreckt (ähnlich dem Lippenschmatzen der Primaten). Ein unterwürfiges Grinsen in Verbindung mit vertikal zurückgezogenen Lippen, wobei die Reiß- und Schneidezähne entblößt werden, ergänzt durch Knurren und Winseln, sah man im Alter von 28 Tagen bei der Wettkampf-Begegnung mit einem untergeordneten Männchen. Von der Erregung des Wettkampfes war bei dem angriffslustigen Weibchen nichts zu sehen. Sie stand über dem Männchen, fletschte ein wenig die Zähne und zog sich dann wieder zurück, indem sie wegblickend ihre Lippen leckte.
Auffallendes Wegblicken beobachtete man zum erstenmal mit 30 Tagen als Aufforderung zum Spiel oder Vorspielerwiderung. Das Junge nähert sich dem Artverwandten mit teilweise zurückgelegten Ohren und zurückgezogenen Lippen, leicht unterwürfig grinsend, dann wirft es rückartig den Kopf auf die Seite, als ob es über seine Schulter blicken wollte. In der entgegengesetzten Richtung des Wegblickens blitzt deutlich das Weiße im Auge des Jungwolfes auf. Diese Erwiderung war gelegentlich von Pfotenheben und Leck-Intentions-Bewegungen begleitet. Man muß es unterscheiden von den Intentionen zum Kopfschütteln (wie beim Töten der Beute) und dem wirklichen Kopfwenden, wenn die Jungen sich ins Gesicht sehen und sich zum Spielen auffordern oder sich gegenseitig beknabbern. Die letztere Art des Kopfschüttelns, die besonders beim Graufuchs entwickelt ist (wie es der Graufuchs auch mit der lebenden Beute macht), wurde beim Wolf bis zum Alter von sechs Wochen selten gesehen.
Zähneschnappen beim Wettkampf-Spiel verbunden mit vertikalem Zurückziehen der Lippen und Zähnefletschen sowie abwechselnd aufgestellten und zurückgelegten Ohren, Gekläffe und Geknurre beobachtete man zum erstenmal mit 43 Tagen in dem Augenblick, da das Männchen das Weibchen zu verjagen suchte, weil das Angriffsspiel dem Männchen zu bedrängend geworden war. Es blieb später bestehen als ein warnendes Signal für Beißvorhaben. Dabei vereinte es sowohl optische als auch akustische Zeichen als wirksames Mittel, den sozialen Abstand zu vergrößern. Das Tier schnappt buchstäblich nach der Luft in der Nähe seines Gegners, beißt aber in Wirklichkeit nicht. Das ganze Gebahren des Jungtiers während dieses Kampfspiels ist zu unterscheiden vom Spielgrinsen, das, wie beim Prä-

riewolf, dem gehemmten Beißen bei gleichzeitigem Spielen oder dem Ringen mit den Kiefern vorausgeht. Mit 45 Tagen wurde das »Nackengrüßen« stark und schmerzhaft. Erst gegen Ende des vierten Lebensmonats ließ die Intensität dieser Erwiderung sowie die Stärke des spielerischen Beißens nach. Wie der Haushund, hatten beide Wölfe beim Beißspiel mit ihrem Pfleger ein »weiches Maul«. Sie erwarben diese Kontrolle möglicherweise durch soziale Hemmung.

Im Alter von 45 Tagen zeigte der männliche Wolf das erste starke Anzeichen von gleichzeitig doppeldeutigem Verhalten gegenüber dem Weibchen. Gewöhnlich wurde ihr Angriffsspiel zu intensiv, und das rangniedere Männchen versuchte seinen sozialen Abstand dadurch zu vergrößern, daß es nach dem Weibchen schnappte. Er stürzte auf sie los, den Schwanz zwischen die Beine geklemmt, mit zum Teil gesträubten Haaren und halb an den Kopf zurückgelegten Ohren. Die Lippen waren ferner wie bei einem Kojoten vertikal und horizontal zurückgezogen. Das Gebiß schnappte laut. Ferner wurde der Kopf in unregelmäßigen Bewegungen von einer Seite auf die andere gewendet, wobei das Männchen tunlichst wegsah. Die Zunge streckte es gelegentlich wie zum Lecken heraus.

Ein vergleichbar doppeldeutiges Verhalten hat man bei diesem Männchen gesehen, wenn der weibliche Wolf oder auch der Autor den Versuch unternahmen, ihm die Nahrung wegzunehmen. Bei Präriewölfen in den Tiergärten von St. Louis und London hat man ebenfalls ähnliches bemerkt. Genauso verhielten sich Präriewölfe in diesen beiden Zoos gegenüber ihren Artgenossen – mit dem Unterschied, daß das Gebißschnappen fehlte, aber dafür Maulsperre hinzukam. Außerdem wurde der Kopf dabei manchmal fast bis zum Boden herabgedrückt – bei übertriebener Rückenwölbung und abgewandtem Blick. Zu solchem Verhalten kam noch Winseln und Zähnefletschen. Es fehlten Leckbewegungen.

Das Kieferringen war bei den Wolfsjungen mit 45 Tagen gut ausgeprägt. Es kam oft während des Kampfspiels und – mehr zufällig – auch bei echten Kämpfen vor. Wie beim Präriewolf gehört zu diesem Kieferringen bei Auseinandersetzungen oder heftigen Spielkämpfen das Winseln und manchmal auch Knurren, unterschiedliches Abflachen der Ohren, Abirren der Augen und gleichzeitig vertikales und horizontales Zurückziehen der Lippen. Horizontales Zurückziehen sah man weniger bei den überlegenen Weibchen. Entsprechende Verhaltensmuster waren im Londoner Zoo bei zwei erwachsenen Tieren bemerkt worden. Das Gewimmer und Gewinsel erinnerte erstaunlich an die Lautgebung von drei- und vier Wochen alten Wolfjungen. Wie bezeichnend die schnelle Bewegung des Kopfes von einer Seite zur anderen ist, erkannte man erstmals, als die Jungen 62 Tage alt waren. Es trat in Erscheinung, als die Jungen zum Futter gerufen wurden und ihre Schnauzen in die Futterschüssel oder die Hand des Beobachters bohrten. Diesselbe Bewegung hat man wahrgenommen, wenn die Jungen die Zitzen der Mutter zu erreichen suchten und ebenfalls beim Aufziehen mit der Milchflasche. Der Hals ist gestreckt, der Kopf leicht gesenkt während dieses Verhaltens, das eine abgeleitete Bewegung aus jüngeren Tagen sein mag, als die Lage der Zitzen auch für die Geruchs- und Geschmacksnerven ertastbar war.

Mit ungefähr drei Monaten und drei Wochen wurde das Spielbeißen merklich gehemmt, und die Jungen konnten unbedenklich dem zweijährigen Kind des Autors überlassen werden. Aber noch immer galt es, das intensive Grüßen am Nacken und das derbe Aneinander-Kratzen sorgfältig zu überwachen. Die vorherrschende Spieltätigkeit in diesem Alter war das Kieferringen. Im Gegensatz zu den Kojoten, bei denen es seltener beobachtet wurde und wenn, dann gewöhnlich nur während einiger Konkurrenzkämpfe.

Es war bei den Wölfen nicht genau festzustellen, wann sich das Stoßen mit der Nase zum

ersten Mal herausbildete. Anfangs, mit etwa acht Wochen, bemerkte man es als eine kurze Aufwärtsbewegung des Kopfes, sobald die Schnauze einen Beobachter oder einen Artgenossen berührte. Es tauchte auf bei der Begrüßung und während des Spielwerbens, in ersterer Situation gelegentlich – wie früher beschrieben – vom schnellen Seitwärtsschütteln des Kopfes gefolgt. Dieses Nasenstoßen mag von dem sich – auf der Suche nach Nahrung oder Wärme – An-die-Mutter-Anschmiegen während der ersten Lebenszeit herrühren und bleibt als grüßende und spielwerbende Geste im späteren Leben bestehen. Bei der Aufforderung zum Spielen hat der Stoß wohl mehr die Form eines Nasenstübers. Nach dem Alter von vier Monaten wurde dies nur noch selten bei den Präriewölfen wahrgenommen.
Man kann nicht genug betonen, daß der Gesichtsausdruck bei Wolf und Präriewolf variabler ist und größere Abstufungen und gleichzeitige Kombinationen zeigt als der mehr stereotype und weniger wandlungsfähige Ausdruck des Fuchses. Tatsächlich ist es oft schwer, einen Unterschied zwischen dem Drohbeißen beim Spielkampf und beim echten Kampf festzustellen, denn sehr oft fehlt das »Spielgesicht«. Das Lautgeben, das üblicherweise agressive Erregungszustände begleitet, tritt während des Kampfes oder während des rituellen gegenseitigen wettkämpferischen Kieferringens vielleicht nicht auf.

Das schnaubende Spielgesicht. Ein handaufgezogener Rotfuchs begann sofort zu keuchen, wenn er seinen Pfleger begrüßte. Diese Verstärkung der Atmung – in der Häufigkeit, aber nicht in der Tiefe – war deutlich hörbar und begleitet vom typischen Spielgesicht mit horizontal zurückgezogenen Lippen und leicht geöffnetem Maul. Das Tier rannte in Richtung auf den Pfleger vor und zurück. Ein ähnliches »keuchendes Spielgesicht« ist beim Haushund und beim Wolf während des Spielwerbens gesehen worden. Wegen des aus Gründen der Isolierung so dicken Pelzes war es beim Polarfuchs nicht möglich, zu entscheiden, ob das während des Spiels beobachtete Keuchen auf eine Überwärmung zurückzuführen war oder nicht. Bei anderen Caniden tauchte das Keuchen während der Spielsituation auf, noch bevor sich irgendeiner angestrengt hatte. Möglicherweise handelt es sich um einen autonomen,

Abb. 23 Man beachte die niedrige Haltung und den Gesichtsausdruck des Rotfuchsweibchens bei der Begrüßung eines älteren Männchens. Während dieser Begrüßung wedelte das Weibchen mit dem Schwanz und stieß die Luft schnell keuchend aus, gelegentlich ließ sie ein schwaches Heulen hören.

Abb. 24 Kombination von Spielgesicht und Spielaufforderungs-Haltung bei einem Eisfuchs im Sommerpelz. Dieses Verhalten richtete sich gegen einen Artgenossen, der den Augenkontakt brach, fortlief und sofort gejagt wurde. Zu anderen Zeiten folgt auf die Spielaufforderungs-Haltung ein hündisches Zick-Zack Fang-mich-wenn-du-kannst-Manöver.

emotionalen Erregungszustand, der sich in einem spezifischen Signal enthüllt. Wenn jemand einen Haushund ankeucht, wird dieser sehr aufgeregt, zieht sich vielleicht von der ihm unverständlichen Erscheinung zurück oder bellt und möchte spielen. Wir können vermuten, daß sich dieses Atmungsphänomen bei Katzen später unter gewissen sozialen Situationen zum Schnurren entwickelt hat.

Tabelle I

Ausdrucks-Komponenten begleitet von ansteigender sozialer Distanzierung und Aggression

	R	**E**	**G**	**K**	**W**	**H**
Kopf erhoben, Nacken gewölbt	+	±	+	+	+	+
Gähnen (Maulaufreißen)*	+	+	+	±	–	–
Knurren	±	+	+	+	+	+
Bellen	±	±	±	±	±	+
Agonistische Falten (waagerechtes Zurückziehen der Lippen)	+	+	+	+	+	+
Agonistisches Lippen-Entblößen (senkrechtes Zurückziehen der Lippen)	–	–	–	+	+	+
Mit den Zähnen schnappen	–	–	–	±	+	+
Aufgestellte, nach vorn gerichtete Ohren	+	+	+	+	+	+
Direktes Anstarren	+	+	+	+	+	+
Große Augen	+	+	+	+	+	+
Angelegte und nach hinten gedrehte Ohren	+	+	+	+	+	+

R = Rotfuchs
E = Eisfuchs
G = Graufuchs
K = Kojote
W = Wolf
H = Hund

* Gelegentlich beim Rotfuchs mit Spucken
\+ bedeutet häufig erscheinender Ausdruck
± seltener vorkommender Ausdruck
– nicht beobachteter Ausdruck

Das Befriedigungs-Gesicht. Ein besonderer Ausdruck war bei allen Caniden zu bemerken, wenn sie in irgendeine Befriedigungshandlung versunken waren, vorausgesetzt sie wurden von keinem ablenkenden Reiz gestört. Während des Essens, des Urinierens und des Kotens, sowie wenn sie sich in fremden Gerüchen herumrollten und wälzten, waren die Ohren halb zurückgelegt und die Augen zu schmalen Schlitzen verengt oder vollkommen geschlossen. Manchmal waren sie geöffnet und blickten abwesend oder hatten einen »träumerischen« Ausdruck.

Tabelle II

Ausdrucks-Komponenten mit abnehmender sozialer Distanzierung und Unterwerfung

	R	E	G	K	W	H
Kopf gesenkt und Hals gestreckt (Hockstellung)	+	+	+	+	+	+
Ohren angelegt und seitlich nach unten gewendet	+	+	+	+	+	+
Unterwürfiges »Grinsen« (waagerechte Zurücknahme der Lippen)	+	+	±	+	+	+
»Spielgesicht«	+	+	±	+	+	+
Lecken (Abbruch)	–	–	–	+	+	+
Lecken (soziale Begrüßung)	±	±	±	+	+	+
Lecken (Intention)	–	–	–	+	+	+
Anknabbern	–	–	±	±	+	+
Kieferringen (Spiel)	–	±	+	+	+	±
Winseln und Wimmern	–	–	±	+	+	+
Fortlocken	±	±	±	+	+	+

R = Rotfuchs
E = Eichsfuchs
G = Graufuchs
K = Kojote
W = Wolf
H = Hund

\+ bedeutet häufig erscheinender Ausdruck
± seltener vorkommender Ausdruck
– nicht beobachteter Ausdruck

Erörterung

Im Zusammenhang mit der stufenweisen Entwicklung des *mimischen Ausdrucks*, deren Beobachtung bei den Caniden im Alter von etwa drei Wochen einsetzte, steht die etwas langsamere Entwicklung der Gesichtszeichnungen, besonders der Schattierungen über und unter den Augen, sowie der Weißfärbung an Kehle und Nacken.
GOLUBEVA (1958) unterstreicht, daß es einen zeitlichen Unterschied der Ausbildung der Gesichtsnerven beim Menschen gebe; die mit motorischer Kontrolle für Nahrungsaufnahme verbundenen Teile sind bereits bei der Geburt gut entwickelt, während die zu den mimischen Bewegungen gehörenden Partien erst später heranreifen. Eine ähnliche Situation besteht zweifellos bei den jungen Caniden und ist für das maskenhafte Aussehen vor dem Alter von drei Wochen verantwortlich, das mit ihrer hoch entwickelten Bewegungsfähigkeit zu dieser Zeit kontrastiert.
Einige Anzeichen deuten an, daß die Ontogenese (Einzelentwicklung) die Phylogenese (Stammesentwicklung) bei einigen dieser Gesichtsausdrücke wiederholt, die für den Fuchs charakteristisch sind und die sich am frühesten bei Präriewölfen und Wölfen entwickelten.

Kompliziertere Muster bildeten sich bei der letzteren Art erst im späteren Leben heraus. So trat das Maulaufreißen zunächst als überraschende Antwort beim Präriewolf auf, und das unterwürfige Zurücklegen der Ohren sowohl beim Präriewolf als auch beim Wolf. In der Folge gabe es eine Individualisierung anderer Ausdrucksformen wie »Spielgesicht« und unterwürfiges »Grinsen«, das Knurren, das vertikale Zurückziehen der Lippen und Zähneschnappen, sowie aufeinanderfolgende und gleichzeitige Kombinationen dieser Ausdrucksformen.

Maulaufreißen wurde nicht als deutlicher und eigener Ausdruck beim Wolf beobachtet: möglicherweise ist es bei dieser Spezies ausgestorben. Beim Präriewolf war diese Reaktion in der ersten Lebenszeit oft als eine Überraschungs-Droh-Antwort zu sehen, aber später war sie immer mit anderen Ausdrucksvariationen verbunden.

Der Beantwortung des *Knabbergrußes* ging beim Wolf oft eine leichte vertikale Zurücknahme der Lippen voraus, die mit einer untergeordneten horizontalen Zurücknahme verbunden war; die Zähne wurden entblößt und schnappten, doch das Geräusch dabei war nur schwach im Vergleich zum Schnappen beim Wettkampf-Spiel. Der Ausdruck, deutlich ein

Abb. 25 Das drohende Maulaufreißen tritt bei den Rotfüchsen schon im Alter von drei Wochen voll entfaltet auf.

Abb. 26 Ähnliches Aufreißen bei Eisfüchsen im Winterkleid; der Untergeordnete ist auf der linken Seite und zeigt ein defensives Anheben der Schnauze.

Abb. 27 Drohendes Maulaufreißen mit geringer Intensität beim Graufuchs.

Abb. 28 Sehr intensives Aufreißen verbunden mit senkrechtem und anschließend waagerechtem Zurücknehmen der Lippen beim Kojoten; ein defensiv-aggressives Verhaltensmuster.

Knabbergrußansatz, erschien besonders stark ausgeprägt beim Wolf. Ein solches Verhalten war beim Fuchs nicht zu sehen, obgleich man betonen muß, daß von den drei Fuchsgattungen der graue der sozialste zu sein scheint – unbeschadet der Tatsache, daß die beiden anderen klarere mimische Ausdrucksmöglichkeiten besitzen. Der Graufuchs war die einzige Spezies, die, anders als die Wölfe, ein geselliges oder in Gemeinschaft stattfindendes Putzen zeigte. Der eine, der »gestriegelt« worden war, nahm einen etwas unterwürfigen Ausdruck an, mit leicht zurückgelegten Ohren und geducktem Körper.

Zu den Leckbewegungen: Bei allen Arten, die in dieser Untersuchung beobachtet worden sind, kam neben den bisher beschriebenen Leck-Intentionen noch eine zweite Spielart vor. Dabei sind die Bewegungen schneller, nur die Zungenspitze ist herausgestreckt, und die

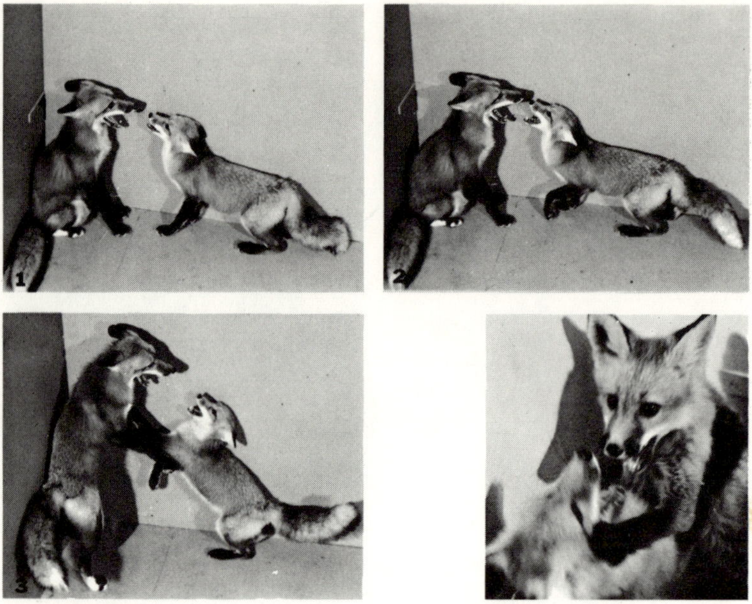

Abb. 29 Sequenzen von defensiv-offensivem Maulaufreißen und Bohren und Stoßen mit den Vorderläufen bei Rotfüchsen.

Lippen und Nase werden einbezogen – im Gegensatz zum früher Beobachteten, wo diese Partien selten geleckt werden. Das Lecken während des Kampfspiels scheint eine Geste der Besorgnis zu sein und ist wahrscheinlich ein »Abbruch-Signal«, freilich als eine Ekelreaktion, die mit Kopfschütteln und Nach-dem-Gesicht-Kratzen einhergeht, wenn das Tier einem Gegner ein Maulvoll Pelz ausgebissen hat.

Bolwig (1964), der die Variationen im Gesichtsausdruck unter verschiedenen sozialen Situationen bei den Primaten beschreibt, hat die Ähnlichkeit im Gesichtsausdruck zwischen den Primaten und den Haushunden betont. Man muß hinzufügen, daß allerdings eine ganze Reihe von Zuchtergebnissen bei den Haushunden derart hängende Ohren, bizarre Gesichtsmarkierungen, hängende Lefzen und einen so übertriebenen Haarwuchs haben, daß nur wenig vom Ausdruck ihres Gesichtes zu sehen ist. Bei anderen, die einer selektiven Zucht und Ausbildung unterworfen waren, fehlt unter besonderen Umständen ein normaler Gesichtsausdruck: viele, vor allem Wachhunde, greifen ohne Warnung an. Zweifellos ist der Wolf in dieser Hinsicht zuverlässiger.

Bolwig (1964) beobachtete wenig Abwechslung im Gesichtsausdruck bei den niederen Primaten, wie den Lemuren; wenn sie sich zum Beispiel ärgern, besteht die ganze Veränderung in einer Vergrößerung des Augendurchmessers. Möglicherweise sind die Füchse mit ihren schwächer ausgeprägten mimischen Möglichkeiten weniger hoch entwickelt als die Präriewölfe und Wölfe. Dieser Unterschied steht vielleicht auch in Bezug auf ihre Ökologie im Zusammenhang mit ihrer sozialen Organisation. Wölfe bilden große Rudel. Sie haben für ihren engen Zusammenhalt sinnreiche akustische und visuelle Zeichen entwickelt, die das soziale Zusammengehörigkeitsgefühl bewirken.

Der Präriewolf liegt zwischen Fuchs und Wolf. Er führt entweder ein einsames Leben oder gründet eine Kleinfamilie. Die Füchse sind ohne Unterschied Einzelgänger, ausgenommen in der Paarungszeit und etwa zwei bis drei Monate danach, wenn die Jungen versorgt werden müssen.

Die Drohgebärde und der Ausdruck von Ärger, wie sie BOLWIG bei den Primaten beschrieben hat, sind ganz ähnlich bei den Caniden: bemerkenswert sind der stiere Blick, gerundete Augen und gelegentliches Zähnefletschen und Stirnrunzeln, die mit den Ausdruckselementen der Unterwerfung gekoppelt sind. Das Tier wird also nacheinander den Kopf heben und senken (Hin- und Herschütteln des Kopfes und Hochwerfen, wie sie beim Kampfvorspiel vorkommen, werden bei vielen Primaten zu stark betont), die Ohren aufstellen und hängenlassen und seinen Blick abwechselnd auf den Reiz richten und von ihm abwenden.

Auf dem Höhepunkt der Erregung ist der agressive Ausdruck der höheren Primaten eine aus Maulaufreißen und Zähneentblößen bestehende Grimasse. BOLWIG hebt hervor, daß dies wie ein Lachen aussieht, das von dem Vorhaben zum Spielbeißen herrührt. ›Lächeln und Lachen haben sich aus dem Spielbeißen entwickelt‹, stellt BOLWIG fest. Auf diese Weise geht der Ausdruck der Aktion voraus und kann als Ausdruck des Vorhabens auch dann bestehen bleiben, wenn der Handlungsvollzug fehlt. BOLWIG unterstreicht, daß bei den höheren Primaten dieser Ausdruck äußerst ritualisiert ist und unabhängig von der Bereitschaft zum Beißspiel, denn der Affe zeigt so eine Miene auch gegenüber passenden leblosen Objekten, die ihn dazu anregen. Dabei sind die Vorderzähne des Schimpansen entblößt, ganz genau wie bei der Drohmiene. Nur selten wurde dieser extreme Gesichtsausdruck, bei dem die Schneide- und Eckzähne in einem »Grinsen« verbunden mit Bewegungen, die ein Leckvorhaben verraten, gezeigt werden, beim Haushund gesehen.

DE VORE (1965) und andere haben ein aggressives Maulaufreißen oder »Gähnen« bei Pavianen beschrieben. Es war überraschend, zu sehen, daß sowohl bei erwachsenen Prärie-
DE VORE (1965) und andere haben bei Pavianen ein aggressives Maulaufreißen oder »Gähnen« beschrieben. Es war überraschend, zu sehen, daß sowohl bei erwachsenen Präriewölfen als auch Welpen ab dem Alter von fünf Wochen das agressive Maulaufreißen, verbunden mit dem vertikalen Zurückziehen der Lippen, um die Zähne zu zeigen, manchmal

Abb. 30 Unterwürfige Haltung und unterwürfiges Grinsen mit defensivem Maulaufreißen bei Graufuchs als Erwiderung auf das seitliche Zurschaustellen eines aggressiven Verhaltens (mit Haaraufrichten und Anheben des Rükkens) eines dominierenden Verwandten.

mit einem Gähnen endete. Die Kiefer wurden weiter geöffnet, die Zunge nach oben gerollt und die zurückgezogenen Lippen entspannt, während das Tier tief einatmete.
BOLWIG und andere haben verschiedene Verhaltensmuster beschrieben, die im Zusammenhang mit Berührungs-Verhalten stehen, als da wären: sanftes Beißen, Lecken und mit den Lippen schmatzen sowie Vorstülpen der Lippen als Signal für eine Einladung zum Putzen. Lippenschmatzen hat bei den Primaten als Intentions-Bewegung einen vergleichbaren Signalwert wie die Leck-Intentionen und sanftes Zähneschnappen, die während der Annäherung auftraten und dem geselligen Lecken und Knabbern vorausgehen. Solche Intentions-Signale sind beim Wolf und Haushund gut entwickelt, und in einem geringeren Ausmaß auch beim Präriewolf. Sie wurden bei keinem einzigen Fuchs bemerkt, nicht einmal beim Graufuchs, bei dem man gewöhnlich das gesellige Putzen antreffen kann.
Wie auch immer, alle Caniden zeigen ein »Spielgesicht« oder »Grinsen«, die gleichsam einer Grimasse beim Kampfspiel ähneln und die höchstwahrscheinlich ein sehr ritualisierter Ausdruck von Vorspielbeißen sind. Bei allen drei Fuchsgattungen erinnert die Spielbeiß-Intention stark an das aggressive Maulaufreißen, wenn die Tiere sehr erregt sind, und es ist für einen unerfahrenen Beobachter ganz unmöglich, auf einem Stummfilm zu entscheiden, ob die Bildfolge ein spielerisches oder echtes Kämpfen zeigt. BOLWIG (1964) stellte ebenfalls fest, wie ähnlich die Ausdrucksmuster von Spielkampf und echtem Kampf bei den Halbaffen sind. In beiden Zusammenhängen ist das Maul geöffnet, und das Tier gibt Laute, doch nur beim Spielkampf existiert eine Beißhemmung.

Die Bedeutung einiger Körperzeichnungen

Bei allen Caniden konnte man während des Kampfspieles beobachten, daß sich die Haare an Schwanz, Schulter und an der Steißbürste sträubten – mit Ausnahme beim Polarfuchs. Der Kontrasteffekt ist bei dieser Polarspezies durch das sehr dicke Haarkleid vermindert. Die Nackenmähne von Präriewolf, Wolf und vielen Rassehunden enthält längere Haare mit schwarzen Spitzen; auf diese Weise haben sich Strukturunterschiede herausgebildet, die den Signalwert dieser Körperzone erhöhen. Der malaiische Dschungelhund (Telomian) hat auf dem Rücken ein Dreieck aus borstenähnlichen Haaren, die sich während der Kampfspiel-Begegnung sträuben. In Anbetracht dieser Farb- und Strukturunterschiede im Haarkleid an den verschiedenen Körperzonen – so über den Schwanzdrüsen, über dem Rumpf und den Schultern – müssen drei weitere Eigenheiten der Caniden untersucht werden. Eine weiße Spitze am Schwanzende dient bei vielen Rotfüchsen und Haushunden als visuelles Signal, das durch weitere Signale, wie Schwanzhaltung und -bewegung, ergänzt wird. Der äußere Gehörgang hat bei allen Caniden eine cremeweiße Färbung und ist gewöhnlich vom dunkleren Haar der Ohrmuschel eingerahmt. Diese Farbe des äußeren Gehörgangs – zumal als »neutrale« Farbe – nützt wahrscheinlich als zusätzliches visuelles Zeichen zur Betonung der Ohrstellung und der Orientierung des äußeren Gehörgangs. Die Ohröffnung ist zum Beispiel während des Drohens nach vorn, in Unterwerfung seitwärts und abwärts gerichtet oder abgeflacht und verengt.
Viele Caniden haben eine leuchtend weiße Partie um Schnauze und Wangen, die die schwarzen Lippen sichtbarer macht, wenn sie im Unterwerfungs-»Grinsen« horizontal zurückgezogen sind. Die kräftig weißen Wangen des Graufuchses orientieren oder dirigieren den Angriff auf diese Partie, denn Wangenbeißen und -ringen haben sich bei dieser Gattung

als äußerst ritualisierte Form des Kampfes herausgebildet. Das bloße Ergreifen dieser weißen Wange löst ein Kopfsenken und -abwenden aus, ein Verhaltensmuster, das auch für den Rotfuchs gilt, der ja ebenfalls deutlich weiß gezeichnete Wangen besitzt. Das Weiß der Schnauze des Wolfes und des Präriewolfes verläuft nach hinten und verschmilzt mit der weniger stark hervorgehobenen Wange. Bei beiden Arten sind Wangenbeißen und -ringen nicht so auffallend wie beim Rot- oder Graufuchs (weitere Einzelheiten FOX 1970).
Die Bewegung der Augen, Augenlider und der Stirn spielen bei dem komplizierten Mienen der Primaten eine große Rolle, während die Ohren der meisten Primaten klein sind und wenig Einfluß auf den Gesichtsausdruck haben. Bei den Caniden ist der Abschnitt oberhalb der Augenhöhle durch dunklere oder hellere Haare akzentuiert, die eine kleine Augenbraue bilden. Die Stellung dieser beidseitigen Zeichnung alterniert in vielen Gesichtsausdrücken aus der Neutral- oder Ruhestellung. Beim Aufmerken werden sie leicht hochgezogen, ebenso wenn das Auge weit geöffnet ist beim Fixieren im Wettkampf. Sie sind mittelstark hochgezogen und seitlich gesenkt beim Konflikt- oder Angstausdruck, wenn das Tier abwechselnd direkt nach vorn und wieder wegblickt.
Die Ohrbewegungen stehen in engem Zusammenhang mit diesen Augen- und Augenbrauenbewegungen: sie werden aufgerichtet, wenn die Ohröffnung in einem wachsamen oder kampfspielbereiten Blick nach vorn gerichtet ist und abwechselnd aufgestellt und zurückgelegt mit der Verengung des äußeren Gehörganges und der Seitwärts- und Abwärtswendung in Gefahrenmomenten. Beim tatsächlichen Drohen oder Angreifen sind die Ohren entweder aufgerichtet oder zurückgelegt und rückwärts dicht an die Kopfseiten gepreßt bei verengtem und seitlich gerichtetem äußerem Gehörgang. Die Augen werden beim Unterwerfungsgruß schmal, die Augenbrauen sind waagerecht gesenkt, die Lippen waagerecht zurückgezogen (und gelegentlich in den Winkeln etwas angehoben) und die Ohren von der Mittellinie abgewendet und entweder horizontal oder rückwärts mit der Ohrmuschel gedreht, so daß der äußere Gehörgang abwärts gerichtet, aber nicht unbedingt auch verengt ist. Diese Ausdrucksformen treten klar beim Wolf, Präriewolf und Rotfuchs auf, in schwächerer Form beim Polar- und Graufuchs.

Augen-Kontakt

Vor allem beim Wolf hat sich das Bestreben herausgebildet, daß der Rangniedere tunlichst den Augenkontakt vermeidet, sobald er einen ranghöheren Artgenossen von Aug zu Aug gegenübersteht. Bei anderen Caniden tritt das Wegschauen auf, wenn sie mit einer vertrauten Person zu tun haben. Im Wolfsrudel blicken die Rangniederen stets auf das Alpha-Tier, das sie allerdings oft ignoriert. Wenn der Aug-zu-Augkontakt selbst über eine Entfernung von einigen zwanzig Yards geschlossen ist, blickt der Rangniedere eindeutig weg, legt seine Ohren zurück und senkt gelegentlich den ganzen Körper. Er läßt dabei den Schwanz hängen und winselt. Augenkontakt ist auch etwas Bezeichnendes bei Haushunden. Mit einem direkten Blick hat der Autor zwei Reaktionen hervorgerufen: passive Unterwerfung, seitliches Hinlegen und bei rangniederen jungen Hunden sogar Urinieren, andererseits direkten Angriff oder Drohen bei erwachsenen Hunden auf ihrem eigenen heimischen Territorium.
Das Wegblicken wird bei Präriewolf, Wolf und Haushund ferner begleitet von horizontalem Zurückziehen der Lippen, Bewegungen, die Leck-Intentionen andeuten, und der Dar-

bietung der Leistengegend (Auswärtsdrehen und teilweises Anheben des dem Beobachter nächsten Hinterbeines, Senken des Hinterteils und Biegung des Torsos in Richtung auf den Beobachter; FOX (1970); die Ohren sind zurückgezogen, angelegt und ein bißchen zusammengezogen oder enger aneinandergedrückt.
Vor allem beim Wolf, Präriewolf oder Haushund war das Wegschauen während der Spielaufforderung und des Spieles selbst mit einer Wendung des Kopfes und Nackens verbunden. Bei allen Caniden sah man beim Spielen mit Artgenossen und bei der Spielaufforderung ein gerades Anblicken und bedrängende Annäherung, gefolgt von plötzlichem Abwenden oder Zurückziehen (übertriebenes Annäherungs-Zurückziehverhalten). Das Auge ist während eines Angriffs verengt, und die Ohren sind an den Kopf angelegt.
Präriewolf, Wolf, Rotfuchs und Graufuchs haben unter jedem Auge einen zarten dunklen Halbkreis von dunklerem Haar. Diese beidseitige Zeichnung scheint in sozialem Zusammenhang von keinerlei Nutzen zu sein und ist wohl nur dazu da, die Intensität des von den Backenknochen und der Partie über den Augenwölbungen reflektierten Lichtes abzuschwächen.

Primaten und Caniden

VAN HOOFF (1967) folgert, daß Gesichtsausdrücke großer und kleiner Altwelt-Affen entweder mit einer Ab- oder Zunahme des sozialen Abstandes oder mit dessen Aufrechterhaltung zusammenhängen. Diese umfassende Charakterisierung ist (völlig unabhängig) die Basis für die Klassifikation von Gesichtsausdrücken der Caniden in diesem Forschungsbericht gewesen, der am Schluß auch mit einigen Entdeckungen VAN HOFFs übereinstimmt. Die vergleichbaren Aspekte der Gesichtsausdrücke von Primaten, über die VAN HOFF 1967 berichtet hat, sind nachfolgend in einer Tabelle zusammengefaßt und sowohl in Vergleich als auch in Gegensatz zu den Gesichtsausdrücken der Caniden gesetzt, wie sie in dieser Studie beschrieben werden.

Tabelle III

Vergleich der Gesichtsausdrücke bei Primaten (nach Van Hooff 1967) und Caniden

Primat	Canide *	Situation/Motivation
Gesicht mit zusammengepreßtem Mund	1. Agonistischer Faltenmund. Senkrechte Zurücknahme der Lippen bei WHK	Tendenz zum Angreifen
Gesicht mit geöffnetem Mund	2. Drohendes Maulaufreißen (beobachtet am Fuchs)	Tendenz zum Angreifen. Signale für Beiß-Intention
Starrender Gesichtsausdruck, kreischend entblößte Zähne	3. WHK. In Drohgeste aufgerissenes Maul mit senkrecht und waagrecht zurückgezogenen Lippen	Signale für Beiß-Intention mit gewißer Fluchtneigung
Finster blickendes Schrei-Gesicht mit entblößten Zähnen	4. WHK wie oben, mit weiter aufgerissenem Maul und starker senkrechter Lippen-Zurücknahme	Defensive Drohung, wenn der Fluchtweg versperrt ist

Primat	Canide *	Situation/Motivation
Ruhiges Gesicht mit entblößten Zähnen	5. Unterwürfiges »Grinsen« (waagerechtes Zurückziehen der Lippen)	Schwache Fluchtneigung, ritualisierte Befriedigung
Keckerndes Gesicht mit entblößten Zähnen	————	Bei Kindern, wenn sie gestört werden, bei Erwachsenen schwache Neigung zu Annäherung und Flucht
Zähneklappern-Gesicht	6. WHK. Agonistisches Zähne-Schnappen	Flucht-Tendenz
Lippen-schmatzendes Gesicht Zungen-schmatzendes Gesicht	7. WHK. Leck-Intention	Starke Annäherungs-Tendenz und schwächere Flucht-Tendenz
Schmatzend-kauendes Gesicht	8. WHK. Knabber-Neigung	Starke Annäherungs-, schwächere Flucht-Tendenz
Gesicht mit vorgestülpten Lippen	————	Annäherung (oft gegen die Gefährtin)
Schmoll-Gesicht	9. WHK. Unterwürfig-wühlende Annäherung und Anheben der Vorderpfote	Annäherungs(Mutter-Kind)-Intentions-Bewegung, um die Zitzen mit dem Maul zu fassen; auch bei Erwachsenen
Entspanntes Gesicht mit offenem Maul	10. Spiel-Gesicht	Während des Spielens oder zum Spielen führend

* Mit Ausnahme der besonderen Anführungen wurden solche Ausdrücke bei allen Caniden gesehen. W = nur bei Wölfen, H = nur bei Haushunden, K = nur bei Kojoten.

Lautgebungen, welche die oben angeführten Ausdrücke begleiten: 1. Schwaches Knurren, 2. Lauteres Knurren oder beim Fuchs ein explosives »Tch Tch«, 3. und 4. Still oder gelegentliches Knurren und Winseln, 5. Still oder Winseln; der Trennruf bei Füchsen, 6. Still oder gelegentliches Winseln und Knurren, 7. Still oder winselnd, 8. Still oder winselnd, 9. Still oder winselnd, 10. Still; nur bei Haushunden Gebell.

Van Hooff unterscheidet Befriedigungs- und Beruhigungsgesten. Ein bedeutender Unterschied, denn die letzteren Gesten sah man, wenn ein dominierendes Individuum einem rangniederen erlaubte, sich zu nähern. Genauso gut können sie als Signale für soziale Anziehung benutzt werden. Dies beobachtete man bei den Wölfen, als der Alpha-Wolf mit leicht angelegten Ohren und zum Teil waagerecht zurückgezogenen Lippen dastand: ein oder mehrere Rangniedere nähern sich seitlich und lecken an den Seiten sein Maul. Ein anderer situationsmäßiger Zusammenhang erschien bei den Wölfen, wenn sich ein rangniederer unterwürfig zwischen zwei andere drängte, die in einen rituellen Kampf oder in eine wettkampfartige Drohhaltung versunken waren. Sein Verhalten richtete sich gegen den Überlegenen des Paares. Dieser paranoide Verhaltenstypus, bei dem das Individuum veranlaßt ist, seine Beziehung zu einem beherrschenden Individuum, das seinerseits gerade ein drittes bedroht, als untergeben oder unterwürfig klarzustellen, wurde bei beiden erwachsenen Wölfen des Londoner Zoo-Rudels gesehen sowie an einem handaufgezogenen Wolf, der auf zwei andere, in ein Wettkampfspiel vertiefte, reagierte.

Die Gesichtsausdrücke, wie sie VAN HOOFF in seiner Terminologie beschrieben hat, sind in Tabelle III katologisiert und mit den Gesichtsausdrücken verglichen, wie man sie in ähnlichen Situationen oder in Motivations-Zusammenhängen bei Caniden wahrgenommen hat.
VAN HOOFF betrachtet die Bewegungen von Augen, Ohren, Maul, Lippen, Kopfbewegungen, vokale und autonome Reaktionen alle als Komponenten des Gesamtausdruckes, der sich verschieden zusammensetzt und mit unterschiedlicher Intensität bei unterschiedlichen Umständen entsteht. Er vermutet, daß das »still-Zähnebleck-Gesicht« (das unterwürfige »Grinsen« bei den Caniden) gleichartig dem menschlichen Lächeln ist und das menschliche Gelächter equivalent dem »entspannten-geöffneten-Maul-Gesicht« (»Spielgesicht« der Caniden).
VAN HOOFF unterstellt, daß dieses stille, zähnebleckende Gesicht bei manchen Spezies gleichberechtigt sowohl als Ausdruck für eine Fluchttendenz als auch für eine gegenseitige Annäherung gilt. Das Gesicht mit dem entspannt weit geöffneten Maul, wie es Primaten während des Spiels und beim »Annäherung-Zurückzieh-Spiel« zur Schau tragen, hält VAN HOOFF für einen Bewegungsansatz zu leichtem Beißen und Fellknabbern, die beim keuchenden Spielen vorkommen. BOLWIG kommt zum selben Schluß. Wie bei den Caniden, kann dieser Gesichtsausdruck simultan gekoppelt sein mit einer Körperhaltung, die das Vorhaben anzeigt, zu einem Artgenossen hinzuspringen.
VAN HOOFF beschrieb ferner unter verschiedenen Umständen bei den Primaten ein ausweichendes aus den Augenwinkeln »Schielen«. An Caniden sah man das, wenn der Rangniedere den Blick eines Ranghöhreren »erwischte«. Es wurde sogar in übersteigerter Form gesehen bei der Annäherung und der Spielaufforderung. Das dominierende Individuum zeigt sowohl bei den Primaten als auch bei den Caniden keine sichtliche Reaktion auf das Verhalten des Rangniederen, es scheint ihn zu ignorieren.
Folgende Ausdrucksveränderungen sind an Primaten wie auch Caniden wahrgenommen worden: Es mag sich eine Art grobe Syntax entwickeln: Ein Wolf beispielsweise, der seine Beute gegen einen Artgenossen oder einen Pfleger verteidigt, wird nacheinander winseln, kurz mit seinem Schwanz wedeln, sich drehen und lecken oder Leckintentionen zeigen, dann wird er knurren, schließlich Ohren und Schwanz aufrichten und die Zähne fletschen. Es scheint als generelle Hypothese mit wenigen Ausnahmen zu gelten, daß die einsameren Arten, die nur zur Paarungszeit zusammenkommen, ziemlich unkomplizierte, aber äußerst stereotype und oft übersteigerte visuelle Signale besitzen (sowohl Gesichts- als auch Körperausdruck und -zeichnung). Kommunikation ist nötig, wo Einförmigkeit und Gegensatz die Unklarheiten verringern. Entsprechend sind die Gehör-Signale bei den einsam lebenden Arten hervorragend für eine Kommunikation über große Distanzen ausgebildet; besonders beim Rotfuchs, um das Territorium zu markieren und um den Gefährten auszumachen (BURROWS 1968).
MARLER und HAMILTON (1966) haben bei den Primaten eine Parallele gezogen. Sie konstatierten folgendes: Die relativ schlecht gekennzeichneten Strukturen der meisten Gehör-Signale von Rhesusaffen, Pavianen, Schimpansen und Gorillas korrelierten vielleicht mit der Tatsache der ganz- oder halbterrestrischen sozialen Gruppierung und der verhältnismäßigen sozialen Isolierung einiger Spezies mit gleichem Aussehen, von gleicher Größe und Struktur. Diese Bedingungen befreien sie vielleicht von der Sorge um ein hohes Maß an Art-Spezifizierung, die sowohl eine Strukturierung der Laute als auch eine ziemlich geringe Variabilität erfordert. Diese Arten können einen alternativen Typus eines Gehör-Signal-Systems auswerten, der geräuschvoller und einfacher in der Grundstruktur der be-

nutzten Laute ist, jedoch komplizierter in der Entwicklung dieser sinnreich zusammenhängenden und multidimensionalen Variationen. Die Variationen mögen dazu dienen, genauere Informationen weiterzugeben, als das diskretere stereotype Signale tun könnten.

Wolf und Präriewolf bilden mit ihrem »Gemeinschaftssingen« und ihrem Sammelruf (RUTTER und PIMLOTT 1968; VAN WORMER 1964) eine Ausnahme, obgleich sie zweifellos über eine breite Skala von Gemeinschaftsrufen verfügen, die den Füchsen fehlen. So haben sie auch eine große Anzahl visueller Signale, die sie für Mitteilungen über kurze Distanzen benützen können. Diese hängen von dem Grad der Erregung ab und werden je nach Konflikt mit unterschiedlicher Intensität hervorgebracht; z.B. bei der Unterwerfung oder bei Verteidigungsangriffen.

Zunehmende soziale Organisation und gegenseitige Abhängigkeit erfordern normalerweise mehr soziale Mitteilungen über kurze und lange Entfernungen, je nachdem, ob die Individuen besonders nah beieinander oder in alle Winde zerstreut sind. Die in Gemeinschaften lebenden Wölfe und Prärie-Wölfe zerstreuen sich oft weit über die Gegend. Dennoch sind die Gehör-Signale auch über weite Entfernungen für die Kommunikation so gut identifizierbar wie die variableren Signale für den engen Kontakt. Soziale Organisation benötigt Kommunikation und Ausdrucksformen für Vorherrschaft und Unterwerfung sowie ritualisierte Gruß-Zeremonien (SCHENKEL 1947, 1967), die beim Wolf zum Teil so ausgeprägt und variiert sind wie bei den höheren Primaten, wo verschiedene Einzelwesen eine soziale Hierarchie bilden. Der Typus der sozialen Organisation beeinflußt selbstverständlich den Grad der Entwicklung und die unterschiedliche Graduierung sowie die Mischung von Gesichtsausdrücken, die mit den verschiedenen Emotionen zusammenhängen.

Der Busch-Hund und der Hyänenhund bilden die Ausnahme, denn obgleich sie hochsozialisiert sind, fehlt ihnen ein reiches Repertoir an mimischen Ausdrucksmöglichkeiten. Diese Ausnahmen sind eventuell einem anderen Typus von sozialer Organisation zuzurechnen, der nicht auf Rangordnung oder Herrschaftshierarchie basiert und stark allelomimetischem Verhalten, wie es am Wolf gezeigt wurde, sondern auf einem individuellen Über-Unterlegenheits-Verhältnis (oder gemeinsamer Unterwerfung beim Hyänenhund) verbunden mit starker Allelomimese, oder auf Gruppen-Koordinations-Aktivitäten.

Die einsamer lebenden Caniden, denen allelomimetisches Verhalten fehlt, (KLEIMAN 1967), zeigen diesen Typ der sozialen Organisation des individuellen Über-Unterlegenseins während der Paarungszeit und zu Anfang ihres Lebens (BURROWS 1968) innerhalb des Wurfes.

Wir dürfen deshalb die Evolution von Gesichtsausdrücken bei Caniden in Zusammenhang bringen mit der Ökologie und der Abstufung oder dem Typ der sozialen Organisation bei den verschiedenen Spezies. Zu Anfang ihres Lebens bilden die höher entwickelten Arten grundsätzliche Ausdrucksmuster heraus, die den einsameren Arten gemäß sind, und in der Folge entwickeln sie weitere Muster, die nach Graden eingestuft und gleichzeitig deutlicher ausgeprägter Mienen zugerechnet werden können. Diese Gesichtsausdrücke der Frühentwicklung stellen vielleicht Erbmuster dar, die von neuer entwickelten Mustern übergangen werden, weil letztere auf einer späteren Stufe der Ontogenie erscheinen. Rotfuchs und Wolf repräsentieren die zwei Extreme dieses phylogenetischen Zusammenhangs, der Präriewolf ist ein Zwischenglied und damit eine Art, die zwar ausgeprägte Gesichtsausdrücke besitzt, aber als Einzelwesen oder in Kleinfamilien lebt, in Übereinstimmung mit der Spezies, der Dichte der Beute, konkurrierenden Artgenossen und anderen Raubtieren.

Man muß hinzufügen, daß das Wolfsrudel unter gewissen Umständen auseinanderläuft, aber entsprechend der Beute bildet es sich auch wieder. Die Größe des Rudels hängt auch von dem Umfang der Beute in seiner Heimatregion ab. Zusätzlich besteht die Möglichkeit, daß in solch plastischen Gesellschaftssystemen, wo sich die Gruppe auflöst und nach einem unterschiedlichen Zeitabschnitt wieder zusammenschließt, Gesichtsausdrücke und andere Signale für die Kommunikation sowohl über kurze als auch lange Distanzen besonders hoch entwickelt sind. Wenn diese Hypothese stimmt, kann man vorhersagen, daß atypische soziale Arten wie der Busch-Hund und der Hyänenhund sich normalerweise nicht für eine längere Zeit voneinander trennen, wenn sie nicht irgendein soziales Ritual entwickelt haben, das die soziale Reorganisation und den Zusammenhalt erleichtert. Beim Hyänenhund-Rudel hat sich das gemeinsame Unterwerfen zum Nahrungsbetteln als ein außerordentlich ritualisierter Mechanismus für den Gruppenzusammenhalt entwickelt, der die Rangordnungsorganisation im Wolfsrudel ersetzt. Man sah dies auch als ritualisiertes Grüßen zwischen Artgenossen (KÜHME 1965), als Individuen nach der Jagd ins Rudel zurückkehrten.

KLEIMAN (1967) kommt ebenfalls zu dem Schluß, daß es eine Abstufung des Geselligkeitstriebes vom Einzelgänger der fuchsähnlichen Arten zu den mehr hundeähnlichen Gesellschaften gibt. Sie beobachtete mehr geselliges und gegenseitiges Putzen beim Löffel-Fuchs als beim Rotfuchs oder Polarfuchs. Das gilt auch für viele andere Gruppen-Aktivitäten, wie Spielen, Ausruhen und Schlafen, im engen gegenseitigen Kontakt. Sie stellte fest, daß der Löffelfuchs einen Gesichtsausdruck besitzt, der erscheint, um das Putzen von Artgenossen zu zeigen, und daß da ein Zusammenhang zwischen dem maskenhaften Gesicht und dem Gesichtsputzen bei diesen Arten bestehe. Sie sah genauso oft das Gemeinschaftsputzen bei an den waschbärähnlichen Hunden; gemeinsames Putzen zwischen den Paaren erscheint auch bei anderen Arten oft in der Paarungszeit.

Das Ausruhen und Schlafen im gegenseitigen Kontakt beobachtete man öfters an Hyänenhunden, Busch-Hunden und Marderhunden, doch nur von Fall zu Fall bei den anderen Arten. ZIMEN führt an, daß die Wölfe mit zunehmendem Alter einen wachsenden sozialen Abstand mit dem Ziel entfalten, daß jeder Wolf in einiger Entfernung vom anderen ruhen kann. Gemeinsames Geheul gibt es bei den Wölfen, den Präriewölfen, Dinos und Goldschakalen, während das Lautgeben bei den anderen Hundeartigen gewöhnlich unterschiedlich erfolgt.

KLEIMAN beobachtete das sexuelle Verhalten von Wölfen, Präriewölfen, Dingos, Marderhunden sowie Polar- und Löffelfüchsen. Sie berichtet von wenig Werbe-Spielen; das Männchen folgt dem Weibchen, leckt ihre Vulva, schnüffelt und springt, oft mehrmals vor dem Eindringen. Lediglich das Busch-Hund-Weibchen hat ein deutliches, katzenähnliches Lendenbiegen entwickelt, wobei sie ihr Hinterteil und den Schwanz zum Männchen hebt. Alle Caniden reiten während der Kopulation, mit einer möglichen Ausnahme, dem Hyänenhund. KLEIMAN konstatiert, daß weder der Mähnenwolf noch der Marderhund vom Weibchen heruntersteigen, sie liegen auf ihr. Andere Beobachter sahen, daß das Männchen der Marderhunde das Weibchen während der Paarung ins Genick beißt.

Abb. 31 bis 40 Spielsequenzen zwischen jungen weiblichen und männlichen Rotfüchsen. Das Weibchen ist mehr passiv und zeigt unterwürfige, defensiv-offensive Reaktionen gegenüber dem Männchen, das zum Spielen aufzufordern scheint. Das Männchen hüpft senkrecht hoch.

Abb. 32, 33, 34 Das Männchen tut so, als ob es auf das Weibchen springen wollte.

Abb. 33

Abb. 34

Abb. 35 und 36 Es folgt übertriebenes Annähern in Seitenhaltung mit angehobenem Hinterteil.

Abb. 37 bis 40 Das Männchen führt Körperstöße mit Hüfte und Schulter gegen das Weibchen.

Abb. 38

Abb. 39

Abb. 40

Abb. 41 Das Weibchen trumpft eventuell mit einem gehemmten Biß gegen die weiße Wange des Männchens auf.

Kleiman (1967) legt auch einige nützliche Vergleiche verschiedener Verhaltensmuster vor, die sie im Londoner Zoo bei gefangenen Caniden machte. Als Ausdruck von Überlegenheit halten Wolf, Präriewolf, Paraguay-Fuchs und Busch-Hund den Schwanz geradeaus gestreckt (und oft senkrecht); er ist beim Dingo und den meisten Haushunden ausgerollt. Beim Mähnenwolf ist der Schwanz in einer »J«-Form aufwärts gewölbt, während man am Löffelfuchs, am Graufuchs und Marderhund eine umgekehrte U-Form sah. Auch Haarsträuben nahm man bei diesen letzten drei Arten wahr. Beim Rot- und Arktikfuchs notierte sie geringfügige Unterschiede in der Schwanzhaltung während der Ruhe und während kämpferischer Begegnung. Senkrechte Schwanzhaltung sah man bei diesen beiden Spezies während jeder Art von Erregung (Jagd nach Beute) und ebenso bei kämpferischen Begegnungen in unserem Labor. Beim Rotfuchs ist das Aufrichten der Rutenhaare besonders eindrucksvoll.

Zum defensiven Drohen entblößen Wolf, Präriewolf, Goldschakal und Hund ihre Zähne. Sie öffnen das Maul leicht und ziehen die Mundwinkel fest zurück. Alle anderen Arten reißen das Maul in einem Gähnen auf, wobei die Lippen ihre Zähne bedecken. Defensives Schnappen richtet sich – aber in einigem Abstand – auf den Gegner. Weder der Busch-Hund noch der Hyänenhund benutzen die Gähn-Droh-Geste oder das Zähnefletschen-Drohen.

Die typische Angriffspose, wie sie bei Caniden beschrieben wird, sieht so aus: Der Kopf ist gesenkt, die Ohren werden so bewegt, daß die Ohröffnungen seitwärts zeigen, der Schwanz peitscht ab und zu von einer Seite auf die andere (das trifft nur selten für Füchse zu und wenn, dann ist es mit einem Pfotentreten der Vor- und Hinterhand verbunden). Man sah diese Pose nicht bei Busch-Hunden, Marderhunden, Graufüchsen oder Löffelfüchsen. (Der Schwanz der beiden letzteren Arten ist gewölbt).

Hund, Wolf, Präriewolf und Goldschakal fletschen ihre Zähne, indem sie ihre Schnauzen waagrecht rümpfen und ein wenig öffnen; alle anderen Arten öffnen das Maul kaum vor dem Angriff. KLEIMAN bemerkte bei keiner Art einen fixierten Kampfablauf: Anpirschen, Jagen, Zuschlagen mit dem Körper und im Zubiß mit den Kopf-Schütteln sah man bei allen Arten. Ritualisiertes Nackenbeißen und Kopfschütteln zeigt der Busch-Hund, ritualisiertes Drohen der Mähnenwolf.
Bei allen Caniden tritt Haarsträuben auf (namentlich am Schwanz) und ein Versteifen des Körpers mit aufgestellten und vorwärtsgerichteten Ohren. *Während der Unterwerfung* wird der Körper geduckt und der Schwanz zwischen die Beine geklemmt oder an eine Seite gedrückt. Schweifwedeln in der geduckten Haltung sah man bei allen Arten mit Ausnahme der Marderhunde. Rotfuchs und Polarfuchs wedeln außerdem langsamer. Ein Rangniederer nähert sich dem Überlegenen in geduckter Haltung, schweifwedelnd, leckt die Lippen des Ranghöheren oder stupft dessen Mundwinkel mit seiner Schnauze. Es kann sein, daß der Überlegene sich über ihn stellt, dann bleibt er ruhig auf der Seite oder auf dem Rücken mit gesenktem Kopf ausgestreckt liegen, während die Ohren abgespreizt sind und mit den Öff-

Abb. 42 bis 45 Agonistische Interaktionen zwischen jungen Kojoten. Sobald die aggressive Erregung und der direkte Augenkontakt des Überlegenen (42) einem stärkeren offensiven Drohen (43) weicht, entfaltet der Unterlegene ein defensives Maulaufreißen in gleichzeitiger Kombination mit dem unterwürfigen Grinsen, leichtem senkrechtem Zurückziehen der Lippen (42). Beim Goldschakal macht das offensive Verhaltensmuster, das Zusammenziehen der Schnauze zu einem »Schnäuzchen« bei gleichzeitigem senkrechtem Zurückziehen der Lippen (44) einem offensiven drohenden Maulaufreißen (45) Platz.

Abb. 43

Abb. 44

Abb. 45

nungen nach unten zeigen. Die Zähne sind von den Lippen bedeckt und alle Caniden ziehen die Mundwinkel etwas zurück, um das »unterwürfige Grinsen« zu formen. *Zur Verteidigung* wird der Körper niedergeduckt, der Rücken gewölbt und der Kopf gesenkt, die Schnauze, wie bei den fuchsähnlichen Arten, nach oben gerichtet. Der Schwanz bedeckt den After, und alle Caniden legen die Ohren rückwärts an den Kopf an. FOX (1969) hat die Entwicklung von Wettkampfverhaltensmustern in der Periode nach der Geburt bei Wolf, Präriewolf und Graufuchs beschrieben. Rot- und Polarfuchs wurden erst in fortgeschrittenem Alter zum erstenmal beobachtet. Haaraufrichten und Rückenwölben fanden sich bei allen Arten, letzteres Verhalten war besonders beim Graufuchs stark ausgeprägt. Der Graufuchs richtet seinen Angriff fast ausschließlich gegen die Wange, wohingegen die anderen Caniden auch die Partie am Übergang vom Nacken zum Schulterblatt, Kehle und Schnauzengegend attackieren. In Spielkämpfen treten anhaltendes Ringen mit den Schnauzen und Kiefern beim Wolf auf, Ringen mit Schultern und Genick bei Wolf, Präriewolf und Hund und Wangenringen beim Graufuchs. Die Zielrichtung des Angriffs korreliert bei den verschiedenen Arten mit ihren besonderen Körperzeichnungen.

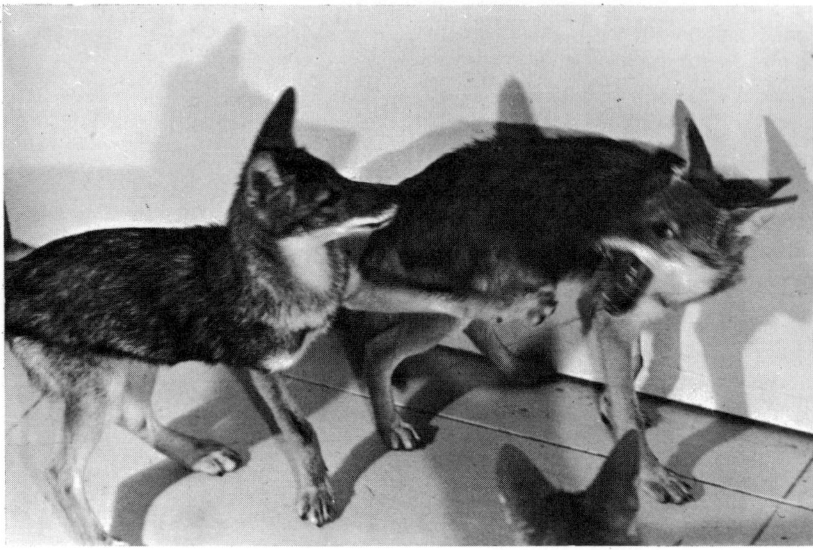

Abb. 46 Ein dominierender Präriewolf stößt einen Fremden mit dem Vorderlauf, um ihn einzuschüchtern.

Abb. 47 Darüberstehen und Drohverhalten gegenüber einem untergeordneten Präriewolf.

Abb. 48 Aggressives Besteigen, gefolgt von einem nackengerichteten Biß während der Dominanz-Sicherstellung bei Präiewölfen.

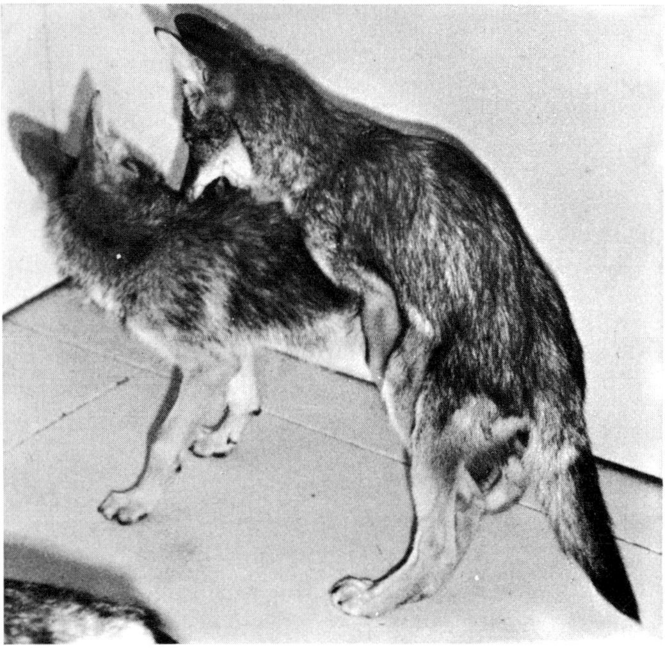

Abb. 49 Ähnliches Verhalten bei sechswöchigen Präriewölfen während eines Spielkampfes; der nackenorientierte Biß ist gehemmt. Man beachte das bemerkenswerte Aufsperren der Kiefer, das für diese Spezies charakteristisch ist.

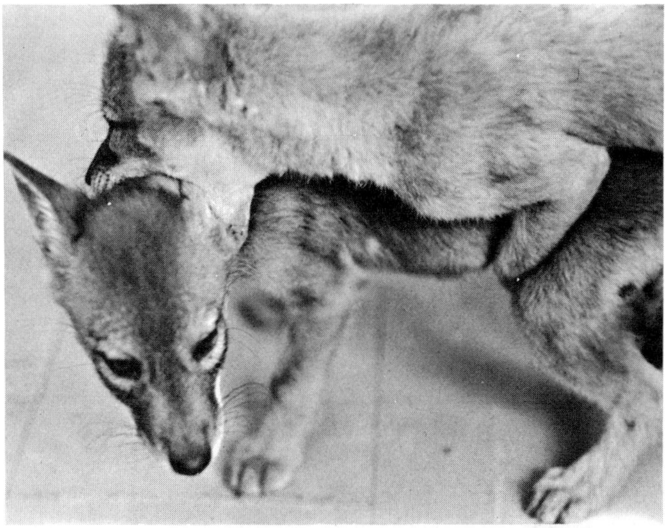

Abb. 50 Defensive Haltung eines erwachsenen Präriewolfes, der durch einen Überlegenen bedroht wird. Auf das Anheben der Vorderpfote wird das seitliche Hinlegen folgen; es mag daher diese Unterwerfungs-Intention signalisieren und zur gleichen Zeit die weiße Flagge des Kapitulierenden zeigen – die blasse Unterseite des Halses, des Brustkorbs und des Unterleibs.

Abb. 51 Boxen mit den Vorderläufen während einer aggressiven Begegnung, mit unterwerfendem Rückzug und hochgestreckter Schnauze beim defensiven drohenden Maulsperren.

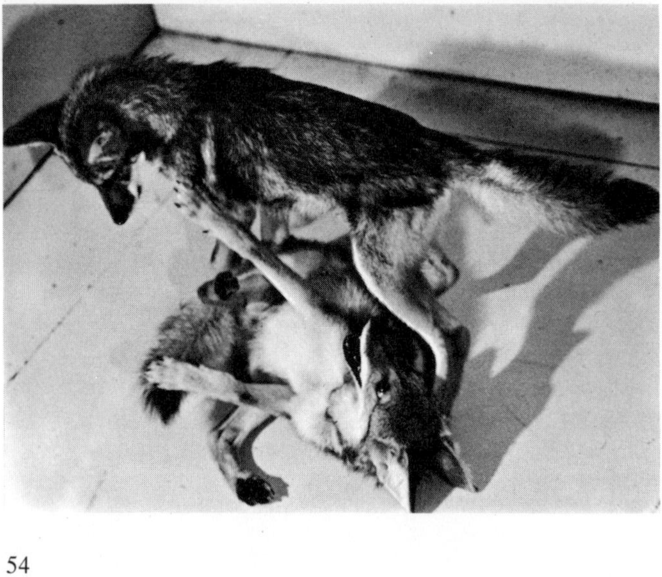

Abb. 52 Defensive und unterwürfige Seitenlage eines untergeordneten gegenüber einem Dominierenden, der seine Dominanz entfaltet – waagerechter Schwanz mit aufgestellten Haaren, aufgerichteten Ohren und einem zusammengezogenen »Schnäuzchen«. –

Abb. 53 Unterwerfungsgeste eines untergeordneten Präriewolfes in Seitenlage, der das Hochheben der Vorderpfote vorausgegangen war. Diese Pfote bleibt erhoben, vielleicht, um die weiße Bauch-»Fahne« zu zeigen, auch das unterwürfige Grinsen wird beibehalten.

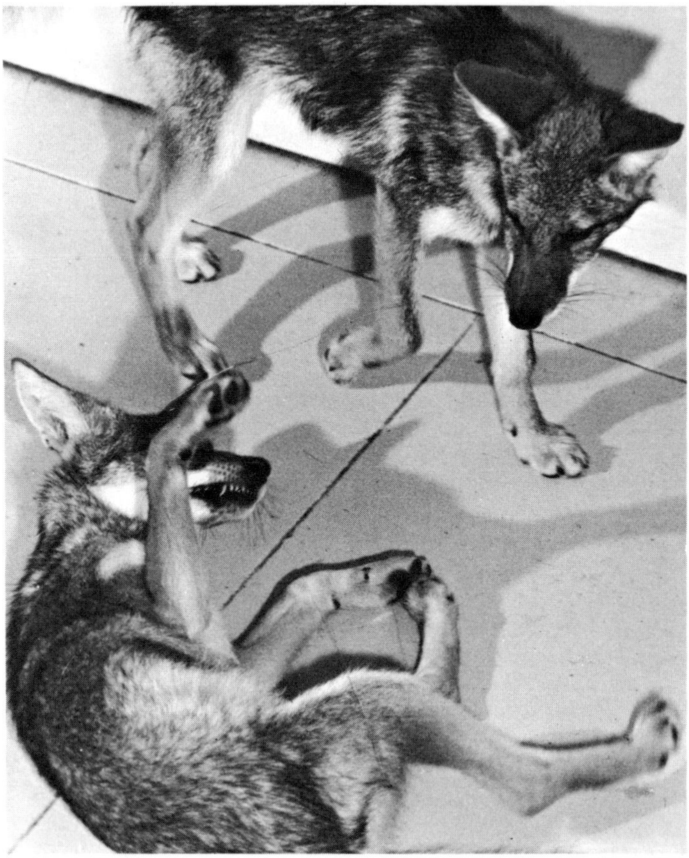

Der Schulter-Genick-orientierte Angriff: An handaufgezogenen abgesonderten Hunden und solchen, die zwar in der Gruppe aufgezogen wurden, aber ihres Sehvermögens beraubt waren, ist der Beitrag der sozialen Erfahrungen zur Ontogenie des genick-orientierten Angriffs eindeutig demonstriert worden. Acht Haushunde wurden ohne jedes Sehvermögen aufgezogen, indem man ihre Augen verbunden hielt. Diese Welpen sind bis zum Alter von vier Wochen mit anderen Gefährten aus ihrem Wurf zusammengelassen worden, denen man die Augen nicht verbunden hatte. In diesem Alter zeigen beide Welpengruppen gesichtsorientiertes Lecken, »Pfoteln«, Ringen und genick-orientiertes Beißen während der Spielkämpfe. Den der Sehkraft beraubten Welpen fehlte lediglich die visuell geführte Annäherung. Die Welpen mit den verbundenen Augen wurden von denjenigen entfernt, denen man sieben Tage Ruhe gewährte, bevor sie mit verschiedenen Reizen getestet wurden. Sie wurden außerdem 30 Minuten lang mit normalen Welpen aus ihrem Wurf beobachtet. Bei allen der Sehfähigkeit beraubten Welpen zeigte sich deutlich eine visuell geführte und orientierte Annäherung. Die meisten Kontaktpunkte lagen im Gesicht und im Schulter-Genick-Abschnitt. Bei den Kontrollwelpen wurden ähnliche bevorzugte Abschnitte entdeckt. Bei beiden Gruppen folgten alle Welpen der Schulter-Genick-Anziehung, indem sie einen Artgenossen ins Genick bissen, der umgekehrt entweder selbst das Genick seines Angreifers zu erreichen oder zu fliehen versuchte.

Abb. 54 bis 61 Spielsequenzen bei jungen Eisfüchsen. Diese heftigen, akrobatischen Wechselfolgen von Hüpfen und Jagen gehören zu einem intensiven Spielkampf oder zu einem echten Kampf. Darüberspringen, Darauflanden oder einen Artgenossen stoßen (54,55) treten während des gegenseitigen Verfolgens auf. Packen und genickorientiertes Beißen erscheint ebenfalls (56), man beachte das »Spielgesicht« des Artgenossen. Der Schwanz (57) oder die Wange eines Artgenossen kann ergriffen werden, und letzterer mag sich mit einem Schulter- oder Hüftstoß revanchieren (58). Oder aber er dreht sich oder schlägt einen Purzelbaum, um den Griff zu brechen (59, 60) und landet neben seinem Verwandten (61), indem er ihn beißt und in katzenartiger Weise mit den Hinterläufen kickt.

Abb. 55

Abb. 56

Abb. 57

Abb. 58

Abb. 59

Abb. 60

Abb. 61

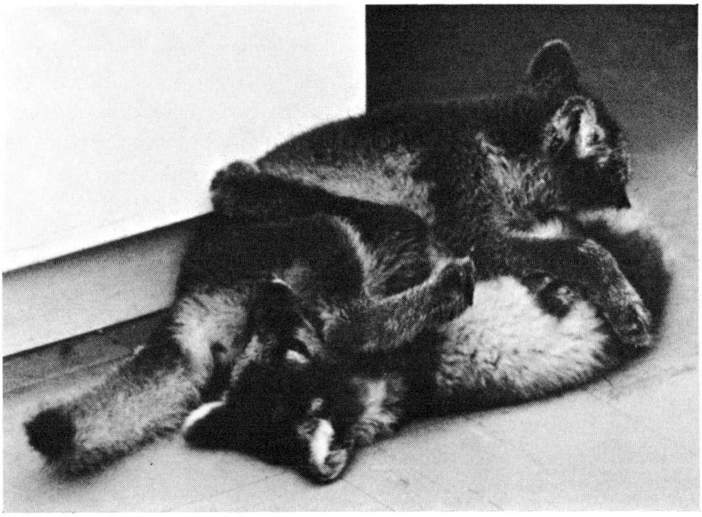

Dem Genick-Beißen ging bei den »Erblindeten« oft ein Auflegen des Kinns voraus. Das Tier näherte sich einem Artgenossen und legte kurz das Kinn auf dessen Schulter bevor es biß und – seltener allerdings – bevor es den anderen umklammerte und bestieg. Diese Komponente des Kinn-Auflegens stammt vom Annäherungs-Umkreisen (Fox 1970: bei Wölfen, Präriewölfen und Graufüchsen) und war bei den Kontrollwelpen und den Nichtsehenden mit vier Wochen zu beobachten. Doch verschwand es bei den nicht ihrer Sehfähigkeit Beraubten mit fünf Wochen. Offensichtlich waren die Sehunfähigen subjektiv kontaktfähiger, ein Beweis ihrer Erfahrungen vor der Wiederherstellung ihrer visuellen Funktionen.

An sechs handaufgezogenen Welpen (handaufgezogen ohne daß sie vom ersten Lebenstag gegenseitigen Kontakt gehabt hatten), die man für diese Studie ebenfalls herangezogen hat, waren die Reaktionen auf einen gemalten Hund mit fünf Wochen diffus. Man sah nichts davon, daß sie einen Körperteil zur Annäherung bevorzugt hätten. 24 Stunden später, als sie zuvor 30 Minuten mit Artgenossen gespielt hatten, waren die Reaktionen auf dieses Bild nicht mehr so diffus. Deutliche Bevorzugung der Kopf- und Schultergegend zur Annäherung war zu bemerken. Während der Spielperiode mit den Artgenossen waren die Anfangsreaktionen diffus. Annäherndes Einkreisen und Kinnauflegen bildeten die hervorstechenden Aktivitäten der handaufgezogenen Hunde (wie es Fox und Stelzner 1967 in früheren Studien beschrieben haben). Es ergab sich eine schnelle Individualisierung der verschiedenen Reaktionen in eine voraussagbare Sequenz von Annähern mit Schwanzwedeln oder Spielaufforderung mit Bellen und Knurren, die auf gesichtsorientiertes Lecken und Pfoteln, Schulter-Genick-Beißen und gegenseitiges Ringen mit Genickgriff (mit leichtem Hüftstoßen) bei den handaufgezogenen Welpen folgten. Nach anderen Körperteilen, namentlich Beinen, Pfoten, Ohren und Schwanz wurde gejagt und gebissen.

Bei den handaufgezogenen Welpen waren die Sequenzen von Spielkampf, gegenseitigem Genick-Beißen und -ringen entweder zwischen zwei handaufgezogenen oder einem handaufgezogenen und einem Kontrollwelpen von kurzer Dauer. Dazu zählte das heftigere und ungehemmtere Genickbeißen und Kopfschütteln der handaufgezogenen Welpen, das den Artgenossen veranlaßt, sich zurückzuziehen oder aggressiv zu antworten.

Die Kontrollwelpen (die vielleicht durch negative Verstärkung gelernt hatten) besaßen ein gehemmteres Beißen während des Spielkampfes und demzufolge waren ihre Interaktionen noch ausdauernder. Sie waren daher subjektiv auch viel aggressiver. Aus den Entwicklungsstudien erhellt, daß genick-orientiertes Beißen während des Spielkampfes und im aktuellen Kampf eine artspezifische Erwiderung der Haushunde ist, da die Zielrichtung in Verbindung mit dem früheren Verhalten von Annäherungs-Umkreisen und Kinnauflegen steht. Daraus ergibt sich möglicherweise eine beträchtliche Verstärkung für das Beißen nach diesen Partien, da ein Artgenosse, wenn er am Genick festgehalten wird, sich nicht so leicht wehren kann wie wenn er irgendwoanders am Körper gebissen wird. Eine Ausnahme nur ist die Kehle.

Der halsorientierte Angriff: Er ist üblicherweise seitlich gerichtet. Die direkte Annäherung wird durch die geöffneten Kiefer des Gegners abgeblockt sowie durch das Kopfsenken und das Abwehren des Angriffs mit der Schulter. Seitliches Annähern und Zugreifen an der Seite des Halses oder des Nackens ist eine mit hoher Sicherheit voraussagbare Zielrichtung während des Streites und des Spielkampfes bei Graufüchsen und in schwächerer Form bei Rotfüchsen. Der Angriff auf diese Partien ist sehr ritualisiert, die Partien selbst sind weiß gefärbt und die Wangenhaut ist dicker.

An Graufüchsen beobachtet man lange Folgen von gegenseitigem Ringen darum, einen Wangengriff zu erreichen, wohingegen diese Zielrichtung bei Rot- und Polarfüchsen weniger spezialisiert ist. Wange, Gesicht, Schnauze und Genick werden hier angegriffen. Vielleicht besteht eine Korrelation zwischen den Folgen von genickorientierten Attacken und der Färbung sowie Dichte des Haares in der Schultergegend.

Der Graufuchs, im Gegensatz zu anderen beobachteten Caniden, hat keine klar gezeichnete Schulterpartie oder blasse, waagrechte Streifen hinter jeder Schulter. Bei dieser Spezies wurde schulterorientiertes Beißen auch nur selten gesehen. Der Angriff ist meistens ausschließlich auf die Wangen gerichtet.

Mehr auf den Halskamm spezialisiert ist der Angriff bei Präriewolf, Wolf und Hund, obgleich auch Schwanz, Beine und Gesicht attackiert werden können. Bei Wölfen und in schwächerem Ausmaß bei Präriewölfen wurden lange Perioden entweder von gegenseitigem Genickringen oder Kiefer-Schnauze-Ringen während des Spielkampfes beobachtet.

Abb. 62 Aggressionsverhalten eines Goldschakals gegenüber einem Präriewolf außerhalb seines Geheges.

Ab. 63 Sein untergeordneter Verwandter verhält sich unterwürfig.

Abb. 64 Der Schakal richtet darauf seine Aggression gegen seinen Gefährten, indem er diesen bei der Schnauze packt.

Abb. 65 Derselbe Schakal nimmt eine Seitenposition ein, wenn man ihn berührt, und genau wie Präriewolf, Wolf und Hund zeigt er unterwürfiges Grinsen und präsentiert die weiße Bauchgegend seines Körpers. Das obere Hinterbein ist angehoben und leicht nach auswärts gedreht, um die Anogenital-Zone zu zeigen.

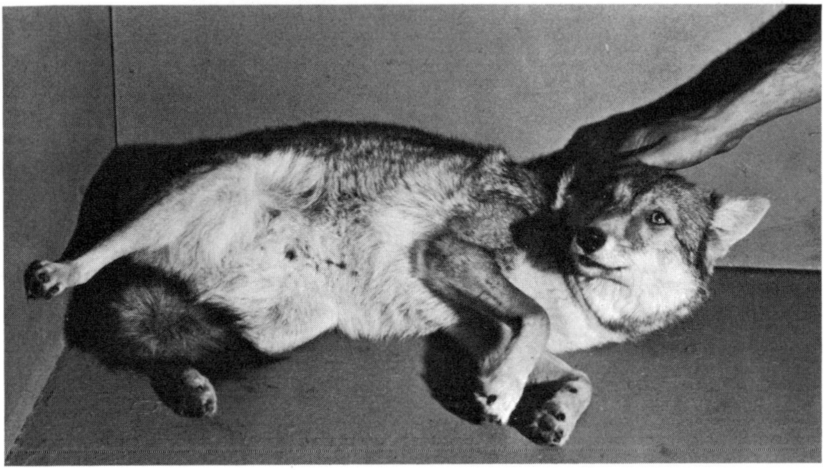

Wangen-orientierte Angriffe: Das Vorkommen wurde mit abnehmender Häufigkeit in folgender Reihenfolge verzeichnet: Graufuchs, Rotfuchs, Polarfuchs, Präriewolf, Wolf und Hund. Es erscheint besonders bei jenen Caniden, deren Wangen durch weiße Haare akzentuiert sind, sowie bei den Graufüchsen durch verdickte Haut. Bei der letzteren Art besteht – im Gegensatz zu allen anderen Füchsen – eine Spielrunde oder ein Kampf ausschließlich aus wangenorientierten Attacken und Ringen darum, entweder aus einem Wangengriff herauszukommen oder einen zustandezubringen. Weder beim Graufuchs noch beim Busch-Hund (KLEIMAN 1967) sah man halsorientiertes Angreifen.
Die ritualisierten Attacken des Mähnenwolfes enthalten gegenseitiges Drohen ohne Körperkontakt (KLEIMAN 1967). Möglicherweise stehen bei Wolf und Präriewolf geringe Erregung beim Wettkampf in Verbindung mit ritualisiertem Angriff (Kiefer-Schnauzen-Ringen und Nacken-Beißen), während höhere Erregung oder Konflikte mit innerartlicher Begründung die ritualisierten Angriffe gegen solche in Richtung auf Kehlen- und Wangenpartie eintauschen. In diesen Fällen funktionieren dann die »Abbruch«- und Beruhigungsgesten des Unterlegenen. Solche ritualisierten Verhaltensmuster sah man während der Wettkämpfe mit geringer Erregung nicht im selben Ausmaß, wenn beide, der Über- und der Unterlegene sich in längeren Perioden von Kieferringen engagieren. Bei hoher Erregung erfolgt der Angriff auf die Kehle (oder, besonders beim Wolf, Ansätze zu gehemmtem Beißen) plötzlich und abrupt: da gibt es keine ausgedehnte Wechselhandlung, denn der Rangniedere nimmt eine unterwürfige Haltung ein, und das Abbruch-Phänomen beschneidet weitere Interaktionen.

Nacken-Schulter-Orientierung in wettkämpferischen Verhaltensmustern

Bei Präriewolf, Wolf, Haushund (GOLANI 1966: Goldschakal) sah man genickorientierte Annäherungen, während sich ein aggressives oder ranghöheres Individuum der Schulterpartie eines Artgenossen von vorn näherte. Das ist die sogenannte T-Position nach GOLANI (1966), die man auch beobachtete, wenn sich ein Männchen der oben erwähnten Arten einem Weibchen in der Hitze näherte. In dieser T-Postion legt das genickorientierte Individuum seinen Kopf und manchmal auch seinen Hals auf die Schultern des Partners. Es kann dann vorwärtsgehen und das andere Tier schieben. Es kann es einschüchtern, damit es entweder eine seitlich liegende, unterwürfige Position einnimmt oder eine kämpferische (defensiv-aggressive) Vergeltung wagt. Die Vorderfüße bleiben auf den Schultern des Artgenossen. Dieses Darüberstehen in T-Position, das sich schon früh im Leben von Wolf und Präriewolf entwickelt hat, ist eine ausdrückliche Pose der Beherrschung und wurde bei allen Caniden, die für diese Studie herangezogen worden sind, gesehen.
Der männliche Hund und Schakal (GOLANI op. cit.) scheint so zu handeln, um während der Hitze die Reaktionen des Weibchens zu testen. Wenn sie still steht oder sich ohne Abwehr gegen das Männchen lehnt, kann das Männchen sie besteigen und decken. Es ist ein allgemeines Problem in der Hundezucht, daß sich das läufige Weibchen, wenn das Männchen zur T-Position ansetzt, in unterwürfiger Haltung zusammenrollt. Die Paarung kann dann nicht stattfinden. Nach GOLANI nimmt das Schakalmännchen die T-Position schon einige Tage vor der Paarung ein, zu welcher Zeit das Weibchen natürlich empfängnisunfähig ist und doch für das Männchen anziehend, einige Zeit bevor dieses es für das Weibchen wird.

Den männlichen Hund sah man vor dem Besteigen das Genick des Weibchens beknabbern. Eine Variation der T-Position beobachtete man beim Haushund, wo das beherrschende Männchen oder ein Männchen mit einem aufnahmefähigen Weibchen weder den Stamm noch den waagerechten Balken des T bildet: es steht in einer seitlichen Haltung vor dem Artgenossen. Während kämpferischer Begegnungen wird diese seitliche Stellung von Haarsträuben und Rückenwölben begleitet, besonders bei Graufüchsen, in schwächerem Ausmaß bei Rotfüchsen, Präriewölfen, Wölfen und Haushunden. Die mögliche ontogenetische Abstammung dieser T-Position von Annäherungs-Umkreisen und Kinnauflegen der Neugeborenen wurde schon früher (FOX 1967) betont. Es sollte festgehalten werden, daß die T-Position gesehen wurde, wenn sich ein Individuum einem ranghöheren Artgenossen näherte und dessen Mundwinkel leckte. Man beobachtete beim Grüßen und bei der aktiven Unterwerfung an Wolf und Haushunden: Der Rangniedere nähert sich, indem er auf die Seite des ranghöheren Individuums zielt (FOX 1970). Der Rangniedere nähert sich, indem sein Körper in der Form eines C gebogen ist, wobei Kopf und Hinterteil geduckt werden. Er kann diese Haltung direkt vor einem ranghöheren Artgenossen einnehmen, seine Lenden darbietend (FOX 1970) und seinen Kopf drehend, um eine Maulseite seines Partners zu lecken. (Diese T-Position könnte mit der oben beschriebenen verwechselt werden!) Die Abstammung dieses aktiv unterwürfigen Verhaltens und der Gesichtsorientierung vom kindlichen Nahrungssuchen wurde von SCHENKEL (1967) nachgewiesen.

Sozial-sexuelles Verhalten und Genick-Ergreifen

Umklammern und Beckenstoßen gehen bei den Graufüchsen während des »sexuellen Spiels« dem Genickbeißen voraus. Bei allen Caniden tritt Umklammern und Genickbeißen ohne Beckenstoßen während der Spielkämpfe und bei aktuellen Auseinandersetzungen auf. Beim Graufuchs können der Ansatz zum Genickbeißen und unvollständiges Zubeißen vor dem Besteigen vorkommen. Genickbeißen während des Beckenstoßens wurde nur einmal als eine kurze, unvollständige Handlung bei dieser Spezies bemerkt. Beim Marderhund (HALLAM, pers. Mitteilung) wurde Genickbeißen während der Paarung oft beobachtet.
Grundsätzlich dient das Genickbeißen dazu, das Weibchen unbeweglich zu machen. Wie bei den Hauskatzen ist es für die Caniden nicht charakteristisch, in welcher beidseitigen Stimulation die Leisten eine entscheidende Rolle spielen. Das Anheben des Hinterteils und die Passivität durch das Im-Genick-gehalten-werden tauchen bei Rot- und Polarfuchs auf und erinnern an das entsprechende Verhalten der Hauskatze, wenn sie ähnlich stimuliert ist (WICKLER 1967 ein sozio-sexuelles Verhaltensmuster). Was besonders im sexuellen Verhalten der Kätzin während der Hitze zu Tage tritt. Dies wurde an männlichen und weiblichen Rot- und Polarfüchsen im Alter von drei bis vier Monaten beobachtet. Das Anheben des Hinterteils und des Schwanzes sah man nicht bei Hund, Wolf, Präriewolf oder Graufuchs, wenn sie im Genick gepackt wurden. Sie hockten sich entweder nieder und blieben passiv oder drehten sich spielerisch und angriffslustig, stießen mit der Hüfte und versuchten die zurückhaltende Hand zu ergreifen. Es ist sehr wahrscheinlich, daß das Genickbeißen der Caniden mit ritualisiertem Streiten und Spielkämpfen zusammenhängt, doch bei Rot- und Polarfuchs könnte ein sozio-sexuelles Verhaltensmuster aus dem Genick-Greifen resultieren.

Zusammenfassend darf man daher vermuten, daß bei einigen Caniden eine deutlich definierte Orientierung und Vorliebe dafür besteht, bestimmte Körperpartien anzugreifen. Bei Wolf, Präriewolf, Haushund und *Speothos,* dem Busch-Hund, (KLEIMAN 1967) ist das Genick, das wohl gröbere Haare und dickere Haut hat, eine Körperpartie, die bei Spielkämpfen und in ritualisierten Aggressionen vornehmlich angegriffen wird. Präriewolf und Wolf packen im ritualisierten Angriff die Schnauze und den Kiefer des Artgenossen (SCHENKEL 1967). Bei Spielkämpfen von Präriewölfen, Wölfen und Dingos (beobachtet im Londoner Zoo) werden der ganze Hals oder die Wange des Partners gepackt, sanft ins Maul genommen und gebeutelt. Nur selten sah man Angriffe auf diese Partien bei Wölfen und Präriewölfen, und wenn, dann fanden sie früh im Leben statt, bevor die Über-Unterlegen-Beziehung ausgeprägt war. Der halsorientierte Angriff wird deshalb nicht ohne weiteres begonnen und setzt erst ein, wenn die Erregung besonders hoch ist. Zunächst ist der Angriff auf andere ritualisierte Partien gerichtet.

Kopfwenden und Wegblicken

Unterwerfungsgesten enthielten mit ansteigender Intensität (von aktiver zu passiver Unterwerfung) Schwanzwedeln in der geduckten Haltung, Annäherung mit gesenktem Kopf (oft in übertriebener Form von einer Seite auf die andere schwingend) und Darbietung der Lendengegend; Lecken, Ohrenanlegen und unterwürfiges Grinsen; die liegende Stellung auf einer der beiden Seiten, die Rute zwischen den Beinen, Anheben des obenliegenden Hinterbeines und gelegentliches Urinieren sowohl bei Hund als auch Wolf. Während sozialer Wechselwirkungen blickt das Tier von dem beherrschenden Artgenossen weg. Diese Kopfbewegung gibt den Hals frei, aber der Hals ist von geringerem Angriffsinteresse für den Gegner. Attacken werden gewöhnlich gegen die Schulterpartie, das Genick und das Gesicht gerichtet. Es gibt einige Hinweise, daß beim Wolf mit zunehmender Aggression oder innerartlicher Spannung das Beißen von der Schnauzenorientierung zur Schulterpartie und schließlich zur Kehle vorschreitet; auf jeder Stufe ist das Beißen gehemmt, doch wird der Zubiß stärker und das Kopfschütteln nachdrücklicher, wenn der einmal gepackte Gegner nicht passiv bleibt oder sich sogar zur Wehr setzt. Die Körperbewegungen sind bei den Rangniederen starr oder gehemmt, was einen Beruhigungseffekt auslösen oder befreiende Wirkung haben soll, damit das ranghöhere Tier weggeht.

Ontogenetisch stammt die Unterwerfungspose des auf eine Seite Niederlegens mit Preisgabe der Leistengegend aus der Zeit, da die Welpen passiv blieben, wenn die Mutter ihre Anogenital-Zone sauber leckte. Im früheren Lebensstadium wird das Urinieren als Reflex vom Muttertier hervorgerufen. Man muß unterstreichen, daß die Bauchunterseite – Hals, Brust und Unterleib – wilder Caniden fahler gefärbt ist als die Oberseite des Körpers. Diese weiß- oder lederfarbene Tönung erleichtert das Verbergen durch die Reduktion der Schattenkonturen des Körpers, dient aber auch als visuelles Unterwerfungssignal gegenüber einem Artgenossen, vor allem in seitlich liegender Haltung. (Zum Vergleich: Bauchmarkierungen werden bei anderen Tieren als »Blitze« oder Alarmsignale benutzt.) Die Darbietung der weißen Hals- und Brustregion, während der Kopf auf eine Seite gedreht wird, um den Augenkontakt zu vermeiden, tut den ähnlichen Dienst, wie eine weiße Fahne, welche Kapitulation signalisiert.

Das plötzliche und übertriebene Kopfdrehen weg von einem Artgenossen sind ritualisierte Komponenten von Spielaufforderungen, die man oft an jungen Hunden und Wölfen wahrnahm. Das Auftreten von Wegschauen und Kopfwenden ist während sozialer Interaktionen immer dann vorhersagbar, wenn das Versuchstier mit einem sozial überlegenen Individuum zu tun hat. Bei den Wölfen wendet sich das ranghöhere Tier ab und schaut vom rangniederen weg, um weitere Handlungen abzuschneiden, selbst dann, wenn das rangniedere bei der Annäherung aktive Unterwerfung zeigt oder ambivalent aggressive Tendenzen. Während submissiver sozialer Annäherung und Spielaufforderung tritt sowohl bei Wolf als auch Hund übertriebeneres Kopfdrehen auf. Wie bezeichnend der Augenkontakt und das Vermeiden desselben sind, wurde schon im Zusammenhang mit der vergleichbaren Taxonomie der Gesichtsausdrücke von Caniden (Fox 1970) diskutiert. Man kam zu dem Schluß, daß dieses Verhalten auf einige Ritualisierung hinweist und unter gewissen Umständen in anormale Stereotypie oder Fixierung münden kann. Die Darbietung des »verwundbaren Halses« – obgleich diese Partie für die Angriffe von Wolf und Hund von geringem Interesse ist, ausgenommen in seltenen Fällen, wenn die Aggression nicht ritualisiert ist, – bedeutet, daß Attacken speziell auf die Nacken- und Maulpartie gerichtet sein müssen. In solchen Augenblicken wird der Hals, wie früher beschrieben, angegegriffen und der Rangniedere zeigt ein ganz anderes Beruhigungsverhalten, um den Angreifer abzuwehren, nämlich Hinlegen auf eine Seite, Anheben des oberen Hinterbeines, oft gefolgt von Urinieren. Crisler (1958) schließt sich Lorenz's Interpretation der Halsdarbietung nicht an. Sie interpretiert es als zufällige Folge von Pfotenheben und kommt damit sicher dem, was weiter passiert, näher. Die Kopfwendung ist das, was als Darbieten des Halses erscheint und kann oft auch ohne Pfotenheben auftreten. Und gerade zu dieser Zeit erscheint die deutliche Vermeidung des Augenkontaktes. Das kann gefolgt sein von Pfotenheben, vielleicht einem Zeichen für das Vorhaben, sich in passiver Unterwerfung auf den Rücken zu rollen. Wenn die Vorderpfote erhoben ist, wird ein großer Teil der weißen Bauch-Brust entblößt, möglicherweise zum Zwecke eines Übergabe- oder Unterwerfungssignals.

Sozio-infantile und sozio-sexuelle Signale

Wickler (1967) und Anthoney (1968) haben an Primaten gezeigt, daß bestimmte Verhaltensmuster, die mit der kindlichen Reaktion auf die Mutter zusammenhängen, in der Folge (als abgeleitete Aktivitäten) in soziales und sexuelles Verhalten der Erwachsenen übergehen können. Wickler (1967) versichert ferner, daß gewisse Vorlagen des sexuellen Verhaltens Erwachsener beim Fehlen besonderer sexueller Motivationen als soziale Signale benutzt werden können. Dieser Abschnitt ist in einer Identifikation und in einer ontogenetischen Analyse von solchen sozio-sexuellen und sozio-infantilen Verhaltensmustern der Caniden zusammengefaßt. Auch die Wichtigkeit der verschiedenen Körperzeichnungen und Sekretionen soll behandelt werden.

Soziale Untersuchung

Bei den Caniden werden zu Anfang sozialer Begegnungen sowohl die Genital- als auch die Analzone untersucht. Ohren, Maul und die Analdrüse, neben einem dunklen Haarbüschel, ein Drittel unterhalb der Schwanzwurzel gelegen, werden von Artgenossen ebenfalls untersucht. Bei den Polarfüchsen ist die Schwanzdrüse sehr gut ausgebildet. Sie ist rund, annähernd 3 cm im Durchmesser und produziert einen süßen ambrosiaartigen Duft, im Gegensatz zum ranzig durchdringenden Geruch der Analdrüsen-Sekrete. Die Schwanzdrüsen-Sekretion nimmt bei Polarfüchsen zu, wenn sie etwa 15 bis 30 Minuten in Gruppen gespielt haben. Beim Graufuchs erstreckt sich die Schwanz- oder Analdrüse entlang des Schwanzes neben einer dunklen Haarlinie und hat einen strengen, moschusartigen Geruch. Der Rotfuchs riecht ähnlich, aber schwächer als der Polarfuchs, und sowohl Wolf als auch Präriewolf besitzen einen sehr schwachen Ambrosia-Geruch neben dem dunklen Haarfleck auf der Rückseite ihres Schwanzes. Am Wolf sieht man diese dunkleren Haare wie einen dünnen Strich und am Präriewolf wie ein umgekehrtes Dreieck. Man kann bei den Präriewölfen beträchtliche Variationen in der Zeichnung der Schwanzdrüsen finden. Das Dreieck ist manchmal gebrochen oder mit waagerechten oder senkrechten Ringeln von dunkleren Haaren vermischt.
WICKLER (1967) ist sich der Anwesenheit dieser Schwanzdrüse offensichtlich nicht bewußt und hat irrtümlich vermutet, daß der runde schwarze Fleck auf dem Schwanz der Caniden über dem schwarzen Damm liegt, um eine Orientierungshilfe für die Lage des Dammes zu geben, der, wenn der Schwanz gesenkt ist, gerade darunter liegt. Bei den Haushunden ist diese Schwanzdrüse selten – wenn überhaupt – funktionsfähig, ausgenommen Fälle von Seborrhöe, wenn etwas Hypertrophie auftritt. Bei einigen Rassen findet sich an ungefähr derselben Stelle, wie bei den Caniden ein kurzer Strich, ein dreieckiger oder ovaler Fleck von dunkleren Haaren. Eine Analyse zeigt wenig oder gar kein drüsiges Gewebe, mit Ausnahme älterer Tiere und solcher, die früher eine Seborrhöe durchmachten. Bei vielen Haushundrassen fehlt die Schwanzdrüsenzeichnung. Oder sie ist im frühen Leben da, wie beim Rhodesischen Ridgeback, und verschwindet, wenn der Pelz wächst. Bei sozialen Forschungen wurde bei Haushunden kein Schnüffeln an der Schwanzdrüsen-Gegend beobachtet. Auch beim Wolf sah man es selten. Diese Partie wird gewöhnlich von Rot-, Polar- und Graufuchs untersucht. Die Häufigkeit solcher Untersuchungen beim Präriewolf liegt in der Mitte zwischen Wolf und Füchsen, der Geruch ist bei Präriewölfen strenger als bei Wölfen.

Sozio-sexuelle Verhaltensmuster

Haushunde, Präriewolf und Wolf lehnen sich oft, wenn sie aufgezogen wurden, an den Pfleger an und schubsen ihn mit der Schulter, wobei sie das Hinterteil bei der Bloßstellung der Lendengegend herumbiegen und den Schwanz auf eine Seite legen, um den After (und bei Weibchen die Genitalien) zu zeigen. In dieser seitlichen Annäherung kann das Hinterteil bis auf den Boden gesenkt sein, im Gegensatz zur charakteristischen Anhebung des Hinterteils der Katze. Schubsen, Anlehnen und Stillstehen, sobald man Kontakt hat (besonders bei Berührung in der Lendengegend) sind bis zu einem gewissen Grad bei Katze und Hund vergleichbar.

Ein von einem Pfleger aufgezogener zahmer Rotfuchs hockt sich nieder, hebt dabei das Hinterteil etwas an, rollt den Schwanz auf eine Seite und lehnt sich an den Pfleger. Die Ohren sind waagerecht zurückgelegt, die Lippen ebenso zurückgezogen, und der Kopf ist vorgestreckt und gesenkt. Diese schwache Rückgratkrümmung und das sich nach vorn oder seitwärts Lehnen, um Körperberührung zu erreichen, sind extrem katzenhaft und stellen ein vergleichbares sozio-sexuelles Verhaltensmuster bei Rot- und Polarfuchs dar. Bei letzteren erscheinen eine deutliche Wirbelsäulenkrümmung oder ein Anheben des Hinterteils, verbunden mit einem Wippen oder Aufrollen des Schwanzes in Richtung auf die Rumpfbiegung. Ferner wurden Anlehnen oder Schubsen mit den Schultern oder Hüften beim Spielen oder bei Spielaufforderungen beobachtet. Ähnliches Verhalten erlebte man bei aktuellen Kämpfen, wenn ein Fuchs den wangenorientierten Bissen eines anderen ausweichen wollte, jedoch nicht weglief.

Das Wedeln des Schwanzes nach beiden Seiten und Hinlehnen in die Richtung des Körperkontaktes, ja selbst Wenden des Rumpfes, um die Genitalien zu zeigen, wurde beim weiblichen Wolf, beim Dingo und vielen Haushunden in der Hitze gesehen. Vergleichbares Betragen beobachtete man bei nicht-sexuellen, also sozialen Begrüßungen zwischen Artgenossen und mit dem Pfleger. Das Brunstverhalten ist von einer Vergrößerung und Rötung der Vulva und von Blutungen begleitet, die beim Wolf reichlich sind und von weitem einen starken visuellen Anhaltspunkt gegen die cremefarbenen Haare der Oberschenkel bieten. WICKLER (1967) und LEYHAUSEN (1956) beschreiben sowohl an Primaten als auch an Katzen den aufgerichteten Schwanz und die Anhebung des Hinterteils als eine soziosexuelle Präsentation, eine Beruhigungs- oder Grußgeste. Bei Hauskatzen erlebt man diese Präsentation zusammen mit Anlehnung und Schubsen oder Gesichtreiben am Pfleger oder an einem leblosen Objekt in der Nähe. Reiben immer dann, wenn die Katze berührt oder angesprochen worden ist. Die Katze wird sich zusammenrollen, den Boden mit den Vorderpfoten kratzen, sich putzen und sich dann wieder dem Pfleger zuwenden. Ähnliches Verhalten sah man zwischen Artgenossen während sozialen Grüßens und bei sexuellen Begegnungen. Die vergleichbaren Verhaltensmuster bei den Caniden sind schwächer ausgeprägt, und viele Komponenten fehlen.

Sozio-infantile Verhaltensmuster

Bei den Welpen von Graufuchs, Präriewolf und Wolf wurden dieselben Reflexe und Neugeborenen-Reaktionen, wie sie früher schon am Haushund beschrieben worden sind (FOX 1964), von Geburt an beobachtet. Namentlich die Tropismen und körperrichtenden Reaktionen, negative Geotaxis, positive Thigmotaxis und Thermotaxis, Urinier-Reflex und Halbkreisbewegung mit Kopfdrehung von einer Seite auf die andere als eine thermotaktile Gefühlsprobe. Diese Bewegung des von Seite zu Seite Suchens entstand indirekt, wenn ein warmes oder weiches erfühlbares Objekt an eine Gesichtsseite plaziert wurde. Dies wurde »Auriculonasocephalic (ANC)-Reflex« benannt (FOX (1964). Wenn sie hungrig waren, konnten Saugintentionen und Bewegungen zum Vorwärtskriechen auf die Seite des Reizes bei allen Canidenarten durch einfaches Anfassen ausgelöst werden. Das Kopfbewegen von einer Seite auf die andere wurde so lange fortgesetzt, bis sie eine Zitze oder einen Finger erreichten. Das Seite-zu-Seite-Bewegen des Kopfes bleibt bei Hunden und Wölfen bis zur Reife als ein ANC-Reflex bestehen, ebenso das Zitzensuchen während der Annäherung an den Pfleger oder bei der Begrüßung eines Artgenossen (Fox 1969). Stoßen oder Schubsen mit der Nase und Anheben des Kopfes beobachtete man, wenn das Neugeborene trank. Dieselben Bewegungen, oft verbunden mit einem Wälzen von einer Seite auf die andere, werden bei Erwachsenen als soziales Grüßen betrachtet, wobei Nasestoßen oder -bohren Aufmerksamkeit oder Spiellust wecken sollen.

Bei den handaufgezogenen neugeborenen Caniden erscheint häufig Selbstsäugen (oder Saugen an einem Artgenossen), vor allem an der Vorhaut, der Vulva, den Vorder- oder den Hinterpfoten. Wenn man sie zusammen von Geburt an beobachtete, dann resultierte der ANC-Reflex und die Wälzreaktionen aus dem gegenseitigen Annäherungs-Umkreisen, das stets zunahm, wenn die Versuchstiere froren oder hungrig waren. Wenn sie froren, hörte dies Umkreisen auf, sobald die Welpen einen dichten Knäuel gebildet hatten – ein wichtiger Mechanismus zur Wärmeerhaltung und Wärmestauung bei einem zum Teil poikilothermischen Neugeborenen. Dieses Kontaktkreisen bleibt als eine soziale Reaktion bei den älteren Caniden bestehen, noch lange nachdem sie homöothermisch geworden sind. Andere soziale Aktivitäten der Caniden stammen zum Teil von Verhaltensmustern, die mit früheren motivationsspezifischen Kategorien verbunden sind.

Die meisten Caniden bringen die Nahrung für ihre Nachkommen wieder aus ihrem Maul heraus, und die Nachkommen nähern sich sogleich und sichern sich die Nahrung, indem sie mit Pfoten und Nasen die Schnauzen berühren und das Maul der Eltern auf der Seite lecken. Bei Haushunden fehlt dieses »Nahrungvorwürgen« oft, dennoch gibt es das maulorientierte Lecken und Grüßen. Lecken als ein Bestandteil des sozialen Grüßens kann daher unabhängig vom Nahrungsuchen sein. Handaufgezogene Wölfe und Präriewölfe lecken sogleich Gesicht und Mund des Pflegers, und dieses Verhaltensmuster bleibt auch ohne den verstärkenden Anreiz des Nahrungwiedergebens bestehen. Wiederholtes Herausstrecken der Zunge und Schmatzen sah man bei allen neugeborenen Caniden, wenn sie sich der Mutter näherten, um zu saugen, oder wenn sie kurz vor dem Füttern mit der Flasche aufgenommen wurden. Solche Leckintentionen vor dem Saugen bleiben bei einigen Spezies als soziales Grüßen bestehen.

Dauer und Intensität von Leckintentionen und tatsächlichem Lecken während der Annäherung und Begrüßung sind bei Hunden und Wölfen viel größer als bei Präriewölfen. Bei keiner Fuchsart sah man während des sich Näherns Leckbewegungen, doch wenn der Kontakt geschlossen war, beobachtete man langsames Lecken als eine Gruß-Erwiderung. Nach KÜHME (1965) ist das Nahrungsvorwürgen als Folge von maulorientiertem Auffordern nicht auf das frühe Leben wie bei anderen Caniden beschränkt, sondern bleibt beim erwachsenen Hyänenhund als hochritualisierte Zeremonie bestehen. Gegenseitiges Nahrungsuchen (aktive Unterwerfung) und Nahrunggeben haben sich bei dieser Spezies als ein

Tabelle IV

Neugeborenen- und infantile abgeleitete Aktivitäten bei erwachsenen Caniden

Neugeborenen- und infantiles Verhalten	Erwachsenen-Verhalten
Kontaktierendes Umkreisen Kinn-Aufstützen Nachfolgendes Pfotenheben (Säugen)	Umkreisen, Anlehnen T-Positur Spielerische Annäherung und Spielaufforderung (oder bloße übersteigerte Annäherung) Anus
Seitliches Kopfdrehen von einer Seite zur anderen – Wühlen nach der Nahrungsquelle	Soziales Grüßen, aktive Unterwerfung
Senkrecht nach oben gerichtete Kopfbewegungen, »Kopfstoßen«, Nasenstubsen, Saugen	Soziales Grüßen, Spielaufforderung
Beidseitiges Pfotenheben, um die Zitzen zu erreichen, um das Gesicht der Mutter zu ›bepfoteln‹	Spielaufforderung in Form von gezieltem Kratzen oder Kratz-Intention
Gesicht-Maul-Orientiertes Lecken, um Nahrung von der Mutter zu erbetteln	Soziales Begrüßen, aktives Unterwerfen
Leckintention, die dem Füttern vorausgeht: Leckintention während der Annäherung, um das Gesicht der Mutter zu lecken	Soziales Begrüßen, aktives Unterwerfen und später bei passiver Unterwerfung
Passivität während der anogenitalen Stimulation durch die Mutter und Passivität bei Leistenberührung während solcher Stimulation	Passivität während sozialer Untersuchungen. Unterwerfung, soziales Grüßen mit Präsentation der Leistengegend (›C‹-Positur), unterwürfiges Urinieren
Visuell geleitete Annäherung an die Leistengegend der Mutter, um zu fressen	Leisten-Orientierung und -Kontakt während der sozialen Untersuchung
Kummer(Not)-Lautgebungen (Winseln und Jaulen), weil sie frieren oder Schmerzen haben	Passive Unterwerfungs-Laute, ›Abbruch‹
Kummer-Lautgebungen, weil sie hungrig sind (Nahrungsbitten)	Um Nahrung bittende Laute, aktive Unterwerfung, soziales Grüßen
Saugen mit herunterhängendem, jedoch vom Anus weggedrehtem Schwanz	Fressen oder Saufen mit vom Anus weggedrehtem Schwanz
Ganz oder teilweise geschlossene Augen während der Konsumenten-Verhalten–Fressen, Saufen, Urinieren, Koten, sich Kratzen und Paaren	Ganz oder teilweise geschlossene Augen während der Konsumenten-Verhalten – Fressen, Saufen, Urinieren, Koten, sich Kratzen und
Sich auf die Hinterbeine niederhocken mit abgewendetem Schwanz, um zu Urinieren bei Männchen und Weibchen; Weibchen hocken sich tiefer als Männchen	Weibchen und Männchen zeigen bei Urinieren dieselben Verhaltensmuster wie in der Kindheit, doch können sie ein Hinterbein anheben; dies kommt häufiger bei Männchen vor

Urinieren in sozialem Kontext

Bei allen Caniden erfolgt Urinieren während der ersten drei bis vier Lebenswochen reflektiv durch Anregung der äußeren Genitalorgane. Nach diesem Alter löst taktile Reizung der äußeren Genitalien kein Urinieren mehr aus. Während des sozialen Grüßens gegenüber dem Pfleger, einem Artgenossen oder einem erwachsenen Tier uriniert das unterwürfige Tier meistens. Bei jungen Haushunden kann das zum Problem werden, wenn das Tier gestreichelt, dressiert oder nur mit einem direkten starren Blick angesehen wird (FOX 1965). Manche Hunde wachsen vielleicht über dieses Verhalten hinaus, aber andere, besonders Weibchen, bleiben darin bis zur Reife stecken. Bei den kindlichen Rüden tritt oft während des Berührens eine Peniserektion ein, das könnte ein Zusammenhang mit der allgemeinen Erregung sein, die vom autonomen Nervensystem ausgeht. Der unterwürfige Hund rollt sich oft in die Seitenlage, hebt das obere Hinterbein und zeigt die Eichel im angeschwollenen Penis und gelegentlich uriniert er. Aus dem Situationszusammenhang könnte man ableiten, daß Urinieren ein Unterwerfungssignal und von früheren Mutter-Kind-Wechselwirkungen ableitbar ist. Solches Urinieren während der unterwürfigen Begrüßung wurde beim Haushund und Wolf beobachtet, manchmal auch beim Präriewolf, jedoch bei keiner der Fuchsarten. Urinieren (und Koten) ist von KLEIMAN (1966) in anderem Zusammenhang, verbunden mit der Furcht vor der Markierung unbekannter Objekte und fremder Artgenossen und mit der Markierung besonderer Duftstellen diskutiert worden. Es gibt keinen Beweis dafür, daß diese Handlungen irgendwie aus früheren Aktivitäten abgeleitet worden sind, wie im Falle von unterwürfigem Urinieren. Während dieses unterwürfigen Urinierens nimmt das Tier nicht die zum Urinieren normale Stellung ein. Der Urin tritt aus, während das Tier sich mit gesenktem Hinterteil nähert und die Lendengegend zum überlegenen Individuum hin präsentiert, oder wenn das Tier seitlich hingestreckt liegt, mit dem angehobenen oberen Hinterbein.

WICKLER (1967) weist in seinem Überblick sozio-sexueller Signale auf bestimmte kindliche Verhaltensmuster hin, beispielsweise geselliges Putzen bei den Primaten. ANTHONEY (1968) hat gezeigt, daß Grüßen, Putzen und sexuelle Bewegungsmuster bei den Pavianen entweder ontogenetisch mit infantilem Saugverhalten zusammenhängen oder davon herstammen. Lippenschmatzen ist zunächst mit der Nahrungsaufnahme verbunden und später mit sexuellem Verhalten und sozialem Grüßen. Umarmen und Besteigen sind vom Greifreflex des Kindes hergeleitet. Putzen wurde zuerst nach Winseln bemerkt, wenn das nach dem Wohlbefinden der Berührung suchende Kind seine Mutter putzen kommt, anstatt ihre Zitzen zu suchen. Geselliges Putzen mag vom Saugen und Zitzensuchen herkommen. Das letztere Phänomen ist von der Tatsache unterstützt, daß offensichtlich motorische Bewegungen, wie man sie bei den Kindern gesehen hat, abgewandelt beim Putzen der Erwachsenen auftreten – wenn sie sich mit dem Mund putzen, mit Speichel ablecken, Haare zupfen und ausreißen. Dieses gegenseitige Füreinander-Sorgen und das Verhalten, das dazu auffordert, stammen wahrscheinlich aus der Kindheit und wurden ein integrierter Teil des sozialen Verhaltens der Erwachsenen. Das anhaltende infantile Betragen konnte als soziointantiles Signal bei Erwachsenen beobachtet werden, das dazu dient, Aufmerksamkeit zu wecken und Beruhigung, Grüßen oder Befriedigung zu signalisieren. Auch da gibt es natürlich einige Zwischenformen.

Es wurde unterstellt, daß solche regressiven infantilen Signale bei Erwachsenen den Angreifer beruhigen oder noch einmal motivieren können: Sie wurden oft gesehen, wenn das

Weibchen um ein Männchen warb. Bei vielen Vogelarten ist das Weibchen sexuell »da«, aber es flattert auch mit den Flügeln, sperrt den Schnabel auf und ruft wie ein nahrungsuchender Nestling. In ritualisierter Form oder tatsächlich mag darauf Füttern folgen. Solche infantilen Signale der Unterwerfung während sexueller Begegnungen mögen das aggressive Männchen noch einmal motivieren und stellen eine Übergangsform der infantil-sexuellen Signale dar.

Pfotenheben

Dauerndes Anheben einer Pfote kann eine unvollständige Intention andeuten, sich in die unterwürfige Seitenlage überzurollen und zusammen mit Leckintentionen, waagerechtem Lippenzurückziehen und Ohren-und-Schwanz-hängen-lassen ein unzweideutiges visuelles Signal geben. Dieses komplexe Signal kann auch von Winsellauten und gelegentlichem Urinieren begleitet werden. Nacheinander folgendes Anheben und Senken jeder Pfote, was vor allem bei der Spielaufforderung erscheint, mag abzuleiten sein von den wechselnden Pfotenbewegungen, wie man sie beim Saugen sah (Tab. IV), aber sie sind wahrscheinlich direkt mit den Erwachsenen-Bewegungsmustern verwandt (abwechselndes Pfotentreten). Sie dienen als ein auffallendes Signal für die Intention zur Annäherung: Bei diesem Verhalten ist das Hinterteil oft angehoben, und die Hinterfüße bleiben fest stehen. Das Tier kann diese Pose aber auch mit Vorwärts-, Rückwärts- oder Seitenspringen vertauschen und den charakteristischen »Spielgesicht«-Ausdruck zeigen. Diese beiden Arten von Pfotenheben müssen vom direkten Scharren oder Bohren mit den Vorderpfoten am Gesicht oder den Schultern des Artgenossen während des Spielens unterschieden werden – und auch, besonders beim Präriewolf, von dem Einschüchtern eines Rangniederen.

Abgeleitete Aktivitäten: Leistenannäherung und -darbietung

Eines der interessantesten Phänomene der Verhaltensentwicklung ist der Fortbestand von Neugeborenen- oder Infantil-Reaktionen und ihre Verkörperung in den Verhaltensmustern der Erwachsenen. Einige dieser Neugeborenen-Reaktionen gehören zu einer bestimmten Kategorie, die charakteristische Merkmale von Taxien hat (Thigmotaxis, Thermotaxis, negative Geotaxis: Fox 1964), die wiederum vom innerlichen Zustand des Tieres oder seiner Motivation beeinflußt sind, je nachdem ob das Tier friert oder hungrig ist.
Wenn man Scott's und Fuller's (1965) Klassifizierung des unterschiedlichen Verhaltens in Motivations-Systemen folgt, dann müssen diese Neugeborenen-Reaktionen unter »et-epimeletische« oder unter »Aufforderung zur Fürsorge« eingeordnet werden. Viele dieser Reaktionen sind äußerst anpassungsfähig, fördern das Überleben und hängen ab von der Situationsstruktur oder der Umgebung des Neugeborenen bei seiner Geburt (Fox 1966). Anokhin (1964 und Schneirla (1965) haben die signifikante Hypothese von der gleichzeitigen Systementstehung und dem Annäherungs-Zurückziehungs-Prozeß im Zusammenhang mit der Ontogenie vieler Neugeborenen-Reaktionen formuliert. Diese Reaktionen könnten innterhalb des Motivationssystems von epimeletischem Verhalten anschließend im späteren Leben in andere Systeme übergehen (Fox 1967), namentlich sozial-kontaktendes und fürsorgegewährendes und -forderndes Verhalten. Schenkel (1967) hat bewiesen, daß

man die Verhaltensmuster der Unterwerfung (sowohl passive als auch aktive Reverenzen) von erwachsenen Wölfen schon zu Anfang des Lebens entdecken kann und daß diese neotenischen oder regressiven kindlichen Verhaltensmuster einen bedeutenden Teil des Sozial-Verhaltens der Erwachsenen ausmachen. FOX (1968) führte an, wie solch infantiles Verhalten beim Schoßhund (anhaltendes ›Kleinstkindsyndrom‹) von der übertriebenen Fürsorge hyperbesorgter Besitzer verstärkt werden kann.

Eine weitgehend vorhersagbare Sequenz von Preisgabe der Leistengegend und Kontakt ebenda, resultierend aus Unterwerfung oder Passivität, stellte der Autor einige Jahre zuvor im Umgang mit erwachsenen Hunden fest. Man hatte vergleichbares Verhalten auch bei Interaktionen zwischen Erwachsenen bemerkt. Auf der Grundlage früherer Studien über den Reflex und die Verhaltensentwicklung des Hundes (FOX 1964) kam die nachfolgende Entwicklungs- und Vergleichs-Studie über Leistenkontakt und -darbietung an verschiedenen Caniden zustande. Während der sozialen Interaktionen unter Hunden löst ein Individuum Leistenkontakt aus und beginnt mit der Erforschung der Genitalien, während das andere passiv bleibt und unter Umständen das hintere Bein hebt.

Man könnte sich vorstellen, daß dieses letztere Verhalten vom Passivbleiben in früher Lebenszeit stammt, als die Mutter stimulierend das Urinieren auslöste und die Anogenital-Zone reinigte. Es kommt am deutlichsten im Alter zwischen drei und fünf Wochen heraus. Das erwachsene Individuum, das die Leistengegend berührt, ist gewöhnlich demjenigen, das stillsteht und Leistenkontakt sowie die Untersuchung der Genital-Zone zuläßt, überlegen.

Während der aktiven Unterwerfung (Begrüßung) wird bei Hund, Wolf und Präriewolf eine (Leisten-)Seite bei der Annäherung des Tieres gezeigt (die C-Position). Das obere Hinterbein wird wärend der passiven Unterwerfung von diesen Spezies angehoben, um die Leisten-(Genital)Gegend freizugeben. Während das Tier auf eine Seite rollt, tritt Urin aus. Bei diesen drei Arten, und vor allem bei Präriewölfen im Alter von drei bis fünf Wochen, verursachte zufälliger Leistenkontakt während des Spielens mit einem Gefährten oder beispielsweise mit einem Stuhlbein eine plötzliche Hemmung. Das Tier blieb für einige Sekunden still stehen. Gelegentlich wurde das hintere Bein an der Seite, wo der Reiz erfolgte, angehoben. Solche Reaktionen auf unspezifische Reize verschwanden anschließend, ausgenommen während (sozialer Untersuchungen) des Leistenkontaktes, den ein Gefährte oder ein menschliches Wesen verursacht hatten. Seitliches Liegen und Leckintentions-Bewegungen begleiteten gewöhnlich diese vom Leistenkontakt ausgelösten Hemmungen. Ähnliche Reaktionen auf unspezifische Reize sah man beim Graufuchs zwischen drei und fünf Wochen. Sie erhielten sich als Begrüßungs- oder Beruhigungsgesten nach Berührung in der Leistengegend durch einen Artgenossen oder einen Menschen.

Hinterbeinheben und Leistenpreisgabe sah man bei den Graufüchsen im Alter von fünf bis acht Wochen oft als Folge von Kampfspielen. Gelegentlich stehen beide Jungen Kopf zu Schwanz und jeder hat ein Hinterbein erhoben (Position 69). Passive Unterwerfung in Form von seitlichem Hinlegen war beim Graufuchs nicht zu beobachten.

Bei manchen Caniden bleibt die Bloßlegung der Leistengegend fürs ganze Leben als Unterwerfungsgeste bestehen. Berührung in der Leistengegend hemmt Bewegungen, und das mag die Häufigkeit erklären, mit der Züchter bei Hundeschauen danach trachten, sich ständig die Einwirkung auf die Leistengegend zu erhalten und damit ihre Hunde zu hemmen.

Das »Leisten-Verhalten« taucht nicht bei Rot- und Polarfuchs auf, noch konnte es durch entsprechende Griffe in diese Zone ausgelöst werden. Als Unterwerfungs- und Befriedungs-

Abb. 66 Seitenstellung mit katzenähnlichem Wölben des Rückens bei vier Wochen alten Graufüchsen während des Spielkampfes.

Abb. 67 Der Verwandte wird entweder bestiegen oder seine Schulter, sein Genick oder die Wange gebissen; während dieser Begegnung hält der Graufuchs sein Hinterteil erhoben, und er kann entweder einen Purzelbaum schlagen oder einen Körperstoß ausführen.

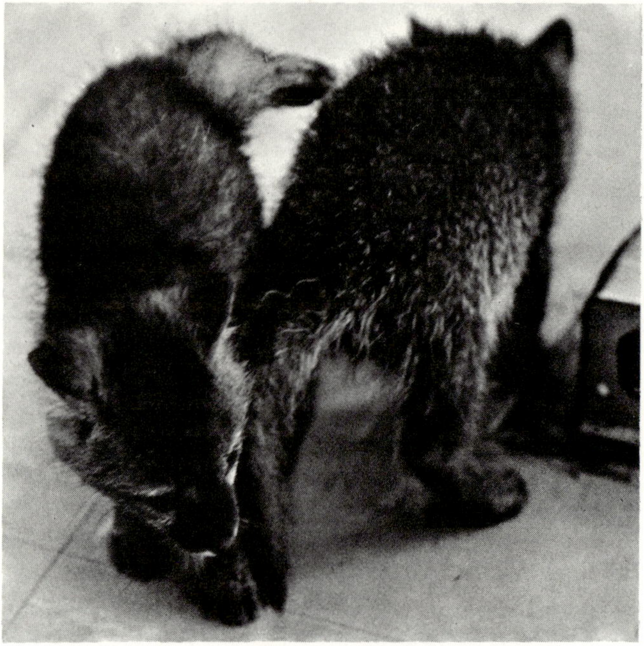

Abb. 68 Nach den Kämpfen oder dem intensiven Spielkämpfen heben einer oder beide Graufüchse ein Hinterbein an und zwar jenes, das dem Verwandten am nächsten ist, um die Leistengegend zu zeigen. Möglicherweise ist das eine Befriedigungsgeste.

geste sah man die Leistenpreisgabe bei Wolf, Präriewolf, Hund und Graufuchs. Bei diesen mündete ein leichter Kontakt in den Leisten mit einer menschlichen Hand auch in eine Verhaltens-Hemmung (passive Unterwerfung). Jeder Reiz ruft diese Wirkung hervor, oder man müßte unterstellen, daß der Verhaltenszustand (passive Unterwerfung) des Versuchstieres es ermöglicht, daß solche Kontakte initiiert werden.

Wie auch immer, aus ontogenetischen Beobachtungen können wir den Schluß ziehen, daß Leistenberührung sofort eine Verhaltenshemmung hervorruft, denn zufällige Leistenberührung mit leblosen Objekten oder mit einer menschlichen Hand unterbricht für kurze Zeit das jeweilige Verhalten dieser Spezies, besonders im Alter von drei bis fünf Wochen. Anschließend wurde diese Reaktion reizspezifisch oder typisch in der Relation zu einer sozialen Situation, die Unterwerfung oder Befriedung während des Leistenkontaktes oder der Genitalien-Untersuchung durch einen Artgenossen von erwiesenermaßen höherem sozialem Rang einschloß.

Das Verhaltensmuster vom Passivbleiben muß aus dem Anfang des Lebens stammen, da die Mutter das Urinieren stimulierte und die Anogenital-Zone reinigte. Man kann es für eine abgeleitete Aktivität nehmen, die als sozio-infantiles Verhaltensmuster bei den Erwachsenen bestehen bleibt. Derartige Aktivitäten sollen mit sozio sexuellen Verhaltensmustern diskutiert und verglichen werden, die vor allem bei den Primaten als sozialintegrative, von sexuell motiviertem Verhalten hergeleitete Tätigkeiten identifiziert worden sind. Die Tatsache, daß die Leisten-Reaktion bei handaufgezogenen Caniden herausgeholt werden kann, impliziert, daß die Entwicklung von solchen Reaktionen nicht von der Stimulierung durch die Mutter sofort nach der Geburt abhängt, sondern daß diese sozialen Reaktionen vielmehr phylogenetisch zu bestimmen sind. Im Laufe der Entwicklung gibt es eine gewisse ontogenetische Veränderung bezüglich der sozialen Situationen, in denen diese Reaktionen beobachtet wurden: Die Reaktion der Erwachsenen, obgleich phylogenetisch bestimmt, mag daher ontogenetisch von irgendeinem früheren Situations- oder Motivations-Zusammenhang herrühren (d. h. phylogenetisch determiniert, ontogenetisch abgeleitet oder angeglichen).

Es sei festgehalten, daß die beidseitige Leistenstimulierung des Weibchens durch das besteigende Männchen vor und während der Paarung (während der das Männchen das Weibchen um die Taille packt) das Weibchen davon abhält, sich zu bewegen. Die Empfängnisfähigkeit während der Hitze kann die Reaktionsschwelle gegenüber dem Männchen stark senken. Bei Katzen (Felis domesticus) sah man kein beidseitiges Leistenumfassen. Vielmehr wird bei dieser Spezies das Genickbeißen angewandt, um die Unbeweglichmachungs-Reaktion zu erreichen (die bei den Neugeborenen nachgewiesen werden kann: FOX 70).

Erörterung

Sozio-infantile und sozio-sexuelle Signale: Es ist jetzt an der Zeit, kurz die sozio-sexuellen Signale zu erörtern und sie der Leisten-Preisgabe und dem Leistenverhalten vergleichend gegenüberzustellen. WICKLER (1967) gab einen Überblick dieser abgeleiteten sexuellen Signale, die im normalen Familien- und Sozial-Leben der Primaten vorkommen. Danach gibt es in Motivation und Zugehörigkeit eine Veränderung der sexuellen Signale in nichtsexuellen Situationen, in Verbindung mit Begrüßung, Beruhigung und Sicherung der Vorherrschaft. WICKLER (1967) folgert ferner, daß andere Verhaltensmuster als sexuelle, vorzugsweise das Fürsorge-Verhalten für die Nachkommenschaft, das Lippenschmatzen beim Grüßen und Putzen während des ganzen Lebens bestehen bleiben und darauf abzielen, die Gruppe zu stabilisieren. Ähnlich wurde vermutet, daß Leistenberührung und Leistendarbietung, möglicherweise von zwei Situationszusammenhängen im frühen Leben hergeleitet, als sozial-integrative Handlung und Reaktion zwischen Artgenossen bestehen bleiben.

Das Auswärtsdrehen eines Hinterbeines und die Preisgabe der Leistengegend, um den eregierten Penis zu zeigen, ist ein soziales Verhaltensmuster, das von PLOOG (1966) an Neuwelt-Affen sehr gut dokumentiert worden ist. Man kann es mit der Leistenpreisgabe bei den Caniden vergleichen, bei welcher der Canide eine seitlich liegende Haltung einnimmt und das oben liegende Hinterbein anhebt, um die Genitalien zu zeigen. Die Ableitung dieses Tuns ist bei Primaten und Caniden sehr unterschiedlich. Bei den Caniden, so wurde in diesem Buch ausgeführt, stammt es vom Passivbleiben, während die Mutter das Urinieren stimulierte und die Anogenital-Zone reinigte. Tatsächlich ist das Urinieren bei erwachsenen oder jugendlichen Wölfen und Hunden oft mit aktiver oder passiver Unterwerfung verbunden, wobei dann auch die Leistenpräsentation erscheint.

Beim jungen Haushund-Rüden kommt oft Penis-Erektion vor, wenn das Tier gestreichelt wird. Anschwellen des Bulbus glandis und Hervortreten des Penis ist ausnahmslos mit der Preisgabe der Leistengegend verbunden und mag von einer unspezifischen (d.h. nichtsexuellen) Aufregung, die eine autonome Erregung beinhaltet, herrühren. In diesem Fall hat die autonome Erregung die Peniserektion zur Folge, wohingegen es bei schüchternen oder ängstlicheren Tieren die Entspannung des Schließmuskels auslösen mag, was zur Entleerung der Analdrüse und Blase führen kann. MORRIS (1956) erörterte im einzelnen einige dieser autonomen Aspekte von sozialem Verhalten und schloß, daß viele zuerst aus allgemeinen oder unspezifischen oder motivationsmäßig unspezifischen Kategorien resultieren.

Anal-Präsentations-Verhalten: An der Streifenhyäne beobachtete der Autor ein gegenseitiges anales Herauspressen (das in eine Entleerung der Analdrüsen-Sekrete übergehen kann), wobei der After bis zu 3 cm vorfällt und mit über dem Rücken hochgehobenem Schwanz sowie erhobenem Hinterteil und gesenktem Vorderkörper einem Artgenossen gezeigt wird. Dieses Verhalten trat oft rituell nach Spielkämpfen auf. Von einem Paar junger Streifenhyänen präsentierte eine den After und preßte ihn heraus, die andere beschnüffelte ihn und präsentierte umgekehrt den ihren. Dieses Verhalten mag von Mutter-Kind-Interaktionen stammen, als das letztere passiv blieb, wenn die Mutter die Analregion säuberte. Diese Möglichkeit sollte in einer Entwicklungsstudie über diese Spezies, bei der man keinerlei Leisten-Verhalten beobachtet hat, erwogen werden. Man kann wohl annehmen, daß dieses Verhalten ein Extrem der Anogenital-Präsentation (mit waagerechtem Schwanz) der Katzen darstellt. Dort ist es beim Kind anzutreffen und mit der mütterlichen Fürsorge (anogenitales Lecken) als ein sozio-infantiles Verhaltensmuster verbunden, das bei Katzen auch als soziosexuelles Verhalten beobachtet werden konnte.

Die Caniden haben kein vergleichbares Anal-Verhalten. Bei der Unterwerfung wird der Schwanz heruntergepreßt, die Analzone bedeckend, während zur Behauptung der Vorherrschaft der Schwanz hochgehalten wird. Das Exponieren der Analzone ist bei Caniden rein zufällig und zur Bestimmung sozialen Verhaltens wohl von fragwürdiger Signifikanz. Bloßes Schwanzwedeln bei der sozialen Begrüßung und aktiven Unterwerfung wurde an allen Caniden dieser Studie wahrgenommen, und zwar seltener bei den sozial niedrigeren Caniden (d.h. Füchsen). Schwanzwedeln erscheint bei Wolf, Hund und Präriewolf mit unterschiedlicher Häufigkeit und Haltung auch während allgemeiner Erregung (vor der Jagd) und bei kämpferischen Begegnungen. Dieser soziale Ritus mag vergleichbare autonome Elemente umschließen, die beim Männchen und Weibchen der gefleckten Hyäne mit Penis- und Pseudopeniserektion verbunden sein. Bei dieser Art ist das Genital-Verhalten mit dem Anheben desjenigen Hinterbeines, das dem Artgenossen am nächsten ist, verknüpft, und gegenseitiges Beschnüffeln (oft in Position 69) hängt mit Begrüßung und Beruhigungszeremonien zusammen.

Zusammenfassung

Zusammenfassend sei festgestellt, daß Leistenpräsentation bei den Caniden, namentlich bei Graufuchs, Wolf, Präriewolf und Haushund, ein soziales Verhalten ist, das mit sozialen Wechselhandlungen und Erforschungen, Unterwerfung und Befriedung zusammenhängt. Man beobachtete es auch an rangniederen Weibchen gegenüber Männchen. Es könnte mit einem zunächst sexuell motivierten Verhalten vermischt worden sein. Während der Paarungszeit treten im Zusammenhang mit sexuellem Verhalten beim Weibchen eine Vielzahl anderer Verhaltensformen auf. Die Leistenreaktion mag natürlich für die empfängnisbereiten Weibchen eine signifikante Rolle spielen, wenn sie von Männchen bestiegen worden sind. Beidseitige Stimulierung der Leistengegend durch die umschlingenden Vorderbeine des Männchens löst wohl eine gewisse Hemmung aus, wodurch das bewegungslose Verharren des Weibchens und damit das Eindringen gesichert ist. – Bei der Hauskatze wird eine ähnliche Hemmung erreicht, indem der Kater die Katze im Nacken ergreift. Hier gibt es keine Leistenpräsentation oder -umschlingung.

Man ist der Ansicht, daß die Darbietung der Leistengegend vom Passivbleiben herrührt, während die Mutter die Nachkommen zum Urinieren stimulierte und ihre Anogenital-Zonen reinigte. Leistenpräsentation und die Tatsache, daß man einem Artgenossen erlaubt, die Leistengegend mit der Nase zu berühren, korreliert mit Unterwerfung und Befriedung. Ein ranghöherer Hund wird einem rangniederen selten gestatten, den Leistenkontakt zu beginnen. Der Autor ist bei zahlreichen Gelegenheiten angegriffen worden, wenn er versucht hatte, einen Leithund auf dessen eigenem Territorium (mit der Hand) als erster in der Leistengegend zu berühren. Freundlichere oder rangniederere Hunde gestatten solche Berührung, bleiben passiv, kugeln vielleicht sogar um und urinieren. Hunde gleich hohen Ranges (oder Fremde) umkreisen sich so lange, bis einer stehen bleibt und dem anderen erlaubt, die Umgebung seiner Analzone und seine Genitalien zu beschnüffeln. Die Annäherung an die Leistengegend eines Männchens zielt auf die Erforschung der Vorhautzone mit Geruchs- und Geschmacksnerven ab. Man glaubt, daß die Annäherung und Leistenorientierung vom Anfang des Lebens herrührt, wo eine Verstärkung des Nahrungsflusses aus den Milchdrüsen in den mütterlichen Leisten zu erreichen war. Die Motivierung, sich der Leistenpartie zu nähern, ändert sich im Lebenslauf des Tieres deutlich, nicht jedoch der Effekt von Leistenberührungen – vor allem das Hemmen eines ablaufenden Verhalens. Diese Wirkung, von Mutter-Kind-Interaktionen herrührend, bleibt als eine Gruß- und Befriedungsreaktion, vor allem zwischen ranghöheren und rangniederen Tieren, bestehen. Letztlich zeigt das erwachsene Tier regressiv (oder neotenisch) infantiles Verhalten beim Grüßen oder bei der Unterwerfung, und zwar sowohl bei der aktiven wie bei der passiven Unterwerfung. SCHENKEL (1967) zieht in seinen Studien über andere Kategorien von aktiv und passiv unterwürfigem Verhalten der Wölfe ähnliche Schlüsse.

Das Unterwerfungsverhalten und seine Funktionen

Ein junger Wolf schaut zu einem ranghöheren Wolf hin und dann plötzlich auf eine übertriebene Art weg, um Augenkontakt zu vermeiden. Wenn der Ranghöhere dann näher kommt, duckt sich der junge Wolf und wedelt mit dem Schwanz. Im selben Augenblick drückt er sein Hinterteil herunter, auch Kopf und Ohren und zieht seine Lippen waagrecht zu einem Grinsen zurück. Anschließend wird er eine Vorderpfote heben, seinen Kopf auf eine Seite drehen und sein Hinterteil, das noch immer am Boden ist, so herumbringen, daß er eine C- (oder U-) Haltung einnimmt. Er wird winseln, wiederholt seine Zunge herausstrecken (Leck-Intention oder Ins-Leere-lecken!) und von Fall zu Fall mit seiner Schnauze aufwärtsstubsende Bewegungen machen (Intentionsbewegungen von Bohren oder Stoßen mit der Nase). Wenn der ranghöhere Wolf bis auf eine bestimmte Nähe herangekommen ist, robbt der junge Wolf, fast auf dem Bauch kriechend, vorwärts, wobei er noch immer fortfährt, mit dem Schwanz zu wedeln. Er hebt seine Vorderpfote und winselt. Schließlich beginnt er, das Maul des Ranghöheren auf einer Seite zu lecken und mit der Nase zu stubsen. Er kann sich aber auch auf eine Seite rollen, die Rute zwischen die Beine geklemmt, den Blick vom Ranghöheren abgewandt, die Lippen zu einem Grinsen zurückgezogen und das obenliegende Hinterbein, die Genitalien freilegend, angehoben; dabei kann Urin austreten. Man wird von Zeit zu Zeit Leck- oder Nasenstüberbewegungen sehen, doch gewöhnlich bleibt der junge Wolf ansonsten ganz ruhig in seiner Seitenlage.
Das oben beschriebene Verhalten eines jungen Wolfes schildert die Kommunikations-Signale von aktiver und passiver Unterwerfung (sowie Zwischen- und Übergangsformen), die an ein ranghöheres Mitglied des Rudels gerichtet sind. Viele Elemente der aktiven Unterwerfung (oder des »Grüßens«) sind Verhaltenskomponenten, die aus dem Brauch stammen, den Eltern Nahrung abzufordern. Die passive Unterwerfung dagegen enthält Elemente jenes Verhaltens, das man im Anfang des Lebens sah, wenn die Eltern die Leisten berührten und die Anogenitalzone der kleinen Welpen reinigten. Aktive Unterwerfung erhält sich bis ins Erwachsenenalter und ist zu beobachten, wenn sich zusammengehörende Paare treffen und begrüßen, wobei das Weibchen gewöhnlich aktiver unterwürfig ist als das Männchen, das in der Regel hochaufgerichtet dasteht, würdevoll und augenscheinlich ungerührt von ihrer Zuneigung. Ein sozialisierter Wolf grüßt seinen Pfleger in ganz ähnlicher Weise. Einige Individuen (das hängt von ihrer Persönlichkeit ab) zeigen etwas mehr aktive und weniger passive Unterwerfung als andere. Gegenüber fremden Menschen können Wölfe ängstlich sein und zur Flucht neigen oder ambivalente Flucht- und passive Unterwerfungsmotivationen aufweisen. Sowie ihr Zutrauen und ihre Vertrautheit mit der fremden Person wächst, bekommt die aktive Unterwerfung das Übergewicht, wenngleich auch Anzeichen passiver Unterwerfung und Fluchtbestreben erscheinen, sobald der Fremde den Wolf anfaßt oder sich plötzlich auf ihn zubewegt. Selten nur hat das Tier soviel Angst, daß es sich zu verteidigen sucht, indem es seine Zähne fletscht und knurrt. Dieser Verteidigungs-Angriff (der zu

Abb. 69 Unterwerfungsposition eines Untergeordneten, die gegen den Alpha-Wolf eingenommen wird. Beachten Sie die waagerechte Zurücknahme der Lippen (unterwürfiges Grinsen). Der Schwanz wird auch in der gesenkten Position gewedelt.

Angstbeißen führen könnte) kann nacheinander mit Elementen passiver Unterwerfung, besonders Gewinsel (das in Knurren übergeht), Leckintentionen, Urinieren und gleichzeitigem waagerechtem Zurückziehen der Lippen (unterwürfigem Grinsen) verbunden sein, ferner mit senkrechtem Zurückziehen, wobei die Zähne gefletscht werden.

Aktive und passive Unterwerfung sowie Zwischenformen beider und Pendeln von aktiver zu passiver Unterwerfung treten häufig bei Begegnungen zwischen jungen und erwachsenen Wölfen sowie zwischen Erwachsenen von unterschiedlichem Range auf. Sobald aktive Unterwerfung gezeigt wird, reagieren die Eltern auf ihre Welpen, der ranghöhere Erwachsene auf den rangniederen, indem sie aufgerichtet und etwas zurückgeneigt dastehen, das Verhalten oder Grüßen akzeptierend. Dabei senken sie vielleicht kurz die Ohren, wedeln mit dem Schwanz und grinsen etwas. Oft pöbelt das ganze Rudel in einem gruppenkoordinierten Ritual den Alpha- oder Leitwolf in zeremonieller Weise an, oder eine Anzahl junger oder rangniederer Erwachsener pöbelt gegen einen Elternteil oder einen ranghöheren Erwachsenen.

Gelegentlich kann das Individuum, gegen das die aktive Unterwerfung gerichtet ist, statt ungerührt zu scheinen, viel mehr solche Unterwerfung gnädig billigen und gleichzeitig eine hochmütige Droh-Haltung einnehmen. Der Wolf starrt den Rangniederen gerade an, mit aufgestellten Ohren und Schwanz und erhobenem Nacken. Er wird vielleicht wütend fauchen und knurren, sodann seinen Kopf abrupt abwenden und steifbeinig weggehen, oder aber den Rangniederen plötzlich um die Schnauze packen und auf den Boden niederdrükken.

Während der allgemeinen Begrüßungszeremonie packt der Alpha-Wolf einen oder mehrere Wölfe um die Schnauze. Dieses Schnauzen-Ergreifen ist von unterschiedlicher Intensität. Der Untergeordnete kann auf den Boden hinabgedrückt werden oder nicht. Ein Vater kann seinen Welpen auf diese Art unterwerfen oder zur Räson bringen. Ein Wolf kann mit einem anderen von etwa gleichem Range Kieferringen veranstalten, und wenn letzterer nicht stillhält, sobald seine Schnauze ergriffen wurde, wird er nachdrücklich zu Boden gedrückt. Zar-

Abb. 70 Zwei rangniedere Wölfe bedrängen den Alpha-Wolf mit Gesten aktiver Unterwerfung oder des Grüßens. Man beachte den verzückten Gesichtsausdruck des Alpha-Wolfes.

Abb. 71 In der Folge packt der Alpha-Wolf jeden der beiden Rangniederen, indem er sie um die Schnauze faßt; sie wahren während dieses Dominanzgebarens passive Unterwerfungshaltung.

Abb. 72 Der dominierende Wolf bedroht einen sich nähernden Artgenossen durch Knurren und direktes Anstarren; der rangniedere vermeidet den Augenkontakt.

Abb. 73 Sobald der rangniedere zum dominierenden Wolf hinblickt, verstärkt dieser die Intensität seines Drohens. Ein dabeistehender berührt den Ranghöheren mit der Schnauze. Dabei handelt es sich wahrscheinlich um eine Geste, mit der er seine Unterwürfigkeit noch einmal betonen will.

Abb. 74 Der dominierende Wolf wendet sich nun und bricht den Augenkontakt, sobald der Untergeordnete den sozialen Abstand durch Annäherung in eindeutig unterwürfiger Haltung vergrößert.

teres Ergreifen der Schnauzen kommt zwischen Wölfen vor, die in einer gewissen Abhängigkeit voneinander stehen, z. b. zusammengehörige Paare. Ein Wolf scheint sich dem anderen zu unterwerfen, und der andere akzeptiert diese Unterwerfung, indem er ganz zart die Schnauze seines Freundes ergreift. Schnauzen-Ergreifen ist deshalb zu beobachten, wenn zwei Wölfe sich gegenseitig grüßen, wobei der eine sich vorstellt und die symbolische Vorherrschaft durch den anderen verliehen bekommt. Gesicht- und maulorientiertes »Pfoteln« und Lecken taucht ebenfalls während des Grüßens auf. Junge Wölfe verbringen ausgedehnte Spielperioden miteinander, wobei sie dem Kieferringen und Schnauzenbeißen frönen. Diese Zielrichtung des Beißens wird in Konfliktsituationen (ritualisiertes Kämpfen) dazu benutzt, die Vorherrschaft zu sichern und auch das Dominanz-Verhalten und dessen Annahme durch den Artgenossen, der sich unterwürfig erweist, symbolisch zu zeigen.

Ein selbstbewußter junger Wolf, der das überlegene Individuum in seinem eigenen Lager ist, wird gegenüber einem ranghöheren Erwachsenen mehr aktive und weniger passive Unterwerfung zeigen, als das die rangniedereren Mitglieder seines Lagers tun. Der Autor hat so einen jungen Wolf nach einer kurzen Darbietung aktiver Unterwerfung beobachtet, wie er plötzlich in ein Annäherungs-Zurückzieh (fang-mich-wenn-du-kannst) -Spielaufforderungs-Verhalten gegen den Erwachsenen ausbrach, um den er zwei komplette Kreise rannte, um dann mit höchster Geschwindigkeit wie ein frecher junger Geck davonzurasen.

Passive Unterwerfung erscheint, wenn der ranghöhere Wolf Vorherrschaft über einen rangniederen in Anspruch nimmt oder sich dem rangniederen zuwendet, um an seinem Maul, Ohren, Augen und der Anogenitalzone zu schnüffeln. Der rangniedere Wolf kann durch gegensätzliche Motivierungen von Angst, defensiver Aggression und passiver Unterwerfung erregt werden. Seine Tendenz, sich zur Flucht oder Selbstverteidigung in Bewegung zu setzen, ist gehemmt, denn jede plötzliche Bewegung hätte zur Folge, daß der ranghöhere Wolf augenblicklich auf seine Vorherrschaft pocht, indem er sich über ihn stellt, knurrt oder ihn zu Boden drückt. Defensive Aggression würde durch strengere Behauptung der Vorherrschaft – wie Hüft- oder Schulterstöße, um den Rangniederen umzustoßen, sowie schulter-, kehlen- oder schnauzenorientiertes Beißen und Herunterdrücken oder durch einen seitwärtsgerichteten Hieb gegen die Vorderbeine, verbunden mit einem Körperstoß – erwidert werden. Der rangniedere ist psychologisch und physiologisch in Bezug auf seine Haltung gegenüber dem beherrschenden Wolf im Nachteil. Es dürfte für einen Beobachter schwierig sein, das soziale Verhältnis zwischen zwei Wölfen von annähernd gleichem Rang zu beurteilen.

Der Rangniedere oder Widersacher kann durch die intensivere Kraft seines Kampfverhaltens aggressiver erscheinen; dieses Verhalten ist jedoch durch die additive Summierung gleichzeitiger ambivalenter Siganle von Unterwerfung, Furcht und defensiver Aggression intensiviert. Der überlegene Wolf bleibt ganz ruhig, jedoch steif aufgerichtet, lehnt sich vielleicht mit seiner Hüfte oder Schulter gegen den Widersacher, und wendet seinen Kopf abwärts zu den Vorderbeinen oder die Kehle des anderen Wolfes. Es scheint, als ob er den anderen angreifen wolle. SCHENKEL (1947 und 1967) kam zu demselben Schluß und behauptete, daß die Aggression des Unterlegenen gehemmt ist (durch Angst), im Gegensatz zur LORENZ'schen Fehlinterpretation, daß das Verhalten des rangniederen den beherrschenden Wolf vom Beißen zurückhalte. Der rangniedere zeigt Beißhemmung, indem er neben den ranghöheren Wolf beißt oder an ihm knabbert oder gelegentlich seine Schnauze ergreift, winselt und knurrt, während der überlegene Wolf hoch aufgerichtet bleibt, voller Selbstvertrauen und Unnachgiebigkeit.

Abb. 75 Ritualisiertes Kieferringen zwischen einem Alpha- (links) und einem Beta-Wolf.

Abb. 76 und 77 Der Beta-Wolf ist auf den Boden gedrückt worden und bleibt passiv.

Abb. 77

Abb. 78 Der Beta-Wolf bleibt passiv, während der Alpha seine Schnauze packt, womit er sich seiner Dominanz versichern will. Ausgelöst wurde dieses Verhalten durch einen geringfügigen Konflikt. Der Beta erhebt unterwürfig die Vorderpfote und zeigt waagerechte Zurücknahme der Lippen (ein teilweise unterwürfiges Grinsen kombiniert mit etwas defensiv–agressivem Bloßstellen der Schneidezähne).

Wenngleich LORENZ sich in dem, was zwischen einem überlegenen Wolf und einem ihm untergebenen Widersacher und beim Aufzeigen defensiver Aggression sowie einigermaßen gehemmter offensiver Aggression vorgeht, irrt, so hat er doch recht mit der Behauptung, daß das Unterwerfungsverhalten eines Rangniederen einen Angreifer befrieden kann (oder, nach CHANCE 1962, Abbruch bewirkt).

SCHENKEL behauptet, daß ein ernsterer Kampf, der auf gegenseitiger Intoleranz basiert (Sexual- oder Statusrivalität), bei Wölfen mit dem Tode oder der Flucht des Verlierers enden kann. Er vermutet, daß das Unterwerfungskonzept, das in der letzten Phase des Kampfes benutzt wird, um automatisch die Aggression des Überlegenen zu hemmen, hier fehlen könnte. Der Verlierer brauchte nicht zu fliehen. Er könnte sich auch passiv unterwürfig verhalten, was effektiv zum Abbruch führen oder den Aggressor befrieden würde. In nachfolgenden, nicht entscheidenden Begegnungen kann der Sieger seine Überlegenheit demonstrieren, indem er den einstmaligen Rivalen umstößt oder herunterdrückt. SCHENKEL stellt auch das Erscheinen ritualisierter Kämpfe um ein Privileg heraus, die damit enden, daß ein Ritual zelebriert wird, das ein »Ich gebe meinen Bereich auf«-Verhalten signalisiert (siehe später, Seite 124) und das automatisch die Aggression des Überlegenen blockiert.

Er unterstreicht, daß kleinere Konflikte in geschlossenen sozialen Gruppen, wie es Wolfsrudel sind, durch unterwürfiges Verhalten der Schwächeren, wie es in diesem Kapitel beschrieben wurde, erledigt werden. Es wurde früher in diesem Abschnitt gezeigt, daß übersteigert-aktive Unterwerfung, plötzliche Bewegung oder das geringste Anzeichen von defensiver Aggression beim rangniederen oft nicht in Angriffe mündet, sondern in eine positivere Behauptung seiner Vorherrschaft durch den ranghöheren Wolf. Sein Beherrschungs-Verhalten wird bestärkt, er knurrt, faucht und drückt den Rangniederen zu Boden. Tatsächlich zeigt ein ranghöherer Wolf keine Aggression an sich, denn wirkliches Kämpfen bleibt den seltenen Gelegenheiten vorbehalten, wie sexuelle Rivalität oder Territoriums-Auseinandersetzungen mit einem anderen Rudel. Ein ranghöherer Wolf zeigt ritualisierte Aggression

Abb. 79 Ein dominierender Wolf (links), den ein Untergeordneter anzugreifen wagt. (Schenkel 1967).

Abb. 80 Beta-Wolf zeigt gleichzeitige Kombination von unterwürfigem Annähern und Beiß-Intention mit den Schneidezähnen gegenüber dem Alpha.

in einer positiven sozialen Situation, deren Effekt nicht die Vergrößerung des sozialen Abstandes ist, sondern wie SCHENKEL es darstellt, um Vorherrschaft in einem sozial polarisierten Feld zu zeigen: schwächere Wölfe könnten leicht fliehen, aber stattdessen nähern sie sich dem ranghöheren Wolf in aktiver Unterwerfung und bleiben passiv unterwürfig, wenn dieser herankommt.

Dieses Verhalten ist wiederum ritualisiert in einer positiven sozialen Situation oder einem sozial polarisierten Feld. Der Effekt dient dazu, den sozialen Abstand zu verringern und, wie SCHENKEL betont, die Schwächeren bemühen sich um Unterwerfung, weil sie freundlich oder harmonisch sozial integriert werden möchten. SCHENKEL interpretiert Unterwerfung als einen Komplex, der durch die Kombination von Schwäche und positiver sozialer Ausrichtung charakterisiert wird. Die letztere – sowohl Anziehung als auch Unterwerfung gegenüber Artgenossen – ist das, was SCHENKEL parenthetisch Liebe nennt. Und tatsächlich ist das auch die richtige anthropomorphe Interpretation dieses Phänomens.

Liebe bei Wölfen: Der Autor hat wiederholt das Verhalten eines Wolfes beobachtet, der einen Knochen aufgehoben hatte, mit diesem zwischen seinen Nachkommen und an seiner Frau vorbeiparadierte und ihn dann plötzlich fallen ließ. Die anderen Wölfe fielen über den Knochen her, aber im nächsten Augenblick ignorierten sie ihn.

SCHENKEL beschreibt und interpretiert dieses selbe herrliche Verhalten, wie er es bei den Wölfen vom Whipsnade-Zoo beobachtet hat. Nachdem er aufgestanden war, hob der Alpha-Wolf am Morgen einen Knochen auf und paradierte mit ihm im schönsten Dominanz-Verhalten durch das Rudel, das auf ihn reagierte, indem es ihn ritualisiert grüßte oder symbolisch die Zeremonie des Futterbettelns vollführte. Nachdem er geknurrt und seine Parade fortgesetzt hatte, schmiß der Alpha-Wolf plötzlich den Knochen hin und ließ ihn liegen. Das Rudel umkreiste ihn sofort für einen Augenblick und verließ dann den Platz. SCHENKEL interpretiert dies als eine symbolische Szene des Futterbettelns. Der Knochen ist nur eine

Theater-Attrappe, die den Anführer und das Rudel in die Lage versetzt, eine Zeremonie von harmoisch-sozialer Integration zu spielen.

Bei verschiedenen Gelegenheiten habe ich gefangene erwachsene Wölfe beobachtet, wie einer über einen anderen, der am Boden lag, stieg und über ihm, aber nicht auf ihm stand. Der liegende Wolf reagierte, indem er an den Genitalien des anderen saugte und leckte. Dieser Verhaltensablauf kann sofort wiederholt werden, indem der »Pfleger« um die Aufmerksamkeit seines Partners nachsucht. Dieses fesselnde Sozialverhalten, möglicherweise von Mutter-Kind-Interaktionen herstammend, wurde zwischen einem Alpha-Männchen, das ein rangniederes Männchen leckte und einem erwachsenen Weibchen, das ein gleich altes Männchen leckte, beobachtet. Der letztere Wolf forderte diese Aufmerksamkeit dreimal, jedesmal begleitet von einem leichten tiefen Grunzen. Wenn das Weibchen zu lecken aufhörte, ging er weg, dann kehrte er zurück, stand über ihr und rief wieder. Sein Gesichtsausdruck verriet, daß ihm diese soziale Pflege einige Freude machte. Die Augen waren halb geschlossen und die Lippen leicht waagerecht zurückgezogen, um diesen genießerischen Ausdruck zu formen. Wölfe pflegen, beschnüffeln und beknabbern sich gegenseitig auch in anderen Körperregionen, vor allem um die Ohren, Augen, den Hals, die Schultern und die Mundwinkel.

Abb. 81 Der Kontrast der passiven Unterwerfungshaltung eines schwächeren Wolfes, der um die Schnauze gepackt und hinuntergedrückt ist von einem Ranghöheren, der seinen Schwanz in »vertrauensvoll« erhobener Position zeigt, wohingegen der Unterworfene seinen Schwanz fest zwischen die Beine geklemmt hat (Schenkel 1967).

Ein Wolfsrudel

Es war jene Zeit des Jahres, in der die Sonne in die Wintererde taucht und das Eis in einem warmen Nebel vor dem grünen Brausen des Frühlings dahinschmilzt. Es war die rechte Zeit zum Nachdenken für einen Ethologen, der das Vorrecht genoß, das Verhalten einer Gruppe unterschiedlich alter Wölfe zu beobachten. Es handelte sich um Wölfe, die einander zum erstenmal gegenübergestellt wurden, und die alle in ein und derselben Lage waren: sie mußten während einer unvorhergesehenen sozialen Begegnung bestimmte Verhaltensmuster des Wolfes benutzen.

Die Gruppe setzte sich aus vier zehnmonatigen, zwei zweijährigen und zwei vierjährigen Wölfen zusammen. Diese herrlichen Tiere, die in abgetrennten Käfigen aufgezogen worden waren, wurden alle in einer vier Morgen großen Einfriedung zum erstenmal freigelassen. Wir erwarten, daß eine Vielzahl der interessanten sozialen Verhaltenszüge zu sehen sein würde, wenn diese Tiere zusammengebracht würden. Das war auch tatsächlich so. Ein Mitarbeiter, der die Wölfe aufgezogen hatte, ein Team von vier Kameramännern, die Fotomaterial für einen Dokumentarfilm über den Wolf sammelten, und ich blieben zur ständigen Beobachtung drei Tage in der Einfriedung. Wir nahmen an, daß wir in der Einfriedung sicher wären, denn wenngleich sie freundlich und verläßlich zu ihrem Pfleger waren, so scheuten sie doch Fremde. Folglich verbrachten sie auch die meiste Zeit in einer Ecke der Einfriedung, wo sie durch Gebüsch etwas Deckung hatten, während wir sie vom anderen Ende aus beobachteten.

Als erste ließen wir die vier zehn Monate alten Wölfe, die fast voll erwachsen waren, frei. Nur einer davon war wirklich ganz zahm. Er näherte sich und folgte uns. Mehrmals leckte er nach seinem Gesicht, das sich in der Linse des Teleobjektives spiegelte. Die anderen beruhigten sich bald und begannen, das abgelegene Ende der Einfriedung zu erforschen. Nach einigen Stunden, während denen die beobachtete Gruppe der Jüngsten nur wenig Sozialverhalten gezeigt hatte – dazu waren sie zu sehr mit der Neuigkeit, zum erstenmal in der Umzäunung zu sein, beschäftigt – entschlossen wir uns, die zwei vierjährigen Wölfe freizulassen.

Wir sahen, daß das vierjährige Weibchen in seinem Käfig heiß war und daß das Männchen einige von uns, vor allem mich bedrohen würde, wenn wir näher kämen. Er bewegte sich zwischen uns und der Gefährtin, gleichsam um uns am Näherkommen zu hindern. Als wir tatsächlich näher herangingen, fletschte er die Zähne, zog die Schulterblätter hoch, stellte den Schwanz auf und heulte. Manchmal wandte er sich um und griff die Wölfin an, was wir für abgeleitete Aggression hielten, denn der Käfig hinderte ihn ja daran, uns anzugreifen. Seine Gefährtin suchte mehrmals meine Beachtung, indem sie sich an eine Seite des Käfigs preßte, mit dem Schwanz wedelte und ihre Nase aufwärts in meine Richtung stieß. Jegliche Bewegung von mir, um sie zu erreichen und zu streicheln, veranlaßte ihren Partner, mich zu bedrohen. Er versuchte, mich zu vertreiben, während er seine Vorherrschaft behauptete. Diese Angriffe gegen seine Partnerin fügten ihr keinerlei Verletzungen zu. Er stieß sie mit seinen Schultern, knurrte und versetzte ihr gehemmte Bisse gegen Gesicht, Hals und die Schulter.

Das gehemmte Beißen ist ein wichtiger Faktor des Wolfsverhaltens. Das Tier macht alle Bewegungen des Angreifens und Beißens, schließt die Kiefer jedoch nicht ganz, wenn es den Gegner gepackt hat. Das ist ein gutes Beispiel für Ritualisierung. Der Angriff wird über eine Geste, die die Absicht signalisiert, ritualisiert. Genauso kommt vor dem Angriff das Knurren und Zähnefletschen, wie ein Signal, das die Absicht anzugreifen anzeigt. Falls der Gegner langsam und unterwürfig zurückgeht oder eine unterwürfige Haltung einnimmt, bewegungslos bleibt und jämmerlich winselt, ist der Angriff normalerweise gehemmt. Die letzteren Verhaltensmuster werden Befriedungsgesten genannt, die den Angreifer buchstäblich außer Gefecht setzen. Es ist auch interessant, daß gewöhnlich die Körperpartien, die am häufigsten angegriffen werden und gegen die das Beißen orientiert ist, dieselben sind, und zwar die Schnauze, das Genick sowie die Achsel, und – wenn die Aggression auf dem Höhepunkt ist – auch der Hals. Auch dann noch kann das Beißen unvollständig oder gehemmt sein und der Gegner wird vom Rivalen mit nur teilweise geschlossenen Kiefern zu Boden gedrückt. Die Kiefer können sich schließen, wenn der Gegner nicht passiv bleibt und sich stattdessen zur Wehr setzt.

Die Prinzipien der Aggressions-Ritualisierung beim Wolf wurden nachgeprüft und lieferten eine Basis für die Erklärung des Verhaltens, wie wir es zwischen Wolf und Wolf sowie zwischen Wolf und Mensch in der Umzäunung beobachteten.

Sobald die zehnmonatigen Wölfe auf die vierjährigen Wölfe trafen, senkten sie ihre Körper, klemmten ihre Schwänze zwischen die Beine und wedelten damit in dieser geduckten, unterwürfigen Haltung. Die älteren Wölfe benahmen sich nicht in dieser unterwürfigen Weise, doch untersuchten sie die rangniederen, beschnüffelten ihre Analzone, in der die den Geruch produzierenden Drüsen liegen. Die jüngeren Wölfe neigten dazu, zusammenzubleiben. Lediglich der größte und beherrschendste dieser Gruppe tendierte dazu, dem älteren Paar zu folgen.

Das vierjährige Weibchen, das in der Hitze war, senkte mehrmals den Kopf und berührte seinen Partner, indem es seine Schnauze an dessen Maulseite rieb. Oder sie schob ihre Schnauze mit abgeflachten Ohren und mit einem unterwürfigen Grinsen unter seinen Unter-

Abb. 82 Eine Vesperpause für die Kameramänner; der dominierendste der Gruppe zehn Monate alter Wölfe war auch der sozialisierteste und teilte mit uns unser Mahl.

kiefer. Das Männchen drehte sich oft, um ihre Vulva und die Haare ihrer Oberschenkel zu lecken, die durch einen Anflug von Blut die beginnende Hitze verrieten. Sie folgte ihrem Partner, wohin er auch ging, um die Umzäunung zu erforschen, normalerweise ein paar Schritte hinter ihm, doch gelegentlich, wenn sie aneinander lehnten oder zusammen rannten, dicht an seiner Seite.

Als die Wölfe eine dichte Baumgruppe umkreisten, folgten wir ihnen unter meiner Anführung. Plötzlich wandten sie sich um und kamen zu mir. Ich blieb ganz ruhig und erwartete, daß sie nahe vorbeigehen würden zu den Bäumen auf der offenen Lichtung in der Mitte der Umzäunung. Das vierjährige Männchen stand an der Spitze, seine Partnerin einen Schritt hinter ihm. Der Ausdruck ihrer Gesichter war wachsam, und sie schienen über mich hinwegzublicken. Doch ohne Drohung, anstatt vorbeizulaufen, sprang mich das Männchen knurrend und zähnefletschend an. Das kam für mich völlig überraschend, und an jedem Handgelenk eine Kamera festgeschnallt, schrie ich um Hilfe nach dem Pfleger, der ungefähr 20 Yards entfernt war. Ich hielt beide Arme hoch und um meinen Kopf, während das Männchen mich in den rechten Arm und die Hand biß. Das Weibchen griff mein rechtes, dann mein linkes Bein an, augenscheinlich um dem Männchen zu helfen, das den Angriff eröffnet hatte und mich jetzt in Rücken und Brust biß. Nachdem ich um Hilfe gerufen hatte, beruhigte ich mich wieder etwas und blieb ganz still. Dann winselte ich wie ein unterwürfiger Wolf. Sofort hörten die Angriffe auf, und während das Männchen seine Zähne gegen mein Gesicht fletschte, blickte ich, um Augenkontakt zu vermeiden, auf die rechte Seite, fortwährend winselnd, wie es ein unterwürfiger Wolf getan hätte. Dann bewegte ich mich ein bißchen, um etwas von den Tieren zurückzutreten, so daß ich meinen Rücken an den Drahtzaun der Umzäunung bringen konnte, der nur wenige Fuß von ihnen weg war. Doch meine Bewegung veranlaßte sie, mich noch einmal anzugreifen. Dieses Mal war es mehr eine Angriffsdrohung als ein echtes Beißen. Der Pfleger kam, aber seine Bewegung auf die Wölfe zu, im Zusammenhang mit meinen eigenen Bewegungen, verstärkte deren Drohen. Ich blieb weiterhin bewegungslos, mit der Ausnahme, daß ich etwas die zerbissene Kamera schwenkte. Der Pfleger ergriff das Männchen und brachte es weg. Das Weibchen griff mich noch einmal an, und ich gab ihr eine Fotolinse zum Kauen, während ich meine rechte Hand von der Kamera befreite. Dann packte ich die Wölfin fest um den Hals – und sie blieb völlig ruhig. Ihre gelben Augen und die schwarzen Pupillen-Punkte blickten aufwärts in meine Augen, ohne zu blinzeln. Sie war nicht unterwürfig, sie wartete nur auf meine nächste Bewegung. Ich war zu erschöpft, um noch etwas zu tun. Mein rechter Arm war schwach und zitterte, und sie wartete. Jemand kam mit einer Würgekette und brachte sie weg.

Wir schlossen die beiden vierjährigen Wölfe in ihrem Gehege ein und ließen die anderen vier ebenfalls für die Nacht in ihren Käfigen. Wir hatten genug für diesen Tag.

Meine unmittelbaren Reaktionen während des Angriffs waren Überraschung und dann Furcht gewesen, weil der Angriff ohne jede Warnung kam. Ich glaube, daß ich objektiver wurde, als ich einmal erkannt hatte, was passierte. Zurückblickend muß ich jedenfalls sagen, daß ich wertvolle Erfahrungen sammelte. Ich fühlte mich auch schuldig, die Tiere veranlaßt zu haben, mich anzugreifen. Schuldig, weil sie von Natur aus nicht wild oder aggressiv sind. Sie waren nur mit einer Person, ihrem Pfleger vertraut und mit niemand anderem sozialisiert, denn sie sahen nur selten andere Menschen und hatten noch niemals mit Fremden physischen Kontakt gehabt.

Wir alle hatten verschiedene Vorstellungen davon, warum das Männchen den Anriff eröffnet hatte. Doch nach dem Verhalten der Wölfe, wie ich es früher beschrieben habe, als ich

Abb. 83 Nach einer anfänglichen Attacke steht das Männchen »über« dem Autor und bedroht ihn (Foto: MGM-Studios).

Abb. 84 Der Autor beruhigt das Weibchen nach der anfänglichen Attacke. (MGM-Foto: Marvin)

Abb. 85 Das Männchen attackiert die Hand des Autors, gleichsam um seine Gefährtin zu befreien.

Abb. 86 Der Autor versucht, den Angriff auf die Kamera in seiner Rechten umzuleiten.

Abb. 87 Es gelingt dem Männchen, das Weibchen zu befreien, und beide greifen von neuem den Autor an. (Man beachte den Angstausdruck beim Autor und dem Züchter, Richard Grossenheider.)

an ihre Käfige herangetreten war, schien nur eine Erklärung haltbar: Die Wölfin war in der Hitze. Die zehn Monate alten Wölfe benahmen sich unterwürfig gegen den älteren Rüden, und er war gerade dabei, sein Territorium innerhalb der Umzäunung einzurichten. Ich wurde von ihm wie ein sexueller oder territorialer Rivale angegriffen. Und das Weibchen unterstützte seinen Partner bei dieser Handlung.

Die Verletzungen, die ich davontrug, waren interessant. Meine dicke Kleidung hatte verhütet, daß die Haut von den langen Eckzähnen aufgerissen worden war, wenngleich mir diese Eckzähne tiefe Kratzer beigebracht hatten. Der Kiefer-Druck, verursacht von den mächtigen Schläfen- und Kau-Muskeln (sowie der Zugriff der scherenähnlichen Backenzähne), und das Kopfschütteln fügten mir erhebliche Verletzungen an Muskeln und Sehnen zu. Ich fühlte das sofort. Und ich weiß jetzt, wie sich eine lebendige Beute fühlen muß. Die Wölfe verfolgen diese, bis sie ermüdet. Sie beißen sie, wobei sie die Eckzähne wie Anker ansetzen und ganz fest zugreifen, ehe die Kiefer geschlossen werden. Das Kopfschütteln läßt die Zähne immer tiefer in den Körper eindringen und jeder Biß macht die Beute wegen der tiefen Quetschwunden wehr- und fluchtunfähiger. Die Schnittverletzungen durch die Eckzähne sind kaum so schlimm und verursachen weniger sofortigen Schaden als die Quetschungen, die durch Beschädigung von Muskeln und Sehnen eine Bewegungshemmung herbeiführen.

In der freien Natur gilt die Aggression einem Partner oder einem Territorium und führt zur Auswahl des Fähigsten und zum Ausscheiden von Individuen oder zusammengehörigen

Paaren. Ein bestimmtes Stück Land kann nicht unbegrenzt viele Tiere ernähren. Überbevölkerung würde auf Hungertod hinauslaufen, daher entwickelten sich bestimmte Mechanismen, um das zu verhindern. Einer dieser Mechanismen, nämlich die Aggression, ergibt sich aus der Zerstreuung der Individuen und aus der Tatsache, daß Tiere ohne Territorium oder eigenen Partner gezwungen werden, abzuwandern oder sich an der Peripherie der Fortpflanzungsgruppe aufzuhalten. So wird ein Wolfsrudel auch sein Heimatgebiet gegen kleinere Rudel verteidigen. Es wird auch einsame Individuen vertreiben, die sich an das Hauptrudel anhängen wollen. Beobachter stellten fest, daß die untergeordneten Mitglieder des Rudels sich gegen solche einsamen Wölfe tolerant und freundlich verhielten. Die Anführer des Rudels jedoch sind sehr aggressiv.

Am nächsten Tag waren Schmerzen und Steifheit schnell vergessen, als wir die vier zehn Monate alten Versuchstiere während ihrer ersten Begegnung mit dem zweijährigen Wolf und der zweijährigen Wölfin beobachteten. Wir sahen dasselbe Unterwerfungsverhalten der jüngeren Gruppe gegenüber dem zweijährigen Männchen. Zuerst war er ein bißchen unsicher und defensiv, während seine Partnerin mit den jüngeren Wölfen unterwürfige Begrüßungszeremonien austauschte. Das Unterwerfungsverhalten setzte sich aus unterwürfigstem Bauchkriechen in Richtung auf das ältere Männchen hin, Winseln, Schwanzwedeln in geduckter Haltung und Lecken an Maul und Gesicht des Zweijährigen zusammen. Dieses Verhaltensmuster trat anschließend immer auf, wenn einer der jüngeren Wölfe nach kurzem Erkundungsgang durch die Einfriedung zu den anderen zurückkehrte. Plötzlich nahmen wir eine Veränderung im Verhalten des zweijährigen Rüden wahr. Er war bei der Annäherung der Rangniederen überhaupt nicht mehr ängstlich, hielt statt dessen Kopf, Ohren und Schwanz aufrecht und reckte seinen Körper und die Schulterblätter hoch. Er entfaltete seine Vorherrschaftspose.

Die unterwürfige Annäherung irgendeines der zehn Monate alten Wölfe rief diese Dominanzentfaltung hervor, noch bevor die jungen Wölfe dazukamen, Unterwerfungsgesten zu zeigen. Mit zunehmender Sicherheit drückte er systematisch einen der Jüngeren nach dem anderen zu Boden, indem er ihre Schnauzen packte. Gegenüber seiner eigenen Part-

Abb. 88 bis 90 Verhaltenssequenz eines Untergeordneten, der seine Pfote unterwürfig gegen den dominierenden Rüden erhebt und sich dann in die seitliche Unterwerfungslage rollt. Der Dominierende knurrt, als der Untergeordnete sich erheben will, um ihm das Gesicht zu lecken; er packt den Untergeordneten in der Folge um die Schnauze.

Abb. 89

Abb. 90

nerin, die sich ihm oft auf dieselbe Art näherte, wie das schon beim vierjährigen Weibchen beschrieben wurde, nahm er diese Überlegenheitspose selten ein. Normalerweise leckte er ihr ebenfalls das Gesicht.

Es ist vielleicht bezeichnend, daß der ranghöchste Rüde der zehn Monate alten Gruppe der einzige war, der nach unterwürfiger Annäherung an den zweijährigen Rüden zum Spiel aufforderte, indem er von ihm weglief und ihn wie toll umkreiste.

Als wir der Gruppe ein Stück von einer Antilope vorlegten, zeigte nur das dominierende Männchen der zehn Monate alten Gruppe Interesse. Die anderen hielt, wie wir vermuteten, die Angst vor unserer Gegenwart vor dem Kampf um die Nahrung zurück. Ein spannender Zwischenfall ereignete sich immerhin. Ein rangniederes zehn Monate altes Männchen machte sich mit einem Stück Fleisch davon. Das Weibchen dieser Gruppe folgte ihm, zähnefletschend und knurrend, weil sie vorher diesen Brocken besessen hatte. Das zweijährige

Abb. 91 Am zweiten Tag, den die zweijährigen und die zehn Monte alten Wölfe zusammen verbracht haben, bildeten sie ein Rudel, mit dem Alpha-Wolf an der Spitze und seiner Gefährtin an seiner rechten Seite.

Abb. 92 Ein vierjähriges Weibchen in unterwürfiger Haltung, nachdem ihr Gefährte seine Dominanz über sie bewiesen hatte, indem er knurrte und sie zu Boden stieß.

Männchen, das gerade zwischen ihnen war, mißdeutete zweifellos die Absicht des Weibchens als gegen sich gerichtet und griff es an. Sie wurde umgeworfen und am Hals festgehalten. Erst nachdem sie deutlich ihre Unterwerfung durch Japsen und Stillhalten gezeigt hatte, kam sie wieder frei.

Am folgenden Tag ließen wir die zwei Gruppen noch einmal in der Umzäunung zueinander. Alle zeigten dem vierjährigen Wolf immer wieder ihre Unterwürfigkeit, doch nun kam ein neuer Aspekt des Verhaltens heraus. Die Wölfe benahmen sich nun wie eine Gruppe mit einem etablierten Führer. Sie rannten zusammen, oft im Kontakt miteinander, und ganze Spielrunden entstanden. Diese wurden oft sogar von dem zweijährigen Männchen eröffnet.

Wir beobachteten nun ein Wolfsrudel, in dem soziale Organisation, gegründet auf Vorherrschaft, Gegenwart und Anerkennung des Führers, etabliert war. Man muß betonen, daß zwischen dem Alpha-Wolf und den Rangniederen ein gegenseitiges Abhängigkeitsverhältnis zu bestehen schien. Letztere grüßten den Alpha-Wolf, indem sie ihm aktive Unterwerfung zeigten – möglicherweise eine Beschwichtigungsgeste. Sie zeigten dieses Verhalten, sowohl wenn der Alpha-Wolf seine ganze Dominanz entfaltete, als auch wenn er völlig entspannt war. Gelegentllich riefen diese aktiven Unterwerfungsgesten in dem entspannten Alpha-Männchen Reaktionen hervor, die es reziprok veranlaßten, die Dominanzhaltung einzunehmen. Wenn die Dominanzentfaltung des Alpha-Wolfes stärker wurde und waagerechte Zurücknahme der Lippen, Knurren, deutliches Aufstellen der Haare und gelegentliches, den Untergebenen mit der Schnauze Auf-den-Boden-Drücken enthielt, dann zeigte der Rangniedere Unterwerfung durch horizontales Lippenzurückziehen, Liegen, Bewegungshemmung, von Zeit zu Zeit Leckintentionen und Ausstrecken der Läufe gegen Bauch oder Flanken des Alpha-Wolfes.

Demokratie oder Diktatur

Soziale Organisation scheint beim Wolf auf Aggression zu basieren. Doch sie ist in Wirklichkeit subtiler. Soziale Organisation und Stabilität hängen mit der Anerkennung eines Führers oder Alpha-Individuums und der Unterwerfung unter diesen zusammen. Die Gruppe reagiert auf das Alpha-Tier in oft beobachtetem gruppenweise gegen es gerichtetem unterwürfigem Grüßen. Der Alpha-Wolf kann eine enge Bindung an ein einzelnes Weibchen haben. Nur selten zeigt er ihr seine Vorherrschaft. Eine separate Dominanzhierarchie konnte man unter den Weibchen während der Hitze wahrnehmen.

Für ein Rudel von sechs Wölfen kann die Herrschaftsfolge typischerweise so aussehen:

```
                         A Männchen
                         |
                         B Männchen
                         |
Junges Männchen D — C Weibchen
                         |
                         E Weibchen
                         |
                         F Junges Weibchen
```

Horden verschiedener Primaten-Spezies haben eine ähnliche Herrschaftsfolge, und Huftiere, z. B. Pferde, haben einen Leithengst. In anderen Tiergesellschaften, zum Beispiel der des Löwen, gibt es nur ein Männchen, das der Oberanführer des Harems ist. Huftiere, wie die Hausrinder, haben einen Herdenführer, doch sah Professor Paul Leyhausen, ein Schüler von Professor Lorenz, auch einige Anzeichen von Demokratie bei ihnen. Drei oder vier Rangniedere können sich zusammenrotten und einen Druck auf den Führer ausüben. Sie können mit Stimmenmehrheit einen Streit gewinnen – ohne daß der Anführer seinen Platz als Führer der Herde verliert.
Die Anhänglichkeit eines Wolfsrudels an eine bestimmte Gegend über viele Jahre ist ein bemerkenswertes Phänomen. Zum Teil hängt es mit einem Überfluß an Beute zusammen.

Doch wenn das Beute-Raubtier-Verhältnis stabilisiert ist, wird die Anzahl der bejahrten, kranken und die Menge der Jungtiere von der Beute-Spezies konstant gehalten. Würden Wölfe nur um des Tötens willen töten, würden sie ihre Nahrungsquelle versickern lassen und könnten im nächsten Jahr selber sterben. Aber sie töten nicht zu viel. Sie lassen auch keine zu große Vermehrung zu. Sie kontrollieren nicht nur den Überfluß an Nahrung, sondern auch ihre eigene Anzahl. Wenn es Nahrung im Überfluß gibt, ist ihre Brunstzeit vorbei, und die Jungen werden mit den Nachkommen der Beutetiere gefüttert. Nahrung ist während der Brunstzeit relativ knapp. Wenn sie sehr knapp ist, kann es vorkommen, daß Wölfinnen von schlechtem körperlichem Zustand nicht gebären dürfen und daß Aggression innerhalb des hungrigen Rudels und das Bedürfnis, nach Nahrung zu jagen, sich in den Sexualtrieb mischen würden. Bei andauernder Nahrungsknappheit nach der Brunstzeit könnte es zu vorgeburtlicher Sterblichkeit (Fötus) und hoher Sterblichkeit der Neugeborenen aus verschiedenen Ursachen kommen. Dazu gehören schlechter Allgemeinzustand wegen vorgeburtlicher Unterernährung, geringe Widerstandskraft gegen Krankheiten, Hunger der Neugeborenen, weil die Mutter zu wenig oder qualitativ zu schlechte Milch hat oder weil sie zu wenig Nahrung findet, um die Milchversorgung zu ersetzen, wenn der Säugling entwöhnt werden soll. Wenn das Rudel Beute gemacht hat, sind die ranghöheren Wölfe normalerweise die ersten, die fressen dürfen. Bei Nahrungsknappheit kann das eine indirekte Wirkung auf die Fruchtbarkeit des Rudels haben. Die rangniederen Individuen werden davon zuerst betroffen. Es kann auch vorkommen, daß Nahrungsknappheit und die Notwendigkeit, wegen des Futters große Entfernungen zurückzulegen, dazu führen, daß die Säuglinge in der Entwöhnungszeit, wenn die Milch der Mutter versiegt ist, zurückgelassen werden. Sowohl das Männchen als auch das Weibchen bemühen sich, die Nahrung für die Jungen herbeizuschaffen. Eine ähnliche väterliche Fürsorge beobachtete man bei Präriewölfen, Rot- und Graufüchsen, wo das Männchen die Nahrung für seine Partnerin und die Nachkommen in die Höhle schleppt. Daraus wird klar, daß ein rangniederes Weibchen, das sich mit einem ebensolchen Männchen verbunden hat, in Zeiten von Nahrungsknappheit wenig Unterstützung bei der Fütterung der Nachkommen erhält.

Darin erkennen wir das Wirken eines subtilen sozio-biologischen Geburtenkontroll-Mechanismus, der das Rudel über viele Generationen in derselben Größe erhält. Unvollendete oder unfruchtbare Paarungen und hohe Sterblichkeit der Nachkommen stimmen mit Nahrungsverknappung überein (wie in einem schweren Winter, wenn die Schneedecke weich und hoch ist und das Rudel daran hindert, nach Beute zu jagen und sie zur Strecke zu bringen.) Überfluß an Nahrung, beispielsweise um die Zeit, wenn die Beutejungen geboren werden, kommt zu spät, um die Fruchtbarkeit entscheidend zu verändern. Zweifellos würde die Sicherstellung der Ernährung des Wurfes die Überlebenschancen für eine größere Anzahl der Jungen verbessern. Doch ihre Anzahl kann anschließend in ihrem ersten Winter wieder verringert werden.

Entsprechend dem Beutevorkommen kann sich das Rudel im zeitigen Frühjahr teilen und erst im Winter wieder vereinigen. Der Ursprung des Wolfsrudels ist unbekannt. Manche glauben, es handle sich um eine Familieneinheit, einen Clan. Nur selten nimmt das Rudel Wölfe an, die nicht mit ihm verwandt sind. Man begründet diese Vermutung mit der Beobachtung, daß Wolfsrudel aggressiv gegen einsame Wölfe sind und sie verjagen (Xenophobie) und daß ein Rudel das Gebiet oder die Heimat eines anderen achtet. Ein kleineres Rudel wird verjagt, wenn es in der Heimatregion eines größeren angetroffen wird. Der junge Wolf lernt, diese Gebietsgrenzen zu achten und beginnt auch ungefähr im Alter von fünf Monaten die Fremde zu meiden. Es scheint ein komplexer Mechanismus zu sein, der das Wolfsrudel selbständig erhält und es auch innerhalb eines bestimmten Gebietes eingrenzt (wenngleich arktische Spezies in südliche Wintergebiete auswandern können). Dieser Mechanismus stimmt mit der früher beschriebenen Geburtenregelung insofern überein, als Fremde nur selten im Rudel aufgenommen werden und die Rudelgröße über mehrere Generationen konstant gehalten wird. Die Stabilität der Abstammung sowie des Heimatgebietes des Rudels erleichtert weitgehend die genetische Selektion und den Prozeß der Anpassung. Der Genpool ist geschützt. Es gibt ein sozio-biologisches Optimum des Überlebens und der Evolution innerhalb des Wolfsrudels. Stabilität und Flexibilität werden subtil danach ausgerichtet, wieviele Individuen gebären, wieviele Nachkommen überleben und wieder zeugen.

Diese sozio-biologische Unterstützung oder Sicherung des Gen-Pools gibt zum Teil wenigstens eine Erklärung für die weite geographische Verteilung des Wolfes und für die großen Unterschiede in Körpergröße und Farbe von einem Rudel zum anderen. Unterarten haben sich entwickelt, jede einem besonderen Klima, Gebiet oder einer Hauptbeuteart angepaßt. Geographische Isolierung an sich (die zur Beschränkung des Heimatgebietes hinzukommt) trägt zu solcher Arten-Auffächerung und Anpassungsfähigkeit bei. Wir können dabei an vergleichbare Mechanismen beim Menschen denken, bei dem biologische Unterschiede vor der kulturellen Mannigfaltigkeit herauskamen und die kulturelle Mannigfaltigkeit umgekehrt sogar größere soziale Isolation und »Pseudo-Speciation« hervorbrachte.

Viele Leute, die Wölfe aufgezogen haben oder sie aus der Nähe beobachteten, kamen zu der Überzeugung, daß der Wolf eine einmalige Fähigkeit besitzt, nämlich Telepathie. Der Wolf scheint vorauszusehen, was der Pfleger als nächstes tun wird und scheint zu erahnen, in welcher Stimmung der Pfleger an diesem Tage gerade ist. Der Beobachter wird auch ein subtiles Verhältnis – nicht nur zwischen Wolf und Wolf, sondern auch zwischen sich selbst und dem Wolf – erleben, besonders dann, wenn der Wolf schon sozialisiert ist. Der Wolf scheint es zu fühlen, wann sein Eigentümer kommen wird, er kann ihn aus jeder Menschenmenge herausfinden, selbst auf große Entfernung. Er wird dann heulen oder anfangen, aufgeregt herumzutoben und zu springen. Soweit es der Autor feststellen konnte, besitzt der Wolf keine mystischen Fähigkeiten, sondern er ist in Wahrheit ein erstklassiger Ethologe, ein besonders aufmerksamer und aufnahmefähiger Beobachter, etwa wie das berühmte Pferd »Schlauer Hans«.

Der Wolf nimmt subtile Sicht-, Gehörs- und Geruchssignale wahr, die der Pfleger unbewußt aussendet. Auch besitzt der Wolf einen unheimlich guten Orts- und Zeitsinn. Doch diese Fähigkeit teilt er mit vielen Tieren, die man an verschiedenen Tagen an einem bestimmten Platz innerhalb ihres Heimatgebietes mit geringster Zeitabweichung immer antreffen kann. So etwa kann ein Tier auch lernen, eine gewisse Begegnung an einem bestimmten Platz zu bestimmter Zeit – vielleicht ein Zusammentreffen mit Artgenossen oder die Ankunft des Pflegers zur Futterzeit – vorauszusehen.

Der Wolf ist zweifellos ein scharfer Beobachter. Er ist fähig, feinste Nuancen im Verhalten seiner Gefährten und auch der Menschen, falls er von Geburt an in menschlichem Kontakt aufgewachsen ist, zu erkennen. Diese Fähigkeit baut auf der Tatsache auf, daß viele der wölfischen Mitteilungen nichtverbal sind. Feinste Veränderungen in der Haltung von Körper, Ohren oder Schwanz sowie im Gesichtsausdruck können gleichzeitig oder nacheinander Angst und Unterwerfung, Angst und Aggression anzeigen. Die Augen des Wolfes verraten auch viel (ähnlich, aber vielleicht noch stärker wie beim Haushund). Rangniedere sind unablässig wachsam gegenüber dem Anführer, doch sobald Augenkontakt geschlossen wird, wenden sie ihre Augen demütig ab. Ein direkter Blick bedeutet eine Drohung zwischen Rivalen. Abwechselndes Vorwärts- und Wegschauen bedeutet ambivalente Angstgefühle. Ein direkter Blick kann warnen: »Bleib weg von mir, von meinem Partner oder von meinem Jungen, auch wenn ich durch Zurücklegen meiner Ohren und ein kurzes Wegschauen Deinen höheren Rang anerkenne!« Wölfe haben zweifellos ein gut differenziertes System der Signale, die sich in ihrer Intensität und der gleichzeitigen oder aufeinander folgenden Verbindung ändern können.

Man schätzt, daß etwa 80% aller menschlichen Mitteilungen nichtverbal sind. Vieles davon erfolgt unbewußt. Wieviel unter bewußter Kontrolle steht, hängt von der sozialen Situation ab und von der Intensität der Stimulierung, die das Signal bei dem Reagierenden hervorruft. Zweifellos kann man eine Fassade, etwa eine blasierte Haltung, einnehmen, hinter der man seine wahren Emotionen versteckt. Die Augen und Mikrobewegungen jedoch können anzeigen, was der Mensch wirklich fühlt oder welche Absichten er hat. Der Mensch kann sich ein umfangreiches Repertoire von nichtverbalen Ausdrucksmöglichkeiten als Lernerfolg aneignen – durch Nachahmung, besonders in der Kindheit und frühen Jugend. Es ist unwahrscheinlich, daß Wölfe ihr ererbtes Repertoire geradezu ausarbeiten, obgleich sie sicherlich ihre Position oder ihren sozialen Rang innerhalb des Rudels lernen, wodurch wiederum ihr Verhalten gegenüber den anderen bestimmt wird. Es ist ebenso unwahrscheinlich, daß Wölfe eine Entwicklungsstufe erreicht haben, die es ihnen ermöglicht, ihre wahren Gefühle stets zu verbergen. Solche Wahrhaftigkeit – eine Grundmoral der in Gemeinschaften lebenden Tiere – ist sicherlich eine Vorbedingung für soziale Organisation. Eine soziale Organisation, nicht auf dem unpersönlichen mechanistischen Niveau der Ameise, sondern vielmehr auf dem psychologischen Niveau eines höher entwickelten sozialen Einzelwesens. In der Wolfsgesellschaft, in der jedes Einzelwesen an der Gemeinschaft mitwirkt und wo jedes mehr oder weniger vom anderen abhängig ist, wird Gruppen-Identität und Untertanenpflicht gegenüber dem Rudel für uns erkennbar. Dazu gehören die Zusammenarbeit beim Jagen und Vertreiben von Außenseitern oder rivalisierenden Rudeln, die unerlaubt ihr Heimatgebiet betreten haben. Das Rudel oder einige seiner Mitglieder können einem Paar dabei helfen, seine Höhle zu bauen oder die Nahrung für ihre Jungen herbeizuschaffen. MURIE fand zwei Weibchen, die mit ihren Würfen dieselbe Höhle bewohnten und deshalb ein hohes Maß von Toleranz zu einer Zeit zeigten, da Mütter normalerweise sehr aggressiv gegen andere sind.

Soziale Organisation – sexuelle und Kindesbande

Bei vielen Wirbeltieren gibt es vermutlich eine Abstufung in der Hierarchie bei den Individuen oder Vorherrschaft inbezug auf das Territorium, aber es gibt keine »Liebe« oder positive soziale Tendenzen, wie es am Beispiel des Wolfes oder einiger in Gruppen lebender Primaten gezeigt worden ist. SCHENKEL betont, daß die vergleichbare positive soziale Tendenz, die man bei Herdentieren beobachten kann, in Wirklichkeit ganz anders ist. Da gibt es keine »Liebe«, denn da gibt es auch nur wenig Hierarchie-Differenzierung oder »persönliche« Bindung in der anonymen Gruppe. Seltener nur kann man Liebe oder positive soziale Tendenzen beobachten, wenn jegliche soziale Rangordnung – wie beim Hyänenhund – fehlt.

SCHENKEL (1967) folgert, daß Unterwerfung für jene Arten charakteristisch sei, deren Individuen auf der Basis von persönlicher Liebe oder Vertrautheit oder hierarchischer Differenzierung zusammenhalten. Solche Arten benutzen einige Rituale zur Bestätigung des Toleranz-Unterwerfungs-Verhältnisses, das von Verhaltensmustern stammen mag, die in frühester Jugend auftauchten – wie beim Wolf.

In dem »Anspruch-Aufgeben-Ritual«, auf das SCHENKEL hinweist, und in welchem das Verhalten des Verlierers automatisch den Aggressor stoppt, kann eine Motivationsänderung des Verlierers die effektive Hemmung der weiteren Konkurrenz bedeuten. Der Verlierer gibt seinen Anspruch auf eine Partnerin oder auf ein Fressen auf, indem er sich zurückzieht. Er wird vielleicht keine Unterwerfung zeigen, doch wenn er in die Enge getrieben und gezwungen wird, dann kann er eine passiv-unterwürfige Haltung einnehmen und sich zurückziehen. Mit seiner Flucht von der Szene verschwindet einfach der Stein des Anstoßes, d.h. da es keinen Rivalen zum Kämpfen mehr gibt, existiert für den Gewinner auch kein weiterer Streit. Der Gewinner, der Anspruch auf einige Privilegien erhebt, wird sehr auf der Hut sein und eine niedrige Aggressions-Schwelle haben, sobald sich ein potentieller Rivale nähert.

Bei vielen Wirbeltieren sind die Rivalenkämpfe stark ritualisiert. Schwere Verletzungen der Angreifer sind selten, da der Angriff stets auf einen bestimmten Körperteil gerichtet ist, z.B. auf die dicken weißen Wangen oder die dick mit Pelz besetzten und dickhäutigen Achselgebiete. Kleine Streitigkeiten innerhalb des Rudels können – wie schon früher betont – schnell und harmonisch durch Unterwerfung erledigt werden. Das erleichtert zweifellos die soziale Vereinigung im Rahmen einer stabilen sozialen Hierarchie.

Aber trotz Rudelstabilität durch soziale Hierarchie und positive Attraktion, kommen – vor allem während der Brunstzeit – Änderungen in den sozialen Verhältnissen vor. So, wenn Über-Unterlegenen-Beziehungen ernsthaft überprüft werden und ein älterer Wolf nach vielen Jahren den höheren Rang abtritt. Das Rudel kann danach zusammenbleiben und eine neue Hierarchie der interpersonellen Verhältnisse ausbauen. Gelegentlich kann extreme Intoleranz für einen oder mehrere Wölfe zu schweren Kämpfen führen. Die Verlie-

Abb. 93 Drei rangniedere Wölfe nähern sich unterwürfig dem Alpha-Wolf. Er revanchiert sich durch das Entfalten von Dominanzgesten, Knurren und indem er einige von ihnen zu Boden stößt.

Abb. 94 und 95 Aktiv-unterwürfiges Grüßen zwischen drei Wölfen; das Weibchen links präsentiert seine Leistengegend den anderen; es folgen Gesichtskontakt und Lekken.

Abb. 95

rer werden entweder getötet oder verjagt. Mitglieder des Rudels helfen manchmal dem ranghöheren Wolf, solche Individuen zu verjagen. Dabei beweisen sie ihm, während er den Auszustoßenden bedroht, immer wieder durch Beruhigungs-Gesten ihre passive oder aktive Unterwerfung. Diese auszustoßenden Wölfe können wie ein Unterrudel losbrechen, sie können sich aber auch als Einsame entfernen. Manchmal folgen sie dem Hauptrudel, wie ein Anhängsel oder wie Aasfresser. Und obgleich rangniedere Wölfe aus dem Rudel durchaus freundlich und tolerant gegen die Ausgestoßenen sein können, werden sie doch verjagt, sobald sie dem Rudel selbst zu nahe kommen.
Die sozialen Beziehungen zwischen männlichen und weiblichen Wölfen sind sehr kompliziert. Sie ändern sich auch von Jahr zu Jahr und im Laufe des Jahres, wenn das Weibchen in die Hitze kommt und zur Paarung neigt. Ein Weibchen kann ein Männchen erwählen, das durch seine Reaktion auf einen Alpha-Wolf gehemmt ist. Dasselbe Weibchen kann den Alpha-Wolf vertreiben. Man hat Aggression zwischen Weibchen beobachtet, wobei das rangniedere daran gehindert wird, sein sexuelles Interesse einem oder ganz allgemein allen Männchen zu zeigen. Offensichtlich nimmt der Alpha-Wolf weniger am Sexual-Verhalten teil als rangniedere Männchen – bis zu dem Jahr, da er von einem anderen Männchen unterworfen wird. Man hat angenommen, daß ein solches Phänomen von sexueller Enthaltsamkeit wie ein sozialer Puffer für den Gen-Pool wirken mag, wodurch eine Gen-Überflutung des Rudels durch das beherrschende Tier verhindert wird. Aggression verbunden mit sozialer Vorherrschaft des Alpha-Wolfes kann bei diesem Einzelwesen das Sexual-Verhalten unterbrechen oder blockieren. (Impotenz der Ausübung!) Beobachter haben im Gelände gesehen, daß andere Rudelmitglieder das Paar, durch dessen Tun sie sehr erregt werden, umstehen, während die beiden Wölfe sich paaren.
RABB et al. (1967) stellen fest, daß die ritualisierten Gruppenhandlungen, der Altruismus, der sich in der Fürsorge und dem Aufziehen der Jungen durch Pflegeeltern zeigt, und der niedrige Stand reproduktiver Tätigkeiten bei einigen männlichen Führern die Vermutung nahelegen, daß die Wölfe ihre soziale Struktur mit einigen selektiven Zwängen ausbildeten, die den Wert der Gruppe vor dem des Individuums betonen. Sie kommen zu dem Schluß, daß hinsichtlich der frühen menschlichen Evolution von einem im Rudel jagenden Primaten die Forschungen über die soziale Organisation von Wölfen, Löwen und Hyänenhunden eher für die menschliche Situation relevant sind als für jene der meisten Primaten.
RABB et al. (1967) berichten, daß es im Wolfsrudel ganz ausgeprägte Bevorzugungen zwischen Paaren gebe, so daß ein Weibchen statt eines höherrangigen ein rangniedereres Männchen erwählen kann. Diese Zuneigung zwischen den Paaren kann das reproduktive Potential des Rudels vermindern. Dominanz innerhalb des Geschlechtes kann eine empfängnisverhütende Wirkung haben, jedoch beschneidet augenscheinlich die Tätigkeit des Alphamännchens nicht unbedingt die rangniederen Männchen psychologisch. Kindes- oder Untertanenverpflichtungen manifestieren sich in der Dominanzhierarchie, wo der eine den anderen unterstützt oder verteidigt. Die Autoren erlebten mit, wie ein Wolf einen anderen, der sich gerade paarte, gegen einen Angriff verteidigte. Man bemerkte überkreuzte sexuelle Dominanz, wenn beispielsweise ein Alpha-Weibchen rangniedere Männchen beherrschte. Es treten gelegentliche kulturelle Transmissionen auf, wenn die Nachkommen die Haltung eines ihrer Eltern gegenüber anderen Erwachsenen einnehmen und zur Zeit der Reife dann in der Lage sind, selbst diese Haltung zu behaupten.

Anziehung zwischen Paaren

Beach (1968) hat Anzeichen von Zuneigung zwischen Partnern bei Beagles aufgeführt, doch im allgemeinen zeigen Hunde sexuelle Promiskuität. Es bestehen selten feste Fortpflanzungs-Verbindungen, doch in solchen Fällen haben die fraglichen Hunde eine verminderte soziale Bindung an ihre eigene Spezies. Die Sozialisation beschränkt sich auf den Fortpflanzungspartner, dem er später seine sexuelle Zuneigung zeigen wird. Im Gegensatz zum Hund zeigen der Wolf, Präriewolf und Schakal deutliche Partner-Vorlieben, und Promiskuität kommt, wenn überhaupt, nur selten vor.

Van der Merwe (1953) vermutet, daß Partnervorliebe und Paarverbindungen bereits etabliert sind, bevor sich der Wurf der Schabracken-Schakale im Alter von vier bis fünf Monaten trennt. Diese Beobachtung bedürfte der Bestätigung. Es scheint tatsächlich möglich, daß Über-Unterlegenheits-Verhältnisse zwischen Angehörigen desselben und des anderen Geschlechts noch vor der Pubertät die Einrichtung von nichtsexuellen kindlichen Verbindungen zwischen passenden Angehörigen eines Geschlechtes beeinflussen und in der Folge auch sexuelle Zuneigungen und Paar-Zusammenschlüsse. Wahrscheinlich würden die Männchen dazu tendieren, die Weibchen zu beherrschen. Nicht alle Mitglieder des Wurfes würden ja Paare bilden – wegen der unterschiedlichen Größe des Wurfes, aus geschlechtlichen Gründen und wegen der Struktur der sozialen Hierarchie, die sich innerhalb eines Lagers herausbildet.

Ähnliche soziale Vorlieben aus dem Kindesalter beeinflussen bei den Präriewölfen die spätere Partnerwahl, wenngleich das Auseinanderlaufen des Wurfes und die hohe Sterblichkeit die Wahrscheinlichkeit der Inzest-Paarung zwischen den entgegengeschlechtlichen Mitgliedern des Wurfes stark vermindert. Im Gegensatz zum Wolf erreichen männliche und weibliche Präriewölfe die geschlechtliche Reife zur selben Zeit. Bei den Wölfen wird das Weibchen eher geschlechtsreif als die Männchen aus demselben Wurf. Das verringert auch die Wahrscheinlichkeit von Paarbildungen zwischen Mitgliedern desselben Wurfes. Die Zuneigung der Kinder, die sie an Untertanenpflichten bindet, bleibt im allgemeinen bis zur Reife und oft fürs Leben bestehen.

Die Verstärkung der Paar-Bande während der Brunstzeit (abgesehen von den sozialen oder nichtsexuellen Banden zwischen männlichen und weiblichen Schakalen und Präriewölfen während der Brunstzeit) äußert sich in einer Zunahme der Aggression gegen Fremde. Männchen oder Weibchen werden einen Eindringling, welchen Geschlechtes auch immer, außerhalb der Paarungszeit angreifen und möglicherweise mehr Intoleranz gegenüber einem Vertreter ihres eigenen Geschlechts während der Brunstzeit zeigen (d.h. Sexual- und Territorial-Rivalität statt reiner Territoriums-Rivalität außerhalb der Paarungszeit).

Bei den Wölfen sind Paarverbindungen schwer festzustellen – außer in der Brunstzeit. So erkennen wir außerhalb der Paarungszeit nur Rudel-Affinität und gruppen-orientierte Verbindungen, die die Verteidigung des Territoriums im Jagdgebiet erleichtern, ebenso den Ausschluß von Fremden und die ökonomische Behauptung der Rudelgröße durch gemeinsames Anlocken und Zurückdrängen von Fremden. Untertanentreue zwischen einigen Wolfs-Individuen kann man auch außerhalb der Paarungszeit in kleineren Konflikten innerhalb des Rudels und genauso während der Brunstzeit, wie schon früher im Rabb's Werk memoriert wurde, beobachten. In der Brunstzeit haben die Zusammenschließung zu Paaren und die Wahl des Partners eindeutig Vorrang, doch sie werden wesentlich von den sozialen Kräften des Rudels bestimmt (Kindes-, Geschwister- und nichtsexuelle Bande). Die sozialen

Abb. 96 und 97 Ambivalentes Aggressionsverhalten eines männlichen Wolfes gegenüber einem Rivalen; sein Weibchen ist in der Hitze, und sie bewillkommt den Fremden außerhalb ihres Geheges.

Abb. 97

Bande zwischen den Paaren können das Anknüpfen von sexuellen Verbindungen erleichtern oder stören.

WOOLPY (1968) stellte folgendes fest: »Nach unseren Beobachtungen an gefangenen Wölfen und denen MURIEs an frei lebenden, ist der Wolf ein geselliges Tier, das in sozial organisierten Rudeln von 10 bis 20 Erwachsenen, Jugendlichen und Welpen lebt. Diese Rudel sind im wesentlichen exklusiv und endogam. Die Tiere zeugen, werfen und ziehen ihre Nachkommen innerhalb des Rudels auf. Wenngleich in einem Rudel mehrere Erwachsene beider Geschlechter leben, so ist die Paarung doch oft auf ein einziges Paar pro Saison beschränkt. Das ist ein Regulativ der Bevölkerungszahl durch die soziale Struktur. Es wirken auch viele Erwachsene gemeinsam daran mit, die Nachkommen einer Mutter aufzuziehen. Durch einen Sozialisationsprozeß werden die Nachkommen, sobald sie die Reife erlangt haben, in die soziale Organisation der Erwachsenen integriert.

Wir konstatierten eine bemerkenswerte Stabilität der sozialen Beziehungen zwischen den

Mitgliedern unseres gefangenen Rudels. Interaktionen zwischen verschiedenen Mitgliedern der Gruppe sowie das respektvolle Verhalten der Mehrheit der Gruppe gegenüer einzelnen Individuen bewiesen eine relativ stabile soziale Organisation. Die Stabilität des Systems blieb erhalten trotz der natürlichen Veränderungen durch das Heranreifen der Jungen und ihr Eindringen in die Gesellschaft der Erwachsenen. Beobachtungen in freier Wildbahn im Mount McKinley National Park und auf der Insel Royal zeigten, daß Wolfsrudel ihre Integrität durch den nachdrücklichen Ausschluß einzelgängerischer Wölfe, die nicht zu ihrem Rudel gehören, wahren. Kleine Gruppen von Wölfen können sich gelegentlich für einen Zeitraum bis über ein Jahr entfernen und dann zurückkehren und das alte Rudel formen. Wir machten uns daher an die experimentelle Untersuchung des sozialen Verhaltens von einzelnen Wölfen, wobei wir davon ausgingen, daß der Wolf eine bemerkenswerte Begabung besitzen muß, soziale Bande zu knüpfen. Wahrscheinlich benötigt er dafür viel Zeit und Erfahrung, doch wenn sie einmal geknüpft sind, bleiben sie relativ widerstandsfähig gegen alle Veränderungen.« (Seite 72)

Er berichtet ferner (1968): »Wir fanden auch heraus, daß die jungen Wölfe erst in ihrer dritten Saison vollkommen in die soziale Gesellschaft der Erwachsenen aufgenommen werden. Vor dieser Zeit sind ihre Interaktionen mit den anderen Mitgliedern des Rudels in bezug auf Drohungen, Unterwerfung, ›Freundschaften‹ mit Geschlechtsgenossen und Vorlieben für Mitglieder des anderen Geschlechtes unausgeglichen. Das trifft weniger für die zweite als für die erste Saison zu, d. h. die Integrierung ist progressiv. In ihrer ersten Zeit, und in geringerem Maße auch während des zweiten Jahres, fürchten sie sich so sehr vor den Ereignissen außerhalb ihres Entfaltungs-Gebietes, daß sie die meiste Zeit innerhalb der Grenzen ihrer unterirdischen Höhlen verbringen. Nur gelegentlich nehmen sie an den Tätigkeiten der erwachsenen Gruppe teil, z. B. Grußzeremonien, dem Angriff gegen rangniedere Mmitglieder und der Paarung. Und wenn sie sich an diesen Aktivitäten beteiligen, dann nicht in der typischen erwachsenen Weise.

Zweijährige Tiere können Nachkommen zeugen. Wenn jedoch ältere Erwachsene anwesend waren, sah man Zweijährige nur selten sich paaren. Wie schon früher bemerkt, hat die Sozialstruktur der Erwachsenen den Effekt, Paarungen zu begrenzen, oft alle daran zu hindern – mit Ausnahme eines einzigen produktiven Paares pro Saison. 1959, als alle Mitglieder des Rudels erst zwei Jahre alt waren, wurden zwei Würfe geboren, wohingegen in den nächsten fünf Saisonen in Anwesenheit derselben Tiere nur ein Wurf pro Saison geboren wurde. Und dieser wurde vom dominierenden Weibchen geworfen und war vom Beta-Männchen (dem zweiten in der Rangfolge) gezeugt worden. Diese Entdeckung erhellt, daß die soziale Struktur nach der zweiten Saison fester und effektiver wird, um soziales Verhalten zu kontrollieren.

Die Sozialstruktur der Erwachsenen ist in zwei Hierarchien organisiert; eine zwischen den Männchen und eine zwischen den Weibchen. An der Rangspitze jeder sexuellen Gruppe steht ein Alpha-Tier. Der Alphawolf ist der Zentralpunkt für die fürsorgliche Zuneigung des Rudels. Er ist auch der oberste Wächter über das Territorium und verbringt einen großen Teil seiner Zeit damit, das Entfaltungsgebiet zu kontrollieren, Fremde ausfindig zu machen und Kämpfe zwischen anderen Mitgliedern des Rudels abzubrechen. Die Alphawölfin ist ehrfurchtgebietende Beherrscherin aller anderen Weibchen und der meisten Männchen. Sie kontrolliert die Beziehungen der restlichen Weibchen zum Rudel. Zwischensexuelle Vorlieben für Werbung und Paarung sind durch die Hierarchien – normalerweise mit einer Vorliebe zum höherrangigen Tier – bestimmt. Die Sozialstruktur wird konservativ beibe-

Abb. 98 Das Männchen versichert sich seiner Vorherrschaft über seine Gefährtin (sie ist in der Hitze). Man beachte das unterwürfige Grinsen des Weibchens, das sich als Zeichen der Ehrerbietung gegenüber ihrem Gefährten von einer Seite auf die andere rollt.

halten, trotz des Heranreifens der Jungen und ihres Eintritts in die erwachsene Gesellschaft. Wenn die jungen Tiere zwei Jahre alt sind, erweisen sie dem Alphatier ihres eigenen Geschlechts Untertanentreue und zeigen dem Alphatier des anderen Geschlechts ihre Paarungszuneigung. Während ihrer zweiten, dritten und der folgenden Paarungssaisonen tendieren die Männchen dazu, dasjenige Männchen zu verteidigen und zu stützen, das die Alpha-Position zu der Zeit einnahm, als sie zwei Jahre alt waren, unabhängig von seiner späteren sozialen Position. Sie trachten auch danach, sich dasjenige Weibchen zum Partner zu wählen, das zu jener Zeit die Alpha-Stellung inne hatte. Die analoge Situation ergibt sich für die Weibchen hinsichtlich des Alpha-Männchens und Alpha-Weibchens. Das unterstützt die Stabilität der Sozialordnung. Immerhin, Vorlieben und Verpflichtungen als Untertanen sind unter bestimmten Umständen übertragbar. Wölfe akzeptieren auch einen Partner der zweiten Wahl, wenn der vorzuziehende Partner unerreichbar oder abwesend ist. In einem Fall herrschte ein Männchen, zwei Jahre nachdem der Alphawolf von seiner Position abgesetzt worden war, über eben diesen Wolf, welcher der Alphawolf gewesen war, als der neue Herrscher zu den Zweijährigen gehörte. Obgleich verschiedene Tiere in der Alpha-Position waren, als die Jungen zwei Jahre alt waren, zeigte jedes der fünf in das Rudel sozialisierten Tiere dieselbe Tendenz zur sozialen Bindung an jenes Männchen und Weibchen, das damals zur Zeit ihrer Entwicklungsperiode regierte.« (Seiten 79–81).

Alpha-Männchen neigen in Gefangenschaft wie in der Freiheit dazu hyperaktiv zu sein. Sie sind immer wachsam und übertreffen alle anderen. HABER (persönliche Mitteilung) fand heraus, daß der Alphawolf sich in Gefangenschaft und Wildnis nicht fortpflanzt. Die Erklärung dafür ist nicht einfach. Gibt es eine endokrine Ursache, indem er physiologisch unfruchtbar ist oder macht die unterwürfige Haltung, die sogar das Weibchen von höchstem Rang einnimmt, die Paarung unmöglich? Würde der Alphawolf zeugen, wäre er zweifellos weniger fähig, sich um die Jungen zu kümmern und alle anderen Pflichten, die mit der Führung des Rudels zusammenhängen, wahrzunehmen.

HABER berichtet von etwas, das er Nach-Ehe-Werbung nennt und wodurch die Paar-Bande anscheinend erhalten bleiben, was von besonderem Wert ist, wenn die Jungen versorgt werden müssen. Das Männchen stachelt seine Partnerin auf und spielt mit ihr beispielsweise oder bietet ihr etwas zu essen an, etwa ein Eichhörnchen, indem er es ihr mit der Nase zuschubst und sie beschwatzt, es doch anzunehmen. In einer Gruppe einjähriger Wölfe sah man noch vor der sexuellen Reife etwas, was möglicherweise der Anfang von Partner-Vorliebe und Paar-Versprechungen war. Das Männchen des Paares wurde beobachtet, wie es versuchte, andere Wölfe davon abzuhalten, Nahrung von einem bestimmten Weibchen anzunehmen. Oft brachte er selbst ihr Futter, lag neben ihr während des Fressens und manchmal teilte er seine Nahrung mit ihr. Beide beschäftigten sich mit gegenseitigem Putzen, unterbrochen von kurzen Spielrunden. Vielleicht entwickelt sich die Zusammengehörigkeit eines Paares – wie 1969 von GOLANI am Goldschakal beschrieben – schon viele Monate vor dem Zusammenschluß der Partner.

LOIS CRISLER (1958) stellte fest, daß die Werbung des Wolfes etwas ganz anderes als jene kurze, geschäftsmäßige »Rumpforientierung« des Haushundes ist. Sie berichtete auch von deutlichen Partner-Vorlieben, die sich bei ihren einjährigen Wölfen herausgebildet hatten. CRISLER (1968) machte einige unterschiedliche Beobachtungen über die Entwicklung von Wolfswelpen. Sie erlebte, daß Jungwölfe tatsächlich Angst vor ihrer natürlichen Beute, einem Karibu, hatten und daß es drei Jahre, nicht drei Monate brauchte, bis die Wölfe sich nicht mehr daran störten, wenn sie das Geschirr wusch. Im jugendlichen Alter hatten sie auch regelrecht Angst vor fremden Menschen, vielleicht weil Lois und ihr Ehemann die einzigen Menschen in der Wildnis von Alaska waren. Das steht im Gegensatz zur Geschichte meiner eigenen Wölfe, die von frühestem Alter an viele Leute gewöhnt waren. Als Erwachsene sind sie zwar scheu gegen Fremde, doch beruhigen sie sich bald. CRISLERS Wölfe zeigten deutlich einen Teil des Rudelverhaltens, d.h. Untertanentreue und Abhängigkeit von ihren menschlichen »Pflegegefährten« im Rudel und soziofugale Tendenzen gegenüber fremden Menschen aus »fremden Rudeln«.

Wenn die Wölfe von Frau CRISLER extrem mißtrauisch waren, genügte es, daß sie sich entspannte, gähnte und räkelte, um sie ganz schnell zu beruhigen. Einmal fühlte sie bei so einer Gelegenheit, daß einer der Wölfe mit ihr sympathisierte. Nachdem sie gegähnt und sich gestreckt hatte, sah der Wolf sie an und spreizte ein bißchen seine Zehen. CRISLERS Wölfe reagierten aggressiv, wenn sie sie zu disziplinieren versuchte. Der Grund dafür ist nicht schwer zu finden. Wölfe scheinen die Bedürfnisse und Wünsche – einer vom anderen – zu respektieren. Als Welpen konkurrieren sie nicht allzu sehr miteinander und sind nicht übermäßig aggressiv. Als Eltern sind sie nicht herrisch. Als einer ihrer Wölfe sie anknurrte (»laß mich allein bitte oder ...«) erfuhr CRISLER »einen Funken des schöpferischen Bewußtseins von der Selbstverwirklichung eines Tieres.« – So ist der Wolf.

Ökologie: Sozial-Ökonomie und Beute

JORDAN et al. (1967) haben ihre Studien an der Wolfspopulation bei der Insel Royal gemacht. Etwa 22 bis 28 Wölfe hausen auf dieser 540 Quadratkilometer großen Insel, und ihre hauptsächliche Nahrung besteht aus Elchen und gelegentlich einem Biber. Die Autoren machten ein Hauptrudel, dessen Größe zwischen 22 und 11 Individuen schwankte, aus. Zu ihm gehörten auch drei Paarungs-Paare. Man nahm an, daß sozio-ökonomische Faktoren die Größe des Rudels, die über Jahre hin relativ stabil geblieben war, kontrollierten. Als Hauptfaktor der Bevölkerungskontrolle erachteten sie die hohe Welpensterblichkeit. Das Vorhandensein von Nahrung zur Zeit der Geburt und während der Aufzucht waren die kritischen Punkte für das Überleben der Jungen.

Auch RAUSCH (1967) bemerkt, daß die postnatale Welpensterblichkeit und nicht eigentlich ein Mangel an Welpen-Produktion das Verhältnis der Welpen zur übrigen Wolfs-Population bestimme. Er fand bei der Untersuchung von mehreren hundert toten Alaska-Wölfen, daß die zweijährigen Weibchen durchschnittlich 5,3 und die erwachsenen Weibchen 6,5 Föten trugen. Höhere Überlebensziffern und umfangreicheres Hervorbringen von Jungen kamen offensichtlich in den Jahren vor, da es auch mehr Elchjunge gab. Bejahrte und sozial untergeordnete Mitglieder des Rudels wurden stufenweise ausgeschlossen, wenn das Beuteaufkommen niedrig war. Diese Ausgestoßenen folgten dem Rudel wie ein Anhängsel oder wie Aasfresser oder sie wurden zu Einsamen, die sich in rudelferne Gebiete verliefen. Die Autoren entdeckten auch eine Familieneinheit von fünf Wölfen, die, unabhängig vom übrigen Rudel, gemeinsam jagten.

Während des Winters kann das Hauptrudel in mehrere kleine Rudel zerfallen und sich für mehrere Tage nicht mehr zusammenschließen. Es kommt vor, daß untergeordnete »Anhänger« und Einsame sich mit so einem Subrudel verbinden, doch werden sie vom Anführer dieses Kleinrudels wieder vertrieben, wenn sich das Hauptrudel wieder zusammenfindet. Dauerhaftere Subrudel können entstehen, wenn zwei oder drei Wölfe sich vom Hauptrudel trennen. Solche Ausgestoßenen können sich vereinigen, um unabhängig vom Hauptrudel zusammenzuarbeiten und -zujagen. JORDAN et. al. vermuten, daß die während des Frühjahrs und Sommers beobachteten Kleinrudel Familieneinheiten und analog zu den Einheiten sein könnten, die sich im Winter zum Jagen vom Hauptrudel trennen. Das Hauptrudel auf der Insel Royal benahm sich immer aggressiv gegen Außenseiter und jagte sie weg. Das Territorium des Hauptrudels wechselte von Jahr zu Jahr, und wie diese Autoren herausstellten, sind der Teil des Heimatgebietes, den sie gegen Fremde verteidigen, und das Territorium nicht unbedingt identisch, denn wo immer das Rudel sich aufhält, wird es Fremde und kleinere Rudel verjagen. Im Gegensatz dazu fand STENLUND (1955) in Minnesota gegenseitigen Respekt vor den Territoriums-Grenzen zwischen Rudeln vergleichbarer Größe.

Wir verwiesen schon früher auf sozio-ökonomische Regulierungen der Rudelgröße im Winter. In einem großen Rudel wären vermutlich die rangniedersten Individuen die letzten, die von einer Beute fressen dürften. Wäre die Beute knapp und von minderer Qualität, würde den Rangniederen nur wenig von dem Erlegten bleiben, wenn die ranghöheren Individuen erst einmal gefressen hatten. Bei Nahrungsknappheit werden sich sozio-ökonomische Regulierungen der Rudelgröße durch Hungertod, den Tod Rangniederer oder vielleicht ihre Abspaltung vom Rudel in ein Kleinrudel, als Anhänger oder Einsame ergeben. PIMLOTT (1967) hat in seinen Studien über den Wolfs-Beuteerwerb im Algonquin Park in Ontario herausgefunden, daß sich die Wölfe im Sommer auf die Jungtiere der Hirsche konzentrieren, während sie im Winter die bejahrten Hirsche jagen. Er schätzt, daß ein Wolf auf je 25 qkm das höchste zu vertretende Vorkommen in den meisten Gebieten ist (also ein Wolf auf hundert Hirsche im Vergleich zu ein Wolf auf 30 Elche auf der Insel Royal). Niedrigere Dichte, ein Wolf je 150 bis 250 qkm, ist der häufigere Populationsstand. Es ist die dichte Bewaldung ihrer Umgebung, die keine höhere Beute-Population zuläßt, die wiederum die Entwicklung und Anpassung von Hirschen und Raubtieren beeinflußt. PIMLOTT vermutet konsequenterweise, daß in den Umgebungen, die durch Menschen stark verändert wurden, die Wölfe nicht mehr imstande seien, die Population von Elchen und Hirschen zu kontrollieren. Die Doppelrolle des Menschen, der zunächst den Wolf eleminierte und dann die Waldumgebung veränderte, hatte eine Bevölkerungsexplosion und anschließend einen Rückgang der Huftiere in vielen Gebieten zur Folge. In anderen ist es jetzt nötig, den Überfluß an Hirschen zu töten, um den Hungertod im Winter und massive Sterblichkeit einzudämmen. Als die ersten Siedler das Waldgebiet zu roden begannen, wurden wilde Huftiere verjagt. Das Gebiet des Wolfes wurde mit Haustieren gefüllt, die natürlich dem Wolf zur Beute fielen. Dann wurde der Wolf systematisch ausgetilgt.

Ein ähnliches Problem existiert in Südafrika, wo Menschen die wilde Beute der Schabrakken-Schakale gegen ein Reservoir von Haustieren vertauschten, und nun muß dieser Schakal ausgerottet werden. VAN DER MERWE (1953) verteidigt den Gebrauch selektiver Raubtier-Kontrolle – Hunde und Gewehre – gegen die nichtselektive Methode des Vergiftens mit Ködern, die auch weniger gefährliche Raubtiere vernichtet. Die Vernichtung der Letzteren könnte verheerende Konsequenzen für die Ökologie der weiteren Umgebung haben. Der Wolf ist in Amerika (mit Ausnahme von Alaska und Minnesota) und in Kanada bereits ausgerottet. Durch Prämien wird die Jagd noch immer gefördert. Diese Ausrottung der Wölfe in ihrer natürlichen Heimat ist sehr bedauerlich. Dasselbe gilt für die nichtselektive Methode der Raubtierkontrolle in den von Menschen landwirtschaftlich genutzten Gebieten.

Der Wolf sollte geschützt und die Rudel in sorgfältig überwachten Gebieten erhalten werden. Nur wenige Indianer sind in ihren Reservationen geblieben, als der Hungertod sie bedroht hatte. Viele starben auf dem kargen Land, das sie nicht ernähren konnte. Der weiße Mann sollte aus seinen Fehlern mit den Indianern gelernt haben. Er hat sie fast ausgerottet. Hätte man ihnen eine gute Reservation gegeben, reich an Naturschätzen, dann könnten die Indianerstämme noch heute unter uns sein. Sie würden unsere Kultur bereichern und Nutzen aus den erkannten Fähigkeiten ihrer weißen Vettern ziehen, die die Technologie so hoch verehren. Auch den Wölfen müßte man solche Heiligtümer wie geschützte Reservate geben, mit reichen Naturschätzen und – wie PIMLOTT empfiehlt – auf einem Stück Land, das von den Menschen noch möglichst wenig verändert worden ist.

Eine Schutzzone für den Wolf in Nationalparks und Wildschutzgebieten würde auch das

Wohlergehen der Großwildherden sichern, wie das der Dall-Schafe, Karibus, Elche, Weißwedel- oder Maultier-Hirsche. PIMLOTT vermutet, daß Beuteerwerb ein Kontrollfaktor für die Geburtenziffer der Huftiere ist. Erst nachdem der Mensch das ökologische Gleichgewicht zerstört hatte, versagte der Wolf als nützlicher Räuber zur Kontrolle der Herdengröße. PIMLOTT nimmt weiter an, daß die Wölfe nicht mehr zur absoluten Kontrolle der Weißwedelhirsche fähig sind, wenn das Verhältnis 1:100 beträgt und die Hirsch-Dichte 50 Stück auf 1 qkm übersteigt.

Es gibt wenige brauchbare Informationen über die Bewegungen der Wölfe innerhalb ihres Gebietes während der verschiedenen Jahreszeiten, vor allem im Sommer. JOSLIN (1967) benutzte Rundfunksirenen, um Wölfe im Algonquin-Park auszumachen. Er entdeckte, daß die Bewegungen der Wölfe sich entlang der Wasserläufe konzentrierten und daß das Sommergebiet mindestens 20 qkm bedeckte. Zwei Arten von Heimatregionen fand man heraus: Der Raum in der Höhle, den sie während der frühen Entwicklung ihrer Jungen benutzen, und ein Stück Land, das die Wölfe während der späteren Entwicklung der Welpen als vorübergehenden Treffpunkt besetzen. Sporadische Rufe der Wölfe, so glaubt JOSLIN, dienen dazu, den Besitz eines Territoriums anzuzeigen und ein Rudel aus dem Territorium des anderen fernzuhalten. Nur in der unmittelbaren Nähe des Heimatgebietes ruft das Heulen eines Fremden den aktiven Widerstand der ansässigen Tiere hervor.

THEBERGE und FALLS (1967) stellten fest, daß das Geheul eine Form der Kommunikation über weite Entfernungen ist, die für eine soziale Einheit, deren Glieder oft voneinander getrennt sind, eine wichtige Rolle spielt. Sie fanden heraus, daß das Geheul zur Identifizierung der Spezies dient, möglicherweise auch Auskunft über die jeweiligen Tätigkeiten am Standort des Individuums gibt und daß es Informationen über das heulende Tier liefert. Diese Kommunikationsmittel sind natürlich von großer Bedeutung für die Koordination der sozialen Aktivitäten von Wölfen. Wölfe heulen auch gemeinsam – ein Chor, ausgelöst von einer bestimmten Zeit (Morgen- oder Abenddämmerung) und einem bestimmten Ort (ein Treffpunkt wie der Gipfel eines Hügels) oder einem äußeren Reiz (ein anderer Wolf oder eine Sirene). Ein Wolf stößt auch ein tiefes melodiöses Heulen aus, wenn er gefüttert und ein geradezu trauriges Geheul, wenn er von seinen Gefährten oder seinem Pfleger getrennt worden ist.

KOLENOSKY und JOHNSTON (1967) benutzten Halsband-Sender, um in Ontario Wölfe über drahtlose Impulse zu beobachten. Sie entdeckten, daß die verfolgten Tiere während des ganzen Tages und auch in der Nacht aktiv waren, mit leicht ansteigender Aktivität während der frühen Abendstunden. Ganz ähnliche Entdeckungen machte man an gefangenen Wölfen. Die Autoren fanden heraus, daß ein von ihnen verfolgtes, noch nicht ganz erwachsenes Weibchen in einem Gebiet hauste, das vom Rudel besucht wird, doch blieb sie oft unabhängig von ihm. Ein noch nicht erwachsenes Männchen verhielt sich ähnlich, jedoch in einem etwas größeren Areal. Ein stillendes Weibchen beobachtete man im Juli und August, wie es regelmäßig immer wieder an drei bevorzugte Plätze mit dem ihm zugehörenden Rudel zurückkehrte. In den Wintermonaten wandern Polarfüchse, wie russische Beobachter berichtet haben, südwärts. Solche Abwanderungen wurden aus gleichbleibenderen Klimazonen nicht gemeldet. KELSALL (1960) erzählt von den Wölfen in der Tundra, daß sie ein Drittel des Tages umherwandernd (nach Beute forschend) verbringen, ein Drittel, indem sie die Beute jagen und fressen und das restliche Drittel des Tages schlafend. Der Wolf ist dazu gebaut, sich in einem mühelosen, langsamen aber unerbittlichen Tempo zu bewegen, und er marschiert in Einzelreihen mit anderen auf oft benutzten Routen über das Territorium des Rudels. Viel Zeit wird natürlich mit dem Herumwandern, dem Durchforschen des Geländes nach Beute vertan. Nur tiefer, weicher Schnee macht das Rudel langsamer und vermindert daher seine Chancen, Nahrung zu finden.

Labor-Studien haben einige interessante Aspekte des Beuteschlagens ergeben. Die Bewegung der Beute (eine flüchtende Ratte) ist der wesentliche Reiz für junge Caniden, der Orientierungs- und Annäherungsreaktionen auslöst. Achtwöchige Wölfe benötigen mehr Erfahrung bis sie die komplette Sequenz von Beutetöten bis Fressen abspulen können als Rotfüchse desselben Alters, die andererseits wieder mehr Erfahrung brauchen als achtwöchige Präriewölfe. In diesem Alter zeigen die Präriewölfe individuelle Variationen beim Fangen, Töten und Fressen der Beute, doch scheinen sie weniger »Instinkt-Training-Einflüssen« zu unterliegen als der Rotfuchs und der Wolf.

Der Wolf durchläuft in bezug auf die Sequenz Beute-Fangen-Töten-Fressen die langwierigste Entwicklung. Alle Caniden spielen eine unterschiedlich lange Zeit mit der lebendigen oder toten Beute bevor sie sie fressen. Wenn man ihnen in dieser Periode lebendige Beute gibt, wird sie getötet. Ist die vorgesetzte Beute jedoch tot, wird sie gewöhnlich untersucht und nicht beachtet, und das Spiel geht mit der erst getöteten Beute weiter. Falls man Wolf, Rotfuchs, Schakal oder Präriewolf mehrere Ratten gleichzeitig vorsetzt, werden alle getötet, wobei man zuerst die lebhafteste Ratte umbringt. Gibt man einem Rotfuchs, der mit einer Ratte spielt, nach und nach weitere Ratten, dann nimmt die Dauer des Spiels mit jeder Ratte ab, was eine gewisse Gewöhnung, Ermüdung oder Sättigung des Spielverhaltens erkennen läßt. Auch ohne das Spielen wird das Töten der Beute fortgesetzt, selbst bei Füchsen, die man in beachtlichem Ausmaß gefüttert hat. Daher kann man eine »Tötungsorgie« unter Haustierbeständen, die vor einem eindringenden Caniden nicht fliehen kön-

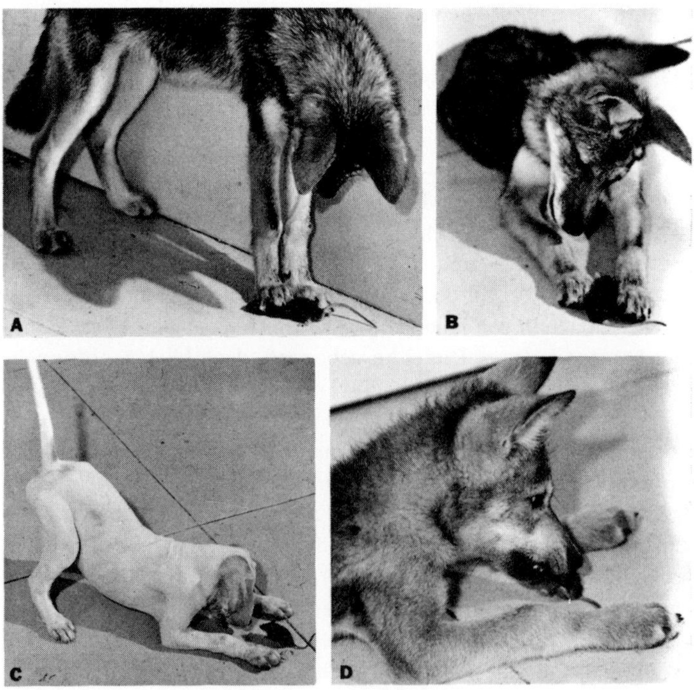

Abb. 99 (A–D) Ein Kojote macht sein Beutetier durch einen Sprung mit beiden Vorderpfoten bewegungslos (A). – Präriewolf, Pointer und Wolf mit einer Maus (gehemmtes Beissen). Sie halten das Beutetier während einer ausgedehnten Spielfolge zwischen den Vorderläufen. Der Hund, weniger Wolf und Kojote, zeigen innerartliche Spielaufforderungs-Haltung (wie z.B. bei C).

Abb. 100 (A–E) Eine Sequenz des Beutefangens beim Rotfuchs. Die Vorderpfoten sind mit bemerkenswerter Akkuratesse plaziert und die sichergestellte Beute wird dann gebissen. Während des Spielens mit der Beute hängt das Verhaltensmuster des Springens ganz davon ab, ob der Fuchs seine Beute mit der Nase stubsen oder beißen (D) oder ob er sie mit einem oder beiden Vorderläufen bewegungslos machen will (E).

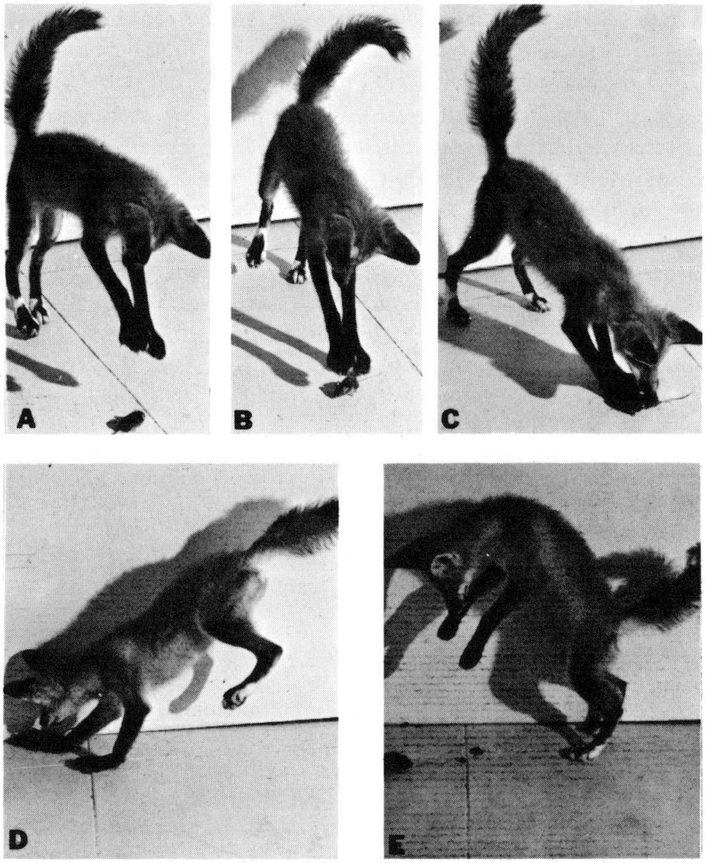

nen, nicht als eine Art Spielverhalten interpretieren, sondern muß sie eher mit den Begriffen für die Reaktion der Caniden auf einen mächtigen Auslöser, mit der Tatsache, daß die Reaktion des Beute-Tötens einen sehr hohen Stand von Gewöhnung, Ermüdung und Sättigung voraussetzt, zusammenbringen.

Insgesamt zeigten in allen Beobachtungen von Fox (1969) Wolf, Präriewolf und Graufuchs auf Bewegungen der Beute eine sofortige Annäherungs-Reaktion. Die Beute wurde dann gepackt und an einen sicheren oder abgeschlossenen Platz gebracht. Das war eine übereinstimmende Entdeckung beim jungen Tier, das in der Abwesenheit eines konkurrierenden Wurfgefährten mit der Beute im Maul herumrennen würde. Vorhergehenden Wettkampf um die Beute hat man nicht beobachtet. Die Beute wird durch Zerdrücken zwischen den Kiefern getötet. Kopfschütteln war nicht die Regel und kam nur vor, wenn die Beute imstande war, sich zu drehen und den Räuber zu beißen. Der Räuber schüttelte dann die Beute, ließ sie los und packte sie noch einmal näher beim Kopf oder beharrte und verstärkte möglicherweise noch seinen Griff auf die Beute und schüttelte seinen Kopf kräftig von einer Seite auf die andere. Das Kopfschütteln scheint zwei Zwecken zu dienen: erstens hält es die Beute davon ab, in das Gesicht des Räubers zu beißen, zweitens wird die Beute von den Eckzähnen durchbohrt und nur durch einen Schwung, verbunden mit dem Zusammendrük-

ken der Kiefer sowie nachfolgendem Drehen und Schwingen des Kopfes in die entgegengesetzte Richtung zerdrückt. Manche Beutetiere erlitten sofort einen Schock und bluteten gar nicht. Man hatte Anlaß zu der Vermutung, daß das Bluten bei Wolf und Graufuchs dazu dient, das Tier zu sensibilisieren und das Fressen auszulösen. Ein blutloser Rumpf ist ignoriert worden, während zergliederte blutige Stücke schnell gefressen wurden.
Vergleichbare Sequenzen von Pirschen nach Beute, sie Erwischen und Töten wurden beim Spiel mit leblosen Objekten gesehen (z.B.ein Stück Seihtuch), die in derselben Weise bedroht wurden, wie ein Beutetier durch alle Caniden dieser Studie, mit der einen Ausnahme, daß sie nicht gefressen worden sind. Genau entsprechende Tätigkeitsmuster für Stoßen mit den Vorderpfoten, Beiß-Intentionen, Umkreisen und Anspringen sah man sowohl mit Beutetieren als auch mit leblosen Objekten. Bei allen beobachteten Caniden bemerkte man diese variable Sequenz von Sich-Orientieren, Pirschen, Beutetiere-Erlegen, Fortschleppen, Schütteln und Apportieren, wobei der Anfang jenes Verhaltens des »Verzehrens durch den Konsumenten« hinausgezögert wurde. Das Spiel mit der Beute endete, wenn sie getötet war. Oder, wenn sie schon tot war, nachdem sie zergliedert worden war. Genauso endeten die Spielsequenzen mit leblosen Gegenständen, sobald das Objekt mit den Pfoten gehalten, zerkaut und auseinandergerissen worden war. Der Gegenstand wurde anschließend für einen unterschiedlichen Zeitraum ignoriert bis das Interesse des Tieres noch einmal erwachte, es wieder zu spielen begann – meist für eine kurze Zeit, bevor der Zyklus des Konsumentenverhaltens mit Kauen, Zerlegen, Ziehen und Zerreissen wieder beginnt.
Es gab schon viele Argumente in Diskussionen um das agonistische Verhalten für und wider die These, daß das Verhalten des Raubtiers gegenüber dem Beutetier im Rahmen von Aggression einzuordnen sei. Ohne Zweifel muß man Aggression unter dem Gesichtspunkt von Zeit, Raum, sozialem Kontakt – sei es innerartlich, intersexuell oder zwischenartlich – betrachten. Sie kann in diesen unterschiedlichen Situationen besondere Strukturen und Aktionsmuster benutzen (oder gehindert sein zu benutzen). So bei innerartlicher Aggression und wenn das Beutetier angegriffen wird – in diesen Fällen stoßen Präriewolf und Rotfuchs mit ihren Vorderpfoten zu und beißen. Oberflächlich betrachtet, scheint das Raubtier daher sowohl dem Beutetier als dem Artgenossen gegenüber auf dieselbe Weise aggressiv. Wir müssen jedoch die zeitliche Entwicklung dieser Aktionen beachten, ihre Häufigkeit, Dauer, Stärke und Orientierung. Innerartlicher Aggression geht bei den Caniden stets irgendeine Warnungs- oder Drohgeste voraus. Solche Reaktionen gegenüber der Beute fehlen beim Graufuchs ausnahmslos, abgesehen lediglich von angegliederten autonomen Reaktionen wie Haarsträuben des aufgerichteten Schweifes. Die Zielrichtung des Beißens ist völlig unterschiedlich. Das Beutetier wird in die Brust und den oberen Unterleib gebissen, während ein Artgenosse in die Schnauze, die Wange oder ins Genick gebissen werden kann (FOX 1970). Das Beißen in letzterer Situation kann gehemmt sein, und es gibt dabei oft agonistische Lautgebungen. Vokalisation mit oder gegen Beutetiere war selten zu bemerken, und wenn, dann stand sie stets im Zusammenhang mit der Verteidigung der Beute gegen einen Artgenossen. Bestimmte Aktionsmuster können ausgelassen oder in ihrer Intensität vermindert werden. Der senkrechte Schlag mit dem Kopf gegen die Beute fehlt beim Graufuchs während innerartlicher Aggressionen, wohingegen das beidseitige Kopfschütteln (das auf das Ergreifen der gegnerischen Wange folgt) auftritt. Das Beute-Fang-Verhalten kann daher nicht im Motivationsrahmen von Aggression gesehen werden, wenngleich während innerartlicher Aggression und beim Töten der Beutetiere vergleichbare Aktionsmuster wie Beißen, Stoßen mit den Vorderpfoten zu sehen waren. Bei inner-

Abb. 101 Haarsträuben am Schwanz, wie es beim Graufuchs nach dem Ergreifen der Beute folgt. Diese autonome Reaktion sieht man normalerweise während innerartlicher Aggressionen.

artlicher Aggression kann das Beißen gehemmt und gegen eine bestimmte Körperzone des Gegners in ritualisiertem Kämpfen gerichtet sein.
Bei Gelegenheit kann das Beutetier eine defensive Haltung einnehmen. Das Raubtier wird dann momentan defensiv werden – vor einem vorsichtigeren Angriff – oder nur Attacken heucheln, bevor es plötzlich springt. Solche Annäherungs-Zurückzieh-Verhalten und geheuchelte Attacken erlebte man zwischen Artgenossen. Während des Beiß-Angriffs auf das Beutetier oder einen Artgenossen haben alle Caniden einen ähnlichen Ausdruck mit teilweise oder vollkommen geschlossenen Augen und gegen die Schläfenmuskel zurückgelegten Ohren. Wenn das Beutetier oder der Artgenosse mit den Vorderläufen gestoßen werden, sind die Ohren gespitzt, der Kopf erhoben und der Hals gewölbt. Beim Fressen der Beute, wenn sie nicht durch einen äußeren Reiz gestört werden, sind die Ohren teilweise zurückgelegt und die Augen teilweise oder ganz geschlossen. Eine ähnliche Mimik sieht man oft unter anderen Konsumations-Umständen wie der Paarung (vor allem beim Männchen), Fressen, Saufen, Urinieren, Koten und Duft-Reiben. Man kann das die allgemeine »Konsumations-Mimik« nennen.
Die vorgenannten Angriffs-Verhaltensmuster werden oft beim Spielen und bei der Spielaufforderung mit einem Artgenossen übertrieben. Nur selten sah man bei Wolf und Präriewolf Verhaltensäußerungen, wie sie für das Spiel mit Artgenossen typisch sind, bei Interaktionen mit Beutetieren. Beim Haushund jedoch beobachtete man artgenössische Spielverhalten gegenüber dem Beutetier.
Bei allen Arten bildete die Bewegung des Beutetiers einen starken Reiz für Orientierung, Annäherung, Verfolgung oder Jagd. Während des Spiels wurde die stillstehende Beute zur Bewegung gereizt oder, wenn sie tot war, wurde ein Stück von dem Tier geworfen und apportiert. Dieses letztere Verhalten wurde besonders am Graufuchs beobachtet und am Haushund, doch konsequenterweise nicht bei den anderen Arten, obgleich es bei diesen anderen Arten beim Spielen mit toten Gegenständen, etwa einem Lappen, zu sehen war. Es wurde in dieser Studie deutlich gezeigt, daß die Verhaltensmuster des Beute-Tötens schon im frühen Leben da sind. Und nach einer variablen Periode der Erfahrungen mit Beutetieren, je nach Art verschieden, erscheint eine geordnete Sequenz von Fangen-Ver-

schleppen und Verteidigen gegen Artgenossen, sowie Töten und Fressen. Diese Verhaltensweisen wurden früher herausgebildet, bevor sich innerartliche Spielverhaltensmuster entwickelten, so zum Beispiel beim Präriewolf, und sie wurden während innerartlicher Spiele nicht gesehen.

Es ist deshalb unwahrscheinlich, daß Spielverhalten zur »Organisation« von Beute-Fangen und -Töten beiträgt. Eher können bestimmte Verhaltensmuster von Beute-Fangen und -Töten im innerartlichen Spielverhalten und während des Spiels mit toten Gegenständen enthalten sein. Solche gruppen-koordinierten Spielhandlungen wie Zusammenlaufen, Stoßen und Jagen mögen zum organisierten Beutetöten im späteren Leben beitragen. Handaufgezogene, »hundefremde« Hunde weisen ernste Mängel im innerartlichen gruppenkoordinierten Verhalten auf (FOX und STELZNER 1966). Das aktuelle Spielen mit lebendiger oder toter Beute bestand aus veränderlichen Sequenzen von Beute-Fangen, Stoßen und Fortschleppen. Die Spielsequenz endete abrupt, wenn die Beute plötzlich getötet war oder, sofern sie bereits tot gewesen war, wenn sie vor dem Verschlingen zerrissen wurde. Deshalb gab es beim Spiel mit einem Beutetier (oder einem leblosen Objekt) eine variable Verzögerung beim Anfang mit dem Konsumations-Töten und/oder dem Verschlingen. Gewöhnlich wurde das Beutetier bei Präriewolf, Wölfen, Hunden und Rotfüchsen nicht eher getötet als bis man mit ihm gespielt hatte, wohingegen beim Graufuchs das Spielen dem Töten folgt.

In ihrer natürlichen Umgebung bringen Eltern aller Canidenarten zu ihrer Höhle tote oder sterbende Beutetiere, die entweder im Maul getragen oder in vorgekautem Zustand für die Welpen erbrochen werden. Mit zunehmender Reife kommen die Welpen aus der Höhle heraus, und als ein Ergebnis des hochentwickelten Forscherdranges und unmittelbare Reaktion auf kleine sich bewegende Objekte, beginnen sie sofort selbst für sich zu sorgen. BURROWS (1968) beschrieb elegant den Übergang zum selbständigen Jagen beim Rotfuchs.

In den wenigen Berichten über das Jagdverhalten bei erwachsenen Caniden (MURIE 1940, 1944, MECH 1966) gibt es eine deutliche Beziehung zwischen dem Ergreifen des Beutetieres und der Raubtierart und dem Ergreifen des Beutetieres und der Anzahl der zusammenwirkenden Raubtiere derselben Art. Bei den Füchsen entwickelt sich Unabhängigkeit schon im frühen Leben, während bei den Präriewölfen und Wölfen teilweise Unabhängigkeit der Jungen mit der Gruppen-Abhängigkeit verschmilzt, da die Familiengruppe beim Jagen zusammenwirkt. Wenn die Präriewolf-Nachkommen herangewachsen sind, verlassen sie ihre Eltern nach dem ersten oder zweiten Jahr und jagen unabhängig. Was im Wolfsrudel vorgeht, ist nicht so klar zu unterscheiden. Die Jugendsterblichkeit ist hoch. Die Überlebenden können bei der Mutter bleiben und sich mit dem Hauptrudel oder einem Teil des Hauptrudels vereinigen. Das Hauptrudel zerfällt gewöhnlich in kleine Gruppen, Paare oder einzelne Individuen.

Durch das wißbegierige Verhalten im frühen Leben lernen die Caniden, wo und wie sie am besten bestimmte Beutetiere fangen, töten, zerreißen und verschlingen können. Bestimmte Arten von Beutetieren werden gemieden. Der Canide lernt auch die beste Zeit und den besten Ort zur Jagd, und seine Tätigkeit ist oft synchron mit der von Nagetieren in der Dämmerung. Bei größeren Caniden wie Präriewölfen und Wölfen erleichtern Zusammenarbeit und nachahmendes Lernen das Fangen von größeren Huftieren. Unsere erwachsenen Präriewölfe und Wölfe haben tatsächlich Angst vor großen, sich bewegenden Objekten, und sicherlich muß ein Lernprozeß erst ihre Fähigkeit entfalten, anfällige Huftiere auszuwählen, zu ermüden und zu töten. Höchstwahrscheinlich unterstützen die unerfahrenen Caniden die älteren Erwachsenen beim Jagen, in die Enge Treiben, Attackieren und Ermüden der Beutetiere. Durch beobachtendes Lernen und die Erfahrung von Versuch und Irrtum übernehmen sie das Verhalten von erfahrenen Erwachsenen, die Flanke der Beutetiere anzugreifen, die Beute mit der Schnauze festzuhalten und sie niederzuwerfen, indem sie an ihr herumziehen und zerren und sie mit Schulter und Hüfte stoßen. Dieses letztere Verhalten von direktem Vorwärtsstürmen und einen Artgenossen mit Schulter oder Hüfte Stoßen war im frühen Leben nur bei Wölfen während Spielkämpfen mit Artgenossen zu sehen. Beide, Präriewolf und Wolf, jagen einander beim Spielen und versuchen den anderen durch Bisse in die Beine, Flanken oder in die Schulter herunterzukriegen. Diese Tätigkeiten mögen mit Aktionsmustern zur Sicherung großer Beutetiere im Erwachsenenalter zusammenhängen.

Hauptsächlich anhand der Spuren im Schnee leiten wir ab, daß die Bewegung des Wolfsrudels durch das Jagdgebiet in zwei grundsätzlichen Formen erfolgt. Erstens die einzelne Linie, wo das Rudel sich in einer einzigen Reihe bewegt. Das sieht man besonders da, wo das Rudel einen gefrorenen See überquert hat. Es scheint eine besondere, energie-

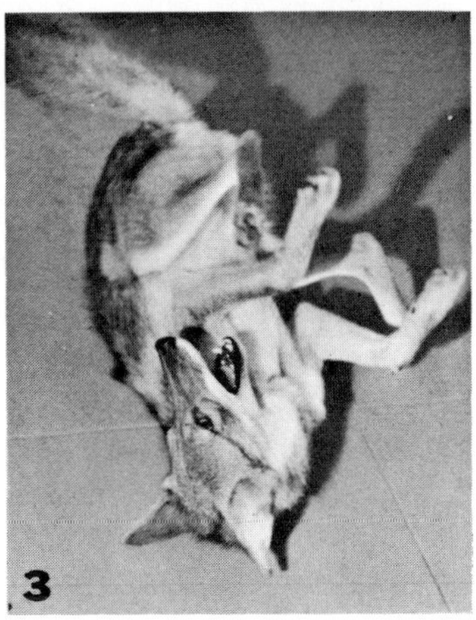

Abb. 102 Das »Faszinations-Muster«, das gelegentlich bei Caniden erscheint, um Beutetiere zu ködern oder anzulocken, taucht hier während des Spielaufforderungs-Tanzes eines Kojoten auf, den dieser für einen jungen Chihuahua aufführt. Der Kojote zeigt ein »Spiegelgesicht« (1), wenn er sich rumdreht, einen Kopfsprung macht (2) und auf seinen Rücken purzelt (3). Jede Bewegung dieses Tanzes bringt ihn näher und näher zu dem Welpen, bis dieser plötzlich aber nur zart mit beiden Vorderpfoten angestoßen wird.

sparende Bewegungsart auf neuem Jagdgebiet durch tiefen Schnee zu sein. Zweitens das auffächernde Muster. Es zeigt an, daß sich das Rudel getrennt hat, wobei jedes Tier einen ziemlich gleichmäßigen Abstand vom anderen hält und das ganze Rudel sich in dieselbe Richtung bewegt. Dies mag das übliche »Troll«-Muster sein, bei dem sich das Rudel wie ein Netz ausbreitet, um die Beutetiere aus ihren Verstecken zu jagen. Sobald der Wolf ein Beutetier wie etwa einen Weißwedelhirsch aufstöbert, versuchen die anderen Mitglieder der aufgefächerten Formation das Beutetier zu umzingeln, nehmen unter Umständen seine Fluchtrichtung vorweg, schneiden ihm den Weg ab oder legen sich in den Hinterhalt. Hinterhalt- und Jagdstrategie sind umstritten. Der Jagderfolg ist gering. Ein Wolf stürmt und prüft ein aufgescheuchtes Huftier, wie etwa ein Damkalb und seine Mutter. Oder er prüft im offenen Gebiet ein ganzes Rudel von Huftieren und folgt nur, wenn ein einzelnes altes, krankes oder sehr junges Individuum hinter dem vertriebenen Rudel zurückbleibt. Der Jagderfolg hängt auch von der Höhe und Tragfähigkeit des Schnees ab und vom Zustand des Beutetier-Rudels sowie vom Alter der Jungtiere. Im Spätsommer sind die letzteren gut entwickelt und deshalb schwerer vom Rudel zu fangen. Das dürfte ein entscheidender Faktor für das Anwachsen der Sterblichkeitsrate junger Wölfe sein, die früher in diesem Jahr geboren worden sind.

BUCKHOLDER (1959) hatte die Gelegenheit, ein Wolfsrudel beim Töten eines Karibus zu beobachten. Er war von dem Mangel an Feindseligkeit oder Wettstreit wegen dieses Tötens zwischen den einzelnen Wölfen beeindruckt. Was er sah, interpretierte er als einen eindeutigen Beweis für Zusammenarbeit und Spiel. Da gab es deutliches Schwanzwedeln und spielerisches Tauziehen um Stücke der frisch gerissenen Beute.

GORDON HABER (1958 und eigene Beobachtungen) verbrachte im Mount McKinley Nationalpark viele Stunden mit dem Verfolgen und Beobachten der Wölfe aus einem Flugzeug (das diese augenscheinlich ignorierten). Seine Studien über drei Wolfsrudel, von denen zwei offensichtlich im selben Territorium zusammenarbeiteten, entsprachen exakt den Beschreibungen, die ADOLPH MURIE dreißig Jahre zuvor gegeben hatte. Obgleich die Mitglieder des Rudels seit MURIES Zeit gewechselt hatten, blieben seine grundsätzliche soziale Struktur und sein Territorium unverändert. Dieses riesige Doppelrudel beherrscht über 5000 Quadratkilometer und bricht oft in drei Teile – jeder mit einem Führer – auseinander. Ein solcher Fall dürfte außerordentlich selten sein und kann eigentlich nur dann vorkommen, wenn es kein anderes Rudel gibt, welches das Territorium oder das bereits besetzte jeweilige Jagdgebiet für sich beansprucht. Normalerweise ist eine gewisse Beschränkung der Rudelgröße notwendig, denn ein einziges erlegtes Beutetier reicht nicht für ein großes Rudel. Die rangniederen bleiben dann hungrig und die wohlgesättigten ranghöheren Wölfe würden sich wahrscheinlich nicht mehr um das Erlegen eines zweiten Beutestückes kümmern. Eine Unterteilung eines großen Rudels in Untereinheiten, von denen jede sich selbst mit Nahrung versorgt, wäre eine wirkungsvolle Lösung. Die riesige Gruppe im McKinley scheint so zu verfahren. Es ist unwahrscheinlich, daß sich diese Art der sozialen Organisation in Gegenwart anderer Rudel, die das günstigere angrenzende Gelände zu erobern versuchten, entwickeln könnte. HABER fand eindeutige Beweise für eine Jagdstrategie. Ein oder auch mehrere Wölfe treiben ein Dallschaf von einem Hügel herab den anderen zu, die im Hinterhalt unten warten. Zur Abwechslung kann einer auch den Köder spielen. Er präsentiert sich unübersehbar z. B. einem Elch oder einem Karibu und heult sogar, während die anderen Mitglieder des Rudels hinter der ahnungslosen Beute herankriechen. Er sah auch eine Jagdgruppe sich einem Elch nähern, und dann, auf irgendein

Zeichen, legten sich alle mit Ausnahme des Führers nieder und warteten bis ihr Anführer hinter der Beute war. Darauf trieben sie – wieder auf ein nicht zu entdeckendes Zeichen hin – die Beute ihrem Anführer zu. Die Wölfe arbeiten auch zusammen, wenn sie eine Mutter mit einem Kalb angreifen. Sie unternehmen gleichzeitige und abgesprochene Angriffe, um das Kalb von der Mutter zu trennen.

DR. ROD STANFIELD vom Ontario-Departement für Landwirtschaft und Forsten unterschied drei Wolfsrassen in Kanada: einen nordkanadischen Typ, *C. lupus lycaeon*, einen Ontario-Typ und den Algonquin-Typ. Die Rassenunterschiede hängen zum Teil mit der Beute zusammen, auf deren Tötung sich die Rassen spezialisiert haben. Der Ontario-Typ beispielsweise, dessen Färbung von Grau bis Weiß-und-Schwarz reicht, ist von großer Gestalt und bildet große Rudel: er ist ein Elch-Jäger. Der Algonquin-Typ ist kleiner, von einer typisch scheckigen Färbung und schließt sich zu kleineren Rudeln zusammen. STANDFIELD ist der Ansicht, daß dieser letztere Typus durch seine Größe und soziale Organisation verhindert ist, große Beutetiere wie Elche zu jagen. Diese interessanten Verhaltens-Ökologie-Spekulationen sollten weitere Studien über die Entwicklung der Rassen, der kulturellen oder genetischen Unterschiede zwischen den verschiedenen Spezies des *C.lupus* nach sich ziehen. Unglücklicherweise sind uns nur wenige Rassen geblieben. YOUNG und GOLDMANS Liste von etwa 23 Unterarten der Gattung Wolf, die einst die USA und Kanada bevölkert haben, erinnert auf dramatische Weise daran, wie extensiv der Wolf durch die Menschen vernichtet worden ist.

Bei miteinander spielenden jungen Wölfen findet man deutliche Verhaltensvorlagen für Auflauern, Anpirschen, Abschneiden und sonstige Reaktionen auf vorweggenommene Bewegungen eines Partners, der von anderen gejagt wird. Die Rolle des Überlegenen wird oft während des Spiels gewechselt (beim Spiel-Jagen und Spiel-Kämpfen), so daß ein überlegenes Individuum eine Unterlegenenrolle annimmt und einem Rangniederen erlaubt, es zu jagen und umzurennen.

BURROWS (1968) stellte in seinen Beobachtungen am Rotfuchs in England fest: »Ich bin nicht der Meinung, daß erwachsene Wölfe ihre Welpen lehren, wie sie Beute erwischen. Wie wir sahen, führt die Füchsin die Welpen im Mai tatsächlich vom Erdbau weg, aber nur, wie es scheint, um ihnen spielend und jagend neue Gegenden zu zeigen. Wird einer Katze von ihrer Mutter gelehrt, Mäuse zu fangen? Sicher nicht, nach meinen Erfahrungen mit Katzen. Es stimmt schon, daß manche Katzen mehr interessiert am Mäusefang sind als andere, aber die Fähigkeit, bewegliche Objekte zu fangen, wird ihnen eher von den Eltern vererbt als gelehrt. Und ich glaube, dasselbe gilt für die Füchse. Wir wissen auch, daß es für gefangene Wiesel zutrifft. Die Beobachtung an Fuchswelpen hat mich zu der Überzeugung gebracht, daß die Fähigkeit, sich mit Nahrung zu versorgen, nur über Versuch und Irrtum erworben wird. Jedes Objekt wird beschnüffelt, und wenn es nicht zu schnell mit Davonrennen reagiert oder die zarte Welpennase verletzt, dann unternimmt man einen Versuch, es zu essen oder mindestens zu kauen.«

Entwicklung sozialer Beziehungen – Sozialisierung des Wolfes

ZIMEN (1969) hat die Entwicklung der individuellen Distanz beim Wolf und Standard-Pudel studiert. Während der ersten Lebenswochen liegen die Tiere beider Arten dicht beieinander. Es fehlt offensichtlich jede individuelle Distanz. Beobachtungen an einem Wurf Wölfe mit ihren Eltern haben jedoch zur Zeit der Entwöhnung ein Ansteigen der persönlichen Entfernung zwischen Mutter und Welpen gezeigt. Später nimmt diese Distanzierung wieder ab (weniger Bestrafung und Ablehnung, wenn sie sich nähern), wenn die Mutter die Welpen putzt und reinigt und gelegentlich die Nahrung für sie erbricht. Die persönliche Distanzierung zwischen Mutter und Welpen nimmt um das Alter von vier Monaten dann wieder zu. Um diese Zeit sind die Welpen bereits viel unabhängiger.

Dieser fluktuierende soziale Abstand hängt mit dem Wechsel in der Toleranz der Wölfin gegenüber den Nachkommen zusammen. Man darf auch nicht übersehen, daß sie um die Zeit des Gebärens herum strenge Distanz zu ihrem Männchen hält, wobei sie während der ersten zwei, drei Wochen lange Zeit in der Höhle bleibt. Nach dieser Periode wird der Rüde in der Höhle geduldet, und seine Rolle als Vater beginnt. Er arbeitet eng mit dem Weibchen in der Versorgung der Jungen zusammen. Er bringt ihnen Nahrung und reinigt sie. Wenn sie heranwachsen, zeigt er ihnen oft seine Überlegenheit und wird ungehalten, wenn sie in aufdringlicher aktiver Unterwerfung beharren. Die individuelle Distanz zwischen Vater und Welpen ist damit errichtet, die allerdings im Laufe des Tages fluktuiert. Zu Zeiten erträgt er den ganzen Wurf und erlaubt ihm, ihn spielerisch anzupöbeln. Einen Augenblick später zieht er sich zurück oder vergrößert den sozialen Abstand durch Knurren, Bellen und indem er sie auf den Boden niederdrückt. Man sah den Vater auch Fleischstücke, die auf einen Haufen in eine Ecke der Koppel geworfen worden waren, an die Welpen verteilen. Und jeder Welpe lief in einen Teil der Umzäunung und wählte aufs Geratewohl ein Stück Fleisch aus.

Im Alter von acht Wochen gab es zwischen den Welpen eine deutliche individuelle Distanz nur während der Fütterungszeit, nachdem der Vater die Nahrung auf dem Boden des Geheges verteilt hatte. Die Welpen verteidigten ihr eigenes Stück Fleisch und bedrohten oder schnappten sogar nach einem Partner oder Elternteil. Ein andermal verloren die Welpen plötzlich das Interesse an ihrer Nahrung und liefen zu einem Stück Fleisch, das niemand verteidigte, oder sie tauschten Platz und Stück mit einem Gefährten, setzten die Verteidigung fort und hielten für kurze Zeit den individuellen Abstand ein. Oft verminderte ein Welpe nachdrücklich den individuellen Abstand, indem er einen anderen Welpen, der gerade sein Stück Fleisch fraß und verteidigte, zum Spielen aufforderte. Der erste konnte seinen Gefährten einen Augenblick ablenken, dann das Fleisch klauen und es sofort verteidigen oder das Fleisch klauen, es augenblicklich wieder fallen lassen, jedes Interesse daran verlieren, um an einem anderen Stück, das irgendwo herumlag, herumzufressen. Aus solchen Beobachtungen wird klar, daß, wenn es unter den fressenden Wolfswelpen auch eine gewisse individuelle Distanz gibt, diese doch fluktuiert. Dagegen zeigen viele Hunderassen, Präriewölfe und Rotfüchse im Alter zwischen acht und zwölf Wochen deutliche

individuelle Distanz und Dominanzhierarchie während des Fressens. Bei den Rotfüchsen nimmt man diese individuelle Distanz auch wahr, wenn die Nestgefährten eingeschlafen sind. Hunde und Präriewölfe dagegen fahren fort, zusammen zu schlafen.
Wie ZIMEN bewiesen hat, beginnt der Wolf jedoch den individuellen Abstand um sechs Monate herum zu vergrößern, der Hund (Pudel) um das Alter von zwölf Monaten. Er schreibt das spätere Herauskommen dieses Phänomens der Fötalisierung und dem Verzögerungseffekt der Domestikation zu. Er stellte auch fest, daß die individuelle Distanz bei Wölfen, die im freien Feld leben, mit achtzehn Monaten auf den Stand des Erwachsenen anwuchs, während die Pudel sich niemals trennten und über solch große Entfernungen auseinanderhielten. Der Haushund schien, wenn er im offenen Feld war, wieder geringeren sozialen Abstand zu manifestieren. Erwachsene Hunde konnte man mit unerwachsenen Wölfen vergleichen, womit ZIMEN wieder seine Hypothese von der Paedomorphose der Hunde aufrecht erhalten konnte.
Es scheint so, als ob der individuelle und soziale Abstand langsam mit dem zunehmenden Alter der Wölfe wächst, bei den Rotfüchsen aber in viel früherem Alter und wiederum in späterem Alter (jedoch früher als bei den Wölfen) bei den Präriewölfen. Manche Hunderassen behalten eine enge individuelle und soziale Nähe bei, was vielleicht eine neotenische Wirkung der Domestikation ist. Andere hingegen, wie die Terrier, halten früher individuellen Abstand, sobald gegenseitige Intoleranz auftritt.
ZIMEN machte ein hochinteressantes Experiment mit noch nicht ganz erwachsenen Wölfen in Bezug auf die soziale Distanz, die sie von Nestgefährten und Erwachsenen einhielten. Er bewies, daß es qualitative und quantitative Faktoren gibt, die die Nachfolgereaktionen eines jungen Wolfes beeinflussen und die Notwendigkeit für ihn, beim Rudel zu bleiben und sich seine enge soziale Nähe zu erhalten. Ein junger Wolf zog es vor, ZIMEN und dem ranghöchsten Wolf zu folgen, statt vier anderen Wölfen, die mit einem, zwei oder drei Pflegern in die entgegengesetzte Richtung davongingen. Wenn bei diesen vier Wölfen aber vier Pfleger waren, dann folgte der junge Wolf ihnen. Er hat dadurch demonstriert, daß der Magnet-Effekt beim Wolf sowohl qualitative als auch quantitative Elemente besitzt.
CRISLER (1958) vermutet, daß die Wölfe im Schnee in einem dichten Ball, aber mit einigem Abstand jeder vom anderen schlafen, denn wenn sie direkten Kontakt hätten, könnten sie sich gegenseitig den Pelz vereisen und am Boden festfrieren. Das ist ein wichtiger Gesichtspunkt bei Temperaturen, die von 10 bis 30 Grad unter Null reichen und wirft daher ein neues Licht auf ZIMENS Beobachtungen. In einiger Entfernung voneinander getrennt zu liegen dient eher einem nützlichen Zweck als dem, nur eine Entwicklungsänderung im sozialen Verhalten anzuzeigen.
Wie man beobachtete, halten erwachsene Wölfe untereinander auf Abstand. Diese individuelle Distanzierung verschwindet, wenn sie beispielsweise den Alpha-Wolf grüßen oder den Wärter oder auch, wenn sie gemeinsam »singen« oder miteinander spielen. Erwachsene Wölfe lassen daher Unterschiede der individuellen Distanzierung erkennen, die davon abhängen, was das Rudel gerade tut und welcher Reiz seine lokale Vergrößerung und allelomimetisches oder gruppenkoordinierendes Verhalten ausgelöst hat. Dieses Verhalten tritt bei Gruppen erwachsener Rotfüchse in der Gefangenschaft nicht auf und ist nur selten bei Kojoten (beispielsweise bei ihrem Choralsingen) zu bemerken; bei letzterer Art gibt es überhaupt eher eine tonische als phasische Veränderung in der individuellen Distanzierung.
LORENZ (1954) entdeckte, daß manche Hunde an einen Menschen gebunden, andere jedoch

gegen jedermann freundlich sind. Er vermutete sogleich (was er inzwischen zurückgenommen hat), daß diese Hunderassen vornehmlich vom Schakal abstammten und daher sehr sozial und unterwürfig wären, wogegen diejenigen mit vornehmlich wölfischer Abstammung das Gegenteil wären – an einen Mann gebunden und sonst unabhängig. Tatsächlich zeigen manche Hunde eine deutliche Gleichgültigkeit gegenüber anderen Leuten als ihrem Eigentümer, und diese soziale Vorliebe kann in einigen Fällen das Ergebnis von unvollständiger Sozialisation sein. In anderen Fällen ziehen Hunde, aber auch von Hand aufgezogene Wölfe und Präriewölfe spürbar Frauen den Männern vor – wenn sie nur von Frauen aufgezogen und sozialisiert wurden. Bei Hunden und auch Präriewölfen kann Mißhandlung durch ein Individuum (auch zufällige) in permanente Ablehnung dieser Person oder Aggression gegen sie münden, welche auf alle Leute, die eine ähnliche Uniform (z.B. Postboten) tragen oder vom selben Geschlecht sind, gleichgültig ob sie vielleicht ein weibliches Kostüm tragen, übertragen werden kann.

»Soziale Promiskuität«, im Sinne des Akzeptierens menschlicher Wesen von jedem Geschlecht, findet man bei Wölfen und Hunden und gelegentlich bei individuellen Präriewölfen, Schakalen und Rotfüchsen. Letztere Art ist grundsätzlich an einen Mann gebunden. Der Wolf ändert sich oft, wenn er die sexuelle Reife erlangt hat, dahingehend, daß er fremde Leute weniger toleriert. Diese Verhaltensänderung kann man auch bei einigen Hunden in der Pubertät erleben, aber im allgemeinen benimmt sich der erwachsene Hund wie ein noch nicht erwachsener Wolf, indem er alle fremden Leute akzeptiert. Das ist ein anderes Beispiel für ZIMENS Hypothese von der Foetalisation (oder sozialen Paedomorphose) als Konsequenz der Domestikation von Hunden. Die Ursachen für die Unterschiede bei den verschiedenen Arten und zwischen Individuen derselben Art bedürfen weiterer Analysen. Auch die qualitativen und quantitativen Aspekte, frühe soziale Erfahrungen und die Beständigkeit der frühen sozialen Verbindungen von der Kindheit bis hin zur Reife in Verbindung zu früher errichteten sozio-emotionellen (affiliativen) Banden, Über-Unterlegenheits-Verhältnisse zwischen Tieren und Pflegern und spätere soziale Anziehung oder Zurückweisung bei der sexuellen Reife machen weitere Studien an den Caniden erforderlich. Im Mittelpunkt dieser Fragen steht auch die Frage des Verhältnisses des Pflegers zum Tier: spielt er eine »erlaubte« oder geduldete Rolle oder mehr eine überlegene, positive und erziehende?

Die Sozialisierung von Wolf und Hund

Zunächst einmal müssen wir zwischen den Termini »domestiziert« und »gezähmt« unterscheiden. Die Menschen fragen, ob ein Wolf domestiziert werden kann, wenn sie eigentlich damit fragen wollen: Wird ein gezähmter Welpe als Erwachsener zahm bleiben und nicht in die Wildheit zurückfallen und seinen Pfleger anfallen? Zähmen und Domestizieren sind zwei verschiedene, aber verwandte Prozesse. Domestikation setzt generationenlanges selektives Züchten voraus, nicht nur, um die Wahrscheinlichkeit bestimmter physischer Merkmale bei den Nachkommen zu vergrößern, sondern auch um sicherzustellen, daß ein bestimmtes Temperament, Persönlichkeit oder nervlicher Typus im Pavlovschen Sinne stabilisiert wird. Das wilde Temperament ist eine der Überreaktionen auf plötzliche starke Reize, wobei die Reaktion in Verteidigung oder schützender Flucht bestehen kann. Wenn aber die Fluchtmöglichkeit des Tieres blockiert ist, kann es sich selbst ernsthaft verletzen. Solche

Reaktionen sind typisch für Antilopen und Gazellen, die sich selbst an den sie umgebenden Zäunen umbringen, wenn ein Geräusch oder ein alarmierendes visuelles Signal die Fluchtreaktion auslöst.

Der gelegentlich von Hand aufgezogene Wolf reagiert in ähnlicher Weise. Seine Fluchtversuche enden in Erschöpfung, wenn das Tier schließlich auf dem Erdboden zusammenbricht, seinen Kopf in eine Ecke der Umzäunung stößt und zitternd in seinem eigenen Urin, Kot und den Anal-Drüsen-Sekretionen, die er anfangs von sich gegeben hatte, liegen bleibt. Es besteht die Möglichkeit, solche überängstlichen und reaktiven Wölfe schon im Alter von drei bis vier Wochen zu erkennen, wenn andere Mitglieder des Wurfes nicht dieselbe Häufigkeit, Intensität und Dauer furchtsamer Reaktionen auf plötzliche und unbekannte Reize zeigen. Ihre negativen Reaktionen weichen bald der Orientierung gegen den Reiz, seiner Untersuchung und schließlich der Gewöhnung an ihn. Ein Wurf Wolfswelpen enthält oft ein breites Spektrum solcher Temperaments- oder Nerventypen, von den ganz gleichmütigen und neugierigen, die ungewöhnlich sind, bis zu den unstabilen und ängstlichen. Das durchschnittliche Temperament ist eines mit Gleichmut und Neugier, wobei Gleichmut ab- und Angst zunehmen, wenn das Tier in eine fremde Umgebung kommt. Gegenüber fremden Leuten oder unbekannten Gegenständen zeigen solche Wölfe in ihrer heimischen Umgebung eine vorübergehende Furcht und Vorsicht, die schnell ihrem Forscherdrang Platz macht, wenn die Tiere sich nicht bedroht fühlen. Schüchternere Wölfe haben eine längere Furchtperiode, bevor sie sich zu nähern und zu untersuchen beginnen, wobei sie sich hinter stabileren Gefährten verstecken, und es scheint, als ob diese sie auch etwas unterstützten und ihnen Vertrauen einflößten. Es kann vorkommen, daß ein in die Enge getriebener erwachsener Wolf sich plötzlich umdreht und sich verteidigt.

Der Autor hat solch defensive Aggression oder Angstbeißen nicht beobachtet, doch findet man es häufig bei Haushunden, die Angst davor haben, angefaßt und zurückgehalten zu werden. Manche Haushunde fürchten sich vor jedem neuen Reiz – eine allgemeine Angst, die ererbt zu sein scheint. Andere können berührungs-, geräusch- und/oder sichtscheu sein, d.h. sie haben Angst vor Berührungen, vor plötzlichen Geräuschen und sehr großen oder schnell sich bewegenden visuellen Reizen. Auch solche Reaktionen können in einer Familie häufig vorkommen. Sie stammen vermutlich von einigen traumatischen Erfahrungen im frühesten Leben – wie in vielen Fällen die Schuß-Scheu bei Jagdhunden. Es ist eine gute praktische Sitte der Züchter, die sowohl von vielen Hundebesitzern als auch von Ausbildern gepflogen wird, die jungen Tiere mit vorsichtiger Behandlung nach und nach einer zunehmenden Anzahl möglicher traumatischer Erfahrungen auszusetzen. Manche Ausbilder fangen schon mit vier Wochen an, die Welpen an das Schießen zu gewöhnen, indem sie beispielsweise ein Gewehr über den Hunden abfeuern, wenn sie gerade fressen. Im Idealfall sollte ein junger Wolf oder Hund einer zunehmenden Vielfalt von Reizen und wechselnden Situationen ausgesetzt werden. Diese stufenweise Zunahme an Erfahrung ermöglicht es dem Tier, mit seiner Furcht vor dem neuen Reiz fertigzuwerden, indem er ihn mit einer seiner vorhergegangenen nicht traumatischen Erfahrungen in Verbindung bringt. Sorgfältige Behandlung, um psychologische und/oder physiologische Traumata zu vermeiden, überwindet nicht nur die Fluchttendenz des Tieres, sondern verringert auch die Gefahr, daß sich Phobien gegenüber bestimmten Gegenständen bilden oder eine Scheu vor teilweisen Modalitäten der Reize (Berührung, Geräusch etc.) Eine gewisse Phobie, die sich im frühesten Leben entwickelt hatte, kann zu einer Neurose erblühen, die eine verallgemeinerte Angst vor allen fremden Reizen, ständige Wachsamkeit, Angst und autonome Er-

Abb. 103 Die Konsequenz von Sozialisierung: Der Alpha-Wolf (Dr. Eric Zimen) führt das Rudel und seine Gefährtin (Foto Dr. Zimen)

regung beinhaltet. Diese Probleme bei den Haushunden wurden eingehend in einem früheren Buch des Autors behandelt.

Es wurde schon gesagt, daß Wolfswelpen im frühen Alter unterschiedliche Temperamente zeigen. Wenn sie von Hand aufgezogen werden – bevor sie mit zehn bis vierzehn Tagen die Augen öffnen und vor allem, wenn sie nur wenige Tage alt sind (nachdem sie das Kolostrum ihrer Mutter bekommen haben), dann bleiben sie zahm. Ihr Bezähmer oder ihre Pflegeeltern können sich auf sie verlassen. Die schüchterneren Wölfe grüßen den Bezähmer mit passiv-unterwürfigem Verhalten, das ihm seine Vorherrschaft beweist, und die zutraulicheren Wölfe mit aktiverer Unterwerfung. Letztere kommen auch eher auf die Idee, den Pfleger zum Spielen aufzufordern und Spielkämpfe mit ihm auszutragen. Wenn solch ein Spiel zu rauh wurde, habe ich meine Wölfe stets sowohl durch Worte diszipliniert als auch physisch, indem ich sie mit meinen Händen um die Schultergürtel, die Hälse oder Schnauzen packte und zu Boden drückte. Durch Behauptung der Vorherrschaft bin ich der unbestrittene Alpha-Wolf. Es könnte vorkommen, daß ich in eine Situation geriete, in der ich für einen der Wölfe durch meine Anwesenheit eine Herausforderung bedeutete, dann würde er mich bedrohen. Das ist oft der Fall, wenn ich mich den Wölfen nähere, kurz nachdem ich ihnen einen Knochen hingeworfen habe, oder eine tote Ratte oder einen Hasen. Anfangs nehmen sie ihr Futter auf, wenden sich und gehen ein paar Schritte von mir fort, aber wenn ich sie bedränge, dann drehen sie sich um und – nacheinander – heulen sie, knurren, winseln, fletschen die Zähne, lecken und wedeln mit dem Schwanz – eine herrliche Art, ohne Worte zu sagen »ich liebe dich, aber bitte hau ab, das ist meins«. Ich respektiere immer ihre Wünsche und treibe die Dinge nicht weiter voran. Es wurde ja schon früher gezeigt, daß Wölfe einen Besitz – einen Knochen zum Beispiel – nach kurzer Verteidigung aufgeben. Plötzlich bleibt er auf dem Boden für einen oder mehrere Rangniedere (oder Nachkommen) liegen. Dies scheint ein soziales Verhaltensmuster zu sein. SCHENKELS Meinung dazu haben wir bereits früher dargelegt (Seite 85).

Es ist die Überzeugung des Autors, daß ein Wolfshalter, der seine Überlegenheit über bestimmte Individuen nicht schon von deren frühestem Alter an behauptet, von den Wölfen herausgefordert werden kann, wenn diese ihre sexuelle Reife erlangen.

Ein hochinteressantes Nebenproblem ist die Beziehung zwischen dem Wolfshalter und seiner Wolfsgruppe. Sein soziales Verhältnis kann so sein, daß er der Alpha-Wolf der ganzen Gruppe ist. Das ranghöchste Weibchen kann ihn auffordern, wenn es in die Hitze kommt und andere Weibchen zurückdrängen und die Aufmerksamkeit des vorherrschendsten Männchens ignorieren. (Auch durch affiliative Bande können Rangniedere eventuell ein dominierendes Individuum vertreiben – ein Phänomen, das weiterer Studien bedürfte.)
Wolfshalter bemerkten, daß wenn sie mehrere Wochen von ihren Wölfen fern gewesen waren, der ranghöchste Wolf sie nicht in gewohnter Weise begrüßte, sie stattdessen bedrohte oder sogar angriff. Zweifellos war derjenige Wolf, der in der Rangfolge genau unter ihm gestanden hatte, in seiner Abwesenheit zum ranghöchsten Individuum der Gruppe avanciert.

Die Gegenwart eines heißen Weibchens kann die Kampf-Hemmschwelle sowohl des Männchens als auch des Weibchens senken, denn Rivalitäten zwischen Weibchen und zwischen Männchen (Weibchen-Weibchen und Männchen-Männchen) sind während der Paarungszeit ganz normal. Gegen das Ende der Schwangerschaft sind die Eltern außerdem eher geneigt Aggression zu zeigen – um die Jungen und das Höhlenlager zu verteidigen.

Bei einigen Hunderassen – besonders bei den Terrierrassen – finden wir, daß die Zuchtauswahl die Aggressionsschwelle gesenkt hat und daß sie nicht gerade sehr tolerant gegeneinander sind. Tatsächlich kann in einer sozialen Gruppe von fünf oder sechs Drahthaar-Foxterriern ein Kampf mit dem Tod von einem oder mehreren rangniederen Hunden enden, so daß man solche Rassen nicht in größerer Anzahl zusammen halten kann. Im Gegensatz zu Beagles, wo viele Individuen im selben Zwinger gehalten werden können. Daraus können wir schließen, daß die Domestikation den Rudelinstinkt für das Tolerieren der Nähe bei manchen Rassen, wie den Terriern, vermindert hat. Verhaltensmodifikation verhindert die Errichtung und Erhaltung von stabilen sozialen Verhältnissen innerhalb großer, aber geschlossener sozialer Gruppen. Bei anderen Rassen, wie den Beagles, ist der Rudelinstinkt, wie wir ihn vom Wolf kennen, ebenfalls modifiziert. Während das Wolfsrudel eine geschlossene soziale Gruppe bildet, die normalerweise Fremde zurückweist und selten akzeptiert, nimmt die Beagles-Meute beständig neue Zugänge auf, wenngleich es etwas Disziplin braucht, um Kämpfe mit anderen Rassen, wie den Foxterriern, zu verhüten. Wir können daher vermuten, daß einige Rassen, die weniger von dem sozialen Rudelinstinkt besitzen und von der Toleranz gegenüber Mitgliedern des eigenen Rudels sowie Fremden, auch weniger tolerant gegenüber ihren menschlichen Besitzern und fremden Menschen sind als andere Rassen.

Das Kämpfen innerhalb eines Wolfsrudels wird durch die soziale Hierarchie beschränkt und die Gefahr von Verletzungen (ausgenommen bei schweren Rivalen-Kämpfen) weitgehend durch die Ritualisierung des Kämpfens und durch ritualisierte und symbolisierte positive soziale Verhaltensmuster von aktiver und passiver Unterwerfung und durch Dominanz-Toleranz-Verhalten durch den Alpha-Wolf ausgeschaltet. Es ist verständlich, daß solche Rituale nicht ausgebildet werden können, wenn die sozialen Verhältnisse im häuslichen Milieu eine klare Dominanz, auf welcher der Besitzer besteht, vermissen lassen. Ohne dieses würden im Wolfsrudel soziale Unstabilität und Unordnung auftreten (d.h. zwischen Wolf und Wolf) und vermutlich auch in der Beziehung zur Familie (d.h. zwischen Hund und Mensch).

Im Alter zwischen acht und zwölf Wochen entwickeln sowohl Wolfs- als auch Hundewelpen eine Dominanzhierarchie innerhalb ihres Lagers, so daß sie schon in frühestem Leben ihre

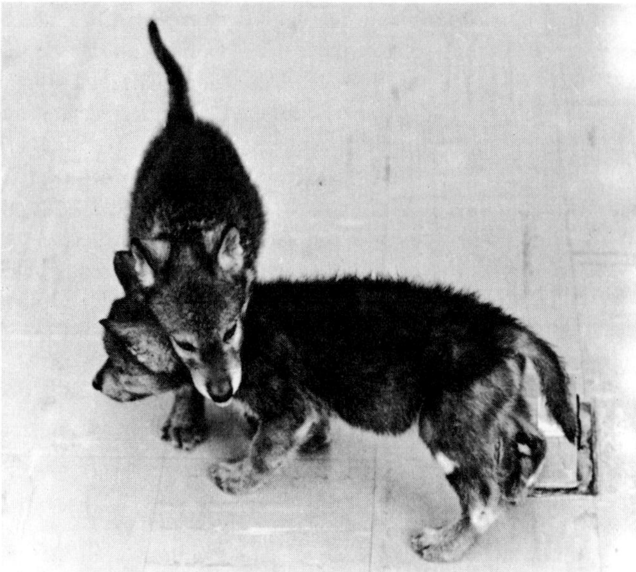

Abb. 104 Folgen von Spielverhalten bei fünf Wochen alten Wölfen: Ausrasten mit dem Kinn auf dem Nacken des anderen, abgeleitet aus einem Neugeborenen-Verhaltensmuster des kontaktierenden Umkreisens und Kinn-Rastens.

Abb. 105 und 106 Dem können folgen: Darüberstehen oder genickorientiertes Beißen.

soziale Position kennenlernen können. Sie lernen auch das gehemmte Beißen, zumindest lernen sie die Intensität ihres Bisses zu kontrollieren, wenn sie spielen, aber auch wenn sie sich gegen einen Größeren verteidigen. Der Biß eines vier Monate alten Wolfes oder Hundes ist viel rücksichtsvoller als der oft schmerzhafte Biß desselben Tieres im Alter von sechs Wochen. Welpen, die man von Hand aufgezogen hat und denen man bis zum Alter

Abb. 106

Abb. 107 Gegen die Kehle gerichtetes gehemmtes Beißen sieht man in diesem Alter beim Spielkämpfen.

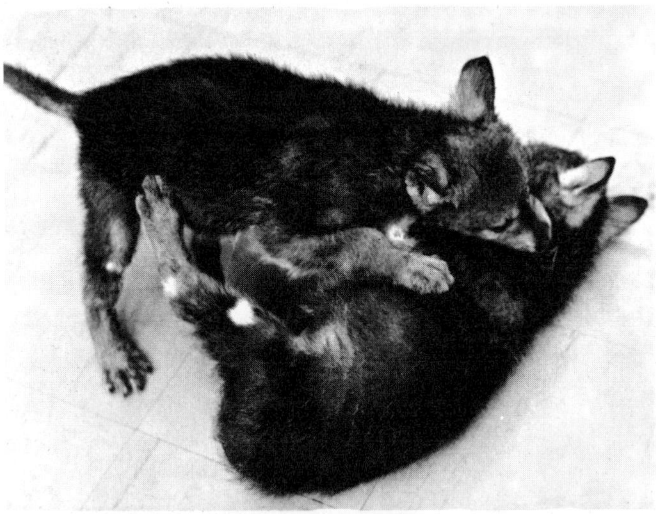

Abb. 108 Folgen von Spielverhalten bei sieben Wochen alten Wölfen: Seitliche Annäherung und Verhalten mit gewölbtem Rücken während des Spielkampfes.

Abb. 109 und 110 Darauf kann folgen: Kieferringen, genickorientiertes Beißen und Sichdrehen, um dem Biß zu entgehen.

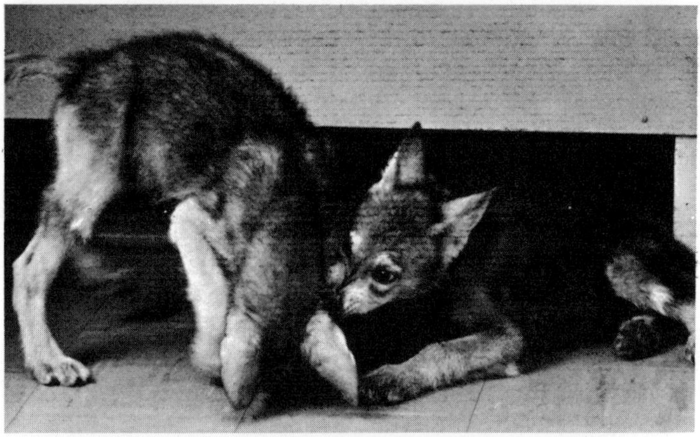

Abb. 110

Abb. 111 Der Welpe rechts zeigt mehr Aggression, um den sozialen Abstand von einem Artgenossen zu verstärken, nachdem der letztere damit fortgefahren war, recht rauh mit ihm zu kämpfen.

Abb. 112 Unterwürfiges Verhalten eines vier Monate alten Welpen bei der ersten Gegenüberstellung mit einem gleichalten Welpen: Unterwürfige Annäherung mit erhobener Vorderpfote, unterwürfiges Grinsen und zurückgelegte Ohren.

Abb. 113 Der hier heimische Welpe packt den Kiefer des Fremden.

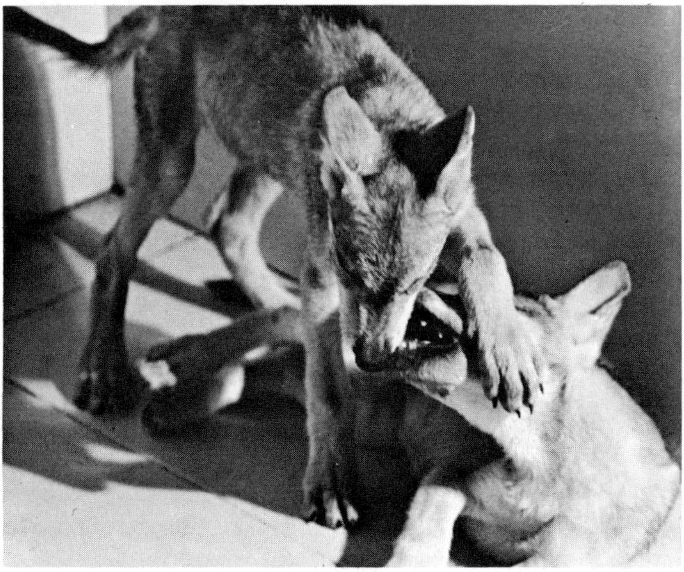

von zwölf bis sechzehn Wochen nicht erlaubt hatte, miteinander zu spielen, schien die Beißhemmung, wenn man sie zum erstenmal zusammenbrachte, zu fehlen. Spielkämpfe waren von kurzer Dauer, weil einer oder beide Welpen zu fest zubissen und einer floh oder sich wehrte und tatsächlich ein Kampf ausbrach. Nach wenigen Tagen lernten sie bald, ihr Beißen zu kontrollieren, und die Spielkämpfe dauerten immer länger. Hunde und Wölfe scheinen also durch Interaktionen mit Gleichen zu lernen, wie sie ihre Bißintensität kontrollieren müssen.

Der Haushund zeigt im Haus viel von dem Verhalten, das wir beim Wolf kennengelernt haben – beispielsweise die Verteidigung der Jungen und des Territoriums. Ein Hund kann ganz besonders von den Kindern seines eigenen Hauses beschützt werden und wird ent-

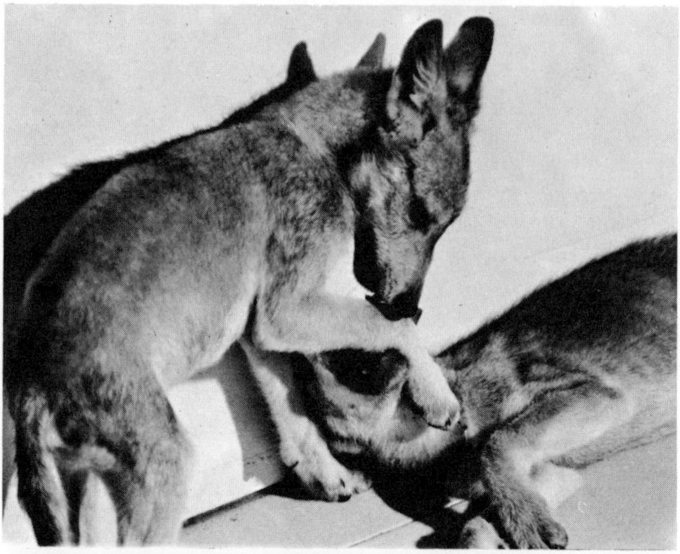

Abb. 114 In der Folge erlaubt er später dem Welpen, seine erhobene Pfote zu packen.

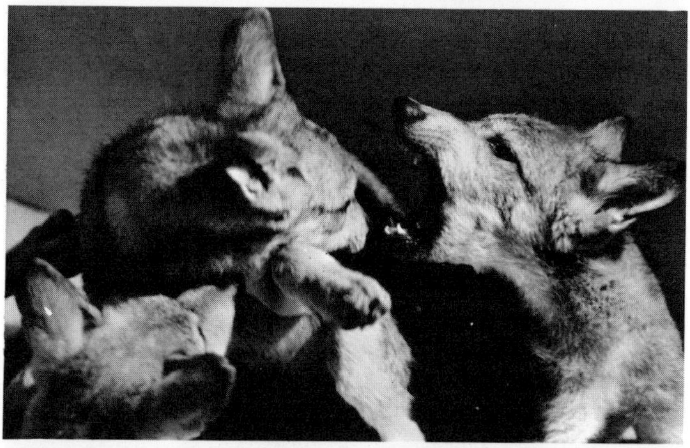

Abb. 115 Während eines sehr intensiven Spielkampfes schaltet sich der Fremde unterwürfig zwischen zwei Welpen ein.

Abb. 116 Der Fremde zeigt gleichzeitig Unterwerfung und defensive Aggression, wenn einer der Welpen seine defensiv-offensive Aggression gegen ihn richtet.

sprechend diese Kinder vor denen aus der Nachbarschaft beschützen. Entsprechend ist ein Hund eher geneigt, fremde Hunde oder Leute anzugreifen, wenn er auf seinem eigenen Territorium im Haus oder Garten ist oder wenn er an der Leine seines Besitzers geht. Solche Rudelloyalität oder Verteidigung des Territoriums erlebt man vor allem bei Hunden, die ein gutes Verhältnis zu ihrem Besitzer und nahen Freunden der Familie haben. Viele Hunde zeigen kein solches Verhalten. Es wurde bei manchen Rassen zurückgedrängt oder durch Selektion – meist zufälligerweise – herausgezüchtet. Aber bei vielen Rassen ist dieses Territorium-Verteidigungs-Verhalten auch sorgfältig erhalten worden. Solche Hunde sind gute Haushüter, sie bellen lautstark und künden den Eigentümern die Gegenwart von Besuchern an.

Ein solches Verhalten wurde beim Hund intensiviert. Beim Wolf kommt Bellen nur selten vor, Hunde dagegen zeigen eine sehr niedrige Hemmschwelle für Bellen. Man kann daher annehmen, daß viele Hunde, die ihr Territorium mündlich proklamieren und verteidigen, ihr Gebiet auch physisch durch Drohen und Angreifen gegen Eindringlinge verteidigen würden. Ein solches Verhalten ist in den meisten häuslichen Situationen nicht erwünscht, wenngleich Bellen, wenn es nicht übertrieben wird, sehr gern gesehen wird. Es bedarf oft der Disziplinierung, um die aggressive Verteidigung des Territoriums einzudämmen, obschon das bei vielen Rassen heute nicht mehr notwendig ist. Der goldfarbige Retriever beispielsweise knurrt und bellt einen unschuldigen Eindringling an, wobei er die ganze Zeit mit seinem Schwanz wedelt. Solche Hunde unterbrechen plötzlich ihre Gebiets-Verteidigungshaltung, sobald sie von ihren Besitzern beruhigt worden sind. Diese letztere Reaktion und die entgegengesetzte Reaktion des Angreifens, wenn es der Besitzer befiehlt oder wenn der Besitzer selbst angreift oder angegriffen wird, sind weitgehend ein Teil der Wolfs-Reaktionen, entsprechend der Aktionen und Entscheidungen eines Rudelführers gegenüber fremden Wölfen.

Das ganze Rudel kann zusammengerufen werden, um Fremde zu vertreiben, oder umgekehrt, um einen Fremden aufzunehmen, wenn der Alpha-Wolf das Signal für Toleranz und Aufnahme anstelle von Intoleranz und offensiver Aggression gibt. Um einen Kampf zu vermeiden, hat der fremde Wolf die Verhaltensmuster von aktiver und passiver Unterwerfung zu entfalten, doch ist dieses Verhalten keine Garantie für seine Annahme. Er kann noch immer vertrieben werden. Deshalb werden seine Reaktionen stets auch die Tendenz zu Flucht und defensiver Aggression einschließen. Die wichtigste Gemeinsamkeit zwischen Wolf und Hund ist die Tatsache, daß beide sozialisiert sind – zu Menschen und anderen Wölfen (in dieser Reihenfolge), und beide akzeptieren augenblicklich die Mitglieder ihres eigenen Rudels (die Familie des Menschen und im Falle des Hundes auch regelmäßige Besucher). Der Wolf verhält sich mißtrauisch gegenüber fremden Wölfen, und wenn er von Hand aufgezogen wurde, wie schon früher erwähnt, auch gegenüber fremden Menschen, doch beruhigt er sich gewöhnlich schnell wieder und akzeptiert sie. Viele Hunde zeigen diese Verhaltensläufe und ahmen damit genau das soziale Verhalten des Wolfes nach.

Beide Arten unterhalten – als ein Ergebnis der anfänglichen Sozialisierung – eine enge Verbindung zu jenen Individuen, mit denen sie gemeinsam aufgezogen worden sind. Aus dieser Primärsozialisierung sind sie imstande, sich mit völlig Fremden zu sozialisieren. Fehlt diese Primärsozialisierung (z. B. ein in der Wildnis geborener Wolf fern von menschlichem Kontakt oder ein Hund, der von Hund- und Menschenkontakt isoliert war), dann fallen dem Tier im späteren Leben positive Reaktionen gegenüber derselben Art außerordentlich schwer. So ein Wolf oder Hund ist überängstlich und zieht sich zurück. Der Prozeß der

Sozialisierung soll später behandelt werden, nachdem wir uns mit dem folgenden Punkt beschäftigt haben. Anders als der Wolf, zeigen viele Hunde gegenüber Fremden nicht die geringste Scheu. Sie akzeptieren sie ohne weiteres und zeigen sowohl aktives als auch passives Verhalten. Dieser Hundetyp – sein Temperament und sein allgemeines Benehmen – erinnert an einen fünfwöchigen Welpen oder ein Wolfsjunges, die jedem Fremden vertrauen und ihn annehmen. Es ist durchaus möglich, daß diese verhaltensmäßige Paedamorphose oder Beharrung in kindlichen Verhaltensmustern bis ins Erwachsenenalter und das Fehlen der Angst vor Fremden das Ergebnis generationenlanger Domestikation sind, erleichtert durch frühe Sozialisierung zu einer Vielfalt von Leuten in unterschiedlichen sozialen Situationen. Im Gegensatz dazu ist gerade derjenige Wolf, dessen Temperament am »stabilsten« ist, Fremden gegenüber ängstlich, wenngleich er sie immerhin schneller akzeptiert, wenn sein Pfleger anwesend ist, um die Fremden »einzuführen« und den Wolf zu beruhigen.
Sicher haben sich die Verhaltensmuster aktiver und passiver Unterwerfung aus frühen kindlichen Verhaltensmustern entwickelt, aber das unterscheidende Merkmal so vieler Haushunde ist ihre sofortige Annahme der Fremden und die Intensität ihrer positiven sozialen Tendenzen aktiver und passiver Unterwerfung ohne das geringste Anzeichen von »Vorsicht«. Diese »Vorsicht«, die so charakteristisch für das wilde Temperament des Wolfes ist, scheint bei vielen Haushunderassen selektiv eliminiert zu sein.
Zusammenfassend kann man sagen, daß das Zähmen erst eigentlich die Sozialisierung auslöst, wenn das Tier sich in Berührung mit oder in sozialer Verbindung zu einem Pfleger entwickelt. Dies läßt sich am besten dadurch erreichen, daß man einen Wolf von Hand aufzuziehen beginnt, bevor er seine Augen geöffnet hat. Die einzelnen Wölfe unterscheiden sich später in ihrer Art, Fremde anzunehmen, selbst wenn man sie in derselben Weise aufgezogen und gleich vielen neuen Reizen in unterschiedlichen Situationen ausgesetzt hat. Der Grad der Zahmheit, im Verhältnis zur emotionellen Stabilität, variiert ebenfalls von Wolf zu Wolf. Anstatt hochsozialisiert zu sein, bleiben manche Wölfe Fremden gegenüber mißtrauisch und vor allem auch gegenüber unbekannten Reizen. Sie behalten trotz sorgfältigster Behandlung während ihrer frühen Entwicklung ihr wildes Temperament bei.
Meine eigenen Wölfe, die ich vom sechsten Lebenstag an aufgezogen habe, wurden von einigen Studenten betreut und sind gut sozialisiert. Sie haben Furcht vor Fremden und reagieren, indem sie aktive und passive Unterwerfung zeigen sowie gleichzeitges Annähern und Sich-Zurückziehen. Letzteres Verhalten schwindet schnell, wenn auch einer ihrer Betreuer anwesend ist.
Zwischen dem Alter von vier und fünf Monaten bekamen unsere Wölfe plötzlich in einem Ausmaß Angst vor neuen Reizen und vor Fremden, wie wir es noch nie zuvor erlebt hatten. Am verwirrendsten waren neue Reize wie eine Pappkiste, ein Tisch oder Stuhl, die man in eine ansonsten bekannte Umgebung gestellt hatte. Die Wölfe reagierten auf eine Veränderung in ihrer gewohnten Umgebung. Das bedeutete, daß die Wölfe in diesem Alter in ihrem Heimatgebiet die Merkmale des heimischen Territoriums (Einprägen des Ortes) gelernt hätten. Es wäre ein selektiver Vorteil, außerordentlich wachsam und vorsichtig bei Veränderungen in der gewohnten Umgebung zu sein. Das ist ein anderer Aspekt, des »wilden« Temperaments, den man auch bei Schakalen und Präriewölfen beobachtet hat – bis etwa zum Alter von vier Monaten. FENTRESS (1967) berichtet von genau so einer »Angstperiode« bei seinem eigenen, handaufgezogenen Wolf. Er beschreibt ferner ein fesselndes und paradoxes Phänomen, das auch bei unseren Wölfen zu sehen war: nämlich, daß sie sich in einer total ungewohnten Umgebung zunächst einmal in eine »sichere« Ecke zurückzogen, dann

aber allmählich herauskamen und sogar besonders neugierig wurden, während die ambivalenten Annäherungs-Rückzugs-Reaktionen abnahmen. Die Anpassung schien sich viel schneller zu vollziehen – im Gegensatz zu dem anhaltenden Zurückweichen vor neuen Reizen, denen die Wölfe an einem ihnen besonders bekannten Platz begegneten. Sie gewöhnten sich schließlich an diesen letzten beunruhigenden Reiz. Die Intensität und Dauer der Beunruhigung war dabei jedoch viel größer, als wenn die Wölfe vergleichbaren neuen Reizen in einer total unbekannten Umgebung begegneten. Bekannte Menschen wurden nach kurzem Zögern begrüßt, selbst dann, wenn sie den Wölfen schon wochenlang nicht nahe gekommen waren.

FENTRESS beobachtete, daß sein Wolf um das Alter von acht Wochen aggressiver wurde und daß im Alter von 12 Wochen seine Ruhelosigkeit zunahm. Auch im späteren Leben, Wochen nach der allmählichen Entfaltung der Angstperiode etwa im Alter von vier bis fünf Monaten, bemerkte FENTRESS, wenn sie fremde Gegenstände oder Personen mit übertriebener Vorsicht behandelten, wieder solche Abschnitte von Ruhelosigkeit und Mißtrauen. Diese graduierten Fluktuationen von Stabilität und Instabilität entwickelten sich zu einer ruhigeren Disposition. Wir können diese Beobachtungen von unseren eigenen Wölfen her bestätigen; diese schwankenden Phasen von Stabilität und Instabilität waren nicht voraussagbar und unregelmäßig.

FENTRESS erzählt von seinem acht Wochen alten Wolf, wie er beim ersten Anblick von Schafen floh, als diese sich ihm näherten, doch als sie vor ihm davonliefen, nahm er die Verfolgung auf. Wir haben bei unseren Wölfen dieselben Reaktionen gegenüber leblosen Objekten, die sich in verschiedene Richtungen bewegten, demonstriert.

SCHNEIRLA (1965) schuf die gewichtige Hypothese von dem zweiphasigen Prozeß – Annäherung und Zurückweichen – in der Verhaltensentwicklung. Er zeigte auf, daß die Reizintensität – die Größe, Kompliziertheit, Geschwindigkeit und Richtung von Bewegungen – eine der wichtigsten Komponenten des Auslösers ist, welche Annäherung und Folgen oder Zurückweichen und Fliehen hervorrufen kann. In Studien über das Beuteschlagen bei unseren Wölfen, fand man heraus, daß sie anfangs nicht reagieren – solange, bis die Beute sich bewegt (Mäuse oder Ratten). Die Reaktion erfolgte sofort, wenn das Beutetier vor dem Wolf, und zwar von ihm fort rannte. Sie war verzögert, wenn das Beutetier, das jede Orientierung verloren hatte, direkt auf den Wolf zulief. In diesem Fall sprang der Wolf zur Seite, drehte sich hinter das Beutetier und verfolgte es dann. Selbst wenn sie ganz erwachsen sind, können Wölfe noch immer leicht durch plötzliche starke Reize erschreckt werden: laute Geräusche, große, sich schnell bewegende Objekte, ein unbekanntes Auto, ein Mann, der einen Koffer trägt, ein Mädchen mit einem auffallenden Kleid u. a. Diese Wölfe sind durchaus sozialisiert, sind zahm und zuverlässig, solange ihre gewohnte Umgebung unverändert bleibt. Ihre Instabilität spiegelt ihr wildes Wesen wieder, und deshalb können Wölfe unter normalen Umständen keine guten Hausgefährten sein. Wenn man ihnen eine große Einfriedung geben kann, sie an die Leine gewöhnt hat und mit ihnen in einer verhältnismäßig unveränderbaren Umgebung arbeiten kann, werden die Erfahrungen, die man bei ihrer Haltung gewinnt, eine überreichliche Belohnung sein. Eine abschließende Bemerkung: Wölfe sind extrem neugierig, sie sind in ihrem Zuhause ständig in Bewegung, indem sie etwas erforschen, an irgendetwas »herummurksen«, kauen, ziehen und alle interessanten Gegenstände herumschleppen, und sie werden immer versuchen, Löcher in alle weichen Flächen – Teppiche, Sessel und Sofas – zu graben. Diese beständige Aktivität ist ermüdend mit anzuschauen und teuer, sowohl was die Rein- als auch die Instandhaltung anlangt. Wölfe (und ebenso Rotfüchse, Präriewölfe und Schakale) sind wundervolle Gefährten, aber nicht für längere Zeit im eigenen Hause.

Der Antrieb zum Forschen ist eine Voraussetzung fürs Lernen, und ich glaube, daß ein wilder Canide ein besonders aufmerksames und kluges Tier ist – verglichen mit dem durchschnittlichen Haushund. Umgekehrt jedoch, was die Anlagen zum Abrichten betrifft, ist der Durchschnittshund überlegen. Auch hier haben die subtilen Einflüsse selektiver Hundezucht zu diesen Unterschieden im Verhalten zwischen wilden und domestizierten Caniden beigetragen.

Wenig befaßt hat man sich bisher mit den Auswirkungen von Überkreuz-Aufziehen verschiedener Canidenarten auf das soziale Verhalten und die Entwicklung der Tätigkeitsmuster. Man hat lediglich einmal Hunde (Chihuahuas) im Alter von drei Wochen in ein Lager mit 12 Wochen alten Katzen gesteckt (Fox 1969). Die Wirkung solcher frühen Erfahrungen schien keinen modifizierenden Einfluß auf die Entwicklung der arttypischen Aktionsmuster zu haben, obgleich das Erkennen der Art und das Herausbilden von sozialen Vorlieben eindeutig durch dieses Überkreuz-Aufziehen verändert wurden.

Yves Rouger (eigene Mitteilung) zog ein kastriertes Rotfuchsmännchen von zwei Monaten auf. Mit sechs Jahren war dieser Fuchs, der nie mit einem Artgenossen, sondern nur mit einem englischen Spanielweibchen zusammengekommen war, eine enge Verbindung mit diesem Hund eingegangen. Das Spielverhalten dieses Fuchses wich von dem, das man normalerweise zwischen Rotfüchsen beobachtete, ab. Dieser Fuchs zeigte eine starke Häufigkeit von Schnauzen- und Gesichtsbeißen und -ringen, sowie gesichtsorientiertem Scharren (ein Verhalten, dessen häufiges Vorkommen beim Spiel für den Hund charakeristisch ist). Zweifellos ist der Fuchs genetisch (funktionell) nicht unfähig, diese beiden Arten von Verhalten zu zeigen. Das häufige Vorkommen während des Spieles kontrastiert mit dem weit selteneren Vorkommen dieses Verhaltens bei Füchsen, die gemeinsam mit anderen Füchsen aufgezogen worden sind. Man ist versucht, den Schluß zu ziehen, daß dieser Fuchs, der sich mit einem Hund zusammengetan hat, als Konsequenz von interartlicher Sozialisation einige Verhaltensmodifikationen vorführt, hinsichtlich der Häufigkeit und möglichen Intensität gewisser Aktionsmuster. Es sind weitere Untersuchungen notwendig, nicht nur, um die Erblichkeit der verschiedenen Aktionsvorlagen bei den verschiedenen Caniden und ihren Mischlingen bestimmen zu können, sondern auch inwieweit dieses Verhaltensrepertoire durch Erfahrungen aus dem frühesten Leben modifiziert werden kann. Artgemäße Aktionsmuster mögen im Sinne der genetischen Kontrolle weniger fixiert oder spezifisch sein, als man früher angenommen hat. Das gilt vor allem für höher entwickelte Säugetiere. Der Grad der Modifizierbarkeit durch Erfahrungen (Nachahmendes Lernen und Verstärkung) bedarf der Berechnung, so wie es für die Entwicklungsschwelle für Intensität und Häufigkeit vergleichbarer Aktionsmuster und die zeitliche Folge dieser Aktionsmuster bei verschiedenen Spezies und ihren Mischlingen gilt. Erfahrung kann auch bestimmen, was für Wirkungen Reize beim Hervorrufen, Orientieren und Leiten bestimmter Aktionsmuster haben können.

Es gibt ausreichende Beweise für die Existenz einer kritischen Periode für die Sozialisierung (Scott und Fuller 1965), wonach die Welpen am besten im Alter zwischen vier und zehn Wochen sozialisiert werden. Wenn sie menschlichen Kontakt bis zum Alter von drei bis vier Monaten entbehrt haben, sind sie besonders schwer zu sozialisieren. Für das Abrichten der Blinden-Führhunde ist eine sehr starke emotionelle Bindung an Menschen wesentlich. Wenn die Welpen beieinander gehalten werden, oder selbst wenn ein Welpe bei seiner Mutter hausen darf, dann entwickelt sich während dieser Sozialisierungsperiode keine zufriedenstellende Verbindung mit Menschen. Ein als Führhund vorgesehener Welpe soll mit sechs Wochen fortgenommen und dann mehr oder weniger ausschließlich mit Menschen aufgezogen werden. Viele Hundezüchter behaupten, daß einige, obgleich sie die Welpen während der ersten drei Monate sozialisiert hatten, mit sechs bis acht Monaten ihre Verbindung zu Menschen zu verlieren schienen. Dieser Wechsel in der Sozialisierung könnte eine Folge der Institutionalisierung sein (insofern als Welpen bis zur »Reife« in Hundehütten gehalten werden), verbunden mit vermindertem menschlichem Kontakt. Das Resultat ist, daß einige Welpen desozialisiert werden. (FOX 1968).

WOOLPY und GINSBURG (1967) und WOOLPY (1968) haben diesen letzten Punkt in ihren Langzeit-Studien über die Sozialisierung von Wölfen klargestellt. Sie fanden heraus, daß sozialisierte erwachsene Wölfe ihre Verbindung zum Menschen auch nicht verlieren, wenn sie isoliert werden oder wenn ihr menschlicher Kontakt eingeschränkt wird. Dagegen verlieren junge Wölfe, die mit drei Monaten gut sozialisiert waren, ihre Verbindung, wenn man sie in der Folge isoliert. Es scheint daher wesentlich, daß soziales Verhalten, wenn es verstärkt werden soll, kontinuierlich ist. Fehlt solche Verstärkung, dann überschatten Angst und Fluchtreaktionen die Annäherung oder aktive Unterwerfung oder die »Begrüßungs-Reaktionen« gegenüber Menschen. Die Autoren benutzten zu dem Versuch, diese Angst zu vermindern, verschiedene Beruhigungsdrogen, um dadurch die Sozialisierung zu erleichtern. Sie entdeckten, daß – obgleich die Angstreaktionen vermindert worden waren – die Tiere, sobald man die Droge absetzte, nicht mehr sozialisiert waren als vor der Behandlung. Das ermöglichte die Schlußfolgerung, daß es ein wichtiger Aspekt der Sozialisierung ist zu lernen, mit einer vorher unbekannten Umgebung bzw. Situation trotz unverminderter subjektiver Angst fertig zu werden. Furcht vor dem Unbekannten ist das erste Hindernis für die Wolfs-Sozialisierung, und wenngleich Angst frühestens mit sechs Wochen entwickelt wird, fährt ihre subjektive Komponente fort, sich wenigstens das ganze erste Jahr hindurch zu entwickeln. Sozialisierung muß bedingt sein durch die Anwesenheit der vollentwickelten subjektiven Angstkomponenten und kann nicht in jungen Wölfen aufrechterhalten werden, die man erst dann in die Lage versetzt hat, Angstreaktionen zu entwickeln, nachdem sie zuvor sozialisiert worden waren (WOOLPY 1968).

GINSBURG und WOOLPY unterscheiden vier allmähliche, aber definierbare Stufen in der Sozialisierung der erwachsenen Wölfe; nämlich Flucht, Ausweichen, Annäherungs-Aggression und schließlich den freundlichen oder sozialisierten Zustand. Unter den Umständen, unter denen sie ihre Untersuchung durchführten, benötigten sie für die Stufen bis zur vollständigen und andauernden Sozialisierung über sechs oder sieben Monate. Es wäre interessant, diese wichtigen Untersuchungen auf vergleichbare Forschungen über die Sozialisierung von Schakalen, Präriewölfen und Rotfüchsen zu replizieren und auszudehnen. Eins kann man vielleicht vorwegnehmen, daß die weniger geselligen Arten als Erwachsene gegen die Sozialisierung resistenter wären als Wölfe. Außerdem dürfte es seltener vorkommen, daß die ersten Bindungen an den Pfleger allgemein dazu führen, daß sie alle Leute »umarmen«, sobald ihre Sozialisierung vollständig ist. Das trifft auf jeden Fall bei einigen unserer handaufgezogenen Caniden zu. Die Präriewölfe sind grundsätzlich »einmännisch«, wogegen Rotfuchsweibchen Leuten gegenüber geselliger sind (obgleich sie physisch zurückhaltend bleiben); Männchen sind weniger tolerant. Handaufgezogene Graufüchse und Goldschakale sind gegenüber Fremden weniger scheu als die Präriewölfe. Unsere Wölfe akzeptieren nach kurzem Scheuen und passiver Unterwerfung bereitwillig alle Fremden.

Wölfe als Eltern

In der Regel darf der Vater nicht in die Höhle bis die Welpen zwei bis drei Wochen alt sind: er bringt während dieser frühen Postpartum-Periode Futter zur Höhle, denn das Weibchen verläßt die Höhle zu dieser Zeit nur selten. Später arbeiten beide Eltern zusammen und bringen die Nahrung für die Welpen. Von der Beobachtung einer Familie, die in der Gefangenschaft aufgezogen worden war, weiß man, daß die Eltern das Futter auf dem Boden für die Jungen verstreuen und selbst nicht eher fressen als bis die Jungen sich gesättigt haben. Beide, Männchen und Weibchen, würgen vorgekautes Futter heraus, das die Welpen sofort fressen, oft nachdem sie die Eltern durch Scharren oder Lecken an ihrem oder seinem Maul »angepöbelt« haben. Die Mutter – und gelegentlich auch der Vater – lecken regelmäßig bis zum Alter von sechs bis acht Wochen den Urin oder Kot auf, welche die Welpen von sich geben. Wenn die Welpen acht bis zehn Wochen alt sind, wird die Milchproduktion der Mutter ungenügend, und sie geht den Welpen aus dem Wege. Wenn sie zu säugen versuchen, läuft sie von ihnen weg oder sie legt sich nieder, aber nicht in einer säugenden Haltung, sondern flach auf das Brustbein, den Zugang zu den Zitzen verhindernd.

Abb. 117 bis 119 Die Position des weiblichen Wolfes in der Höhle während der Geburt der Welpen und während des Säugens. Die Höhle war von dem gut sozialisierten Wolf gebaut worden, was die Aufnahme dieser bemerkenswerten Fotos ermöglichte (Fotos: Georg Wilson).

Abb. 118

Abb. 119

Abb. 120 Eine Wölfin beim Säugen älterer Welpen in der üblichen aufgerichteten Stellung.

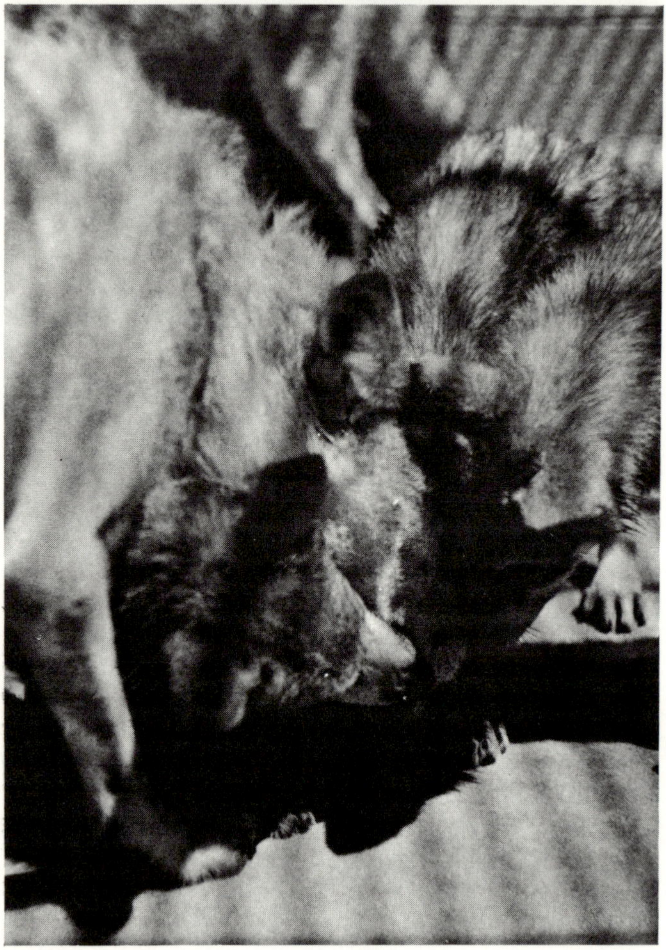

Abb. 121 Welpen, die ihre Mutter um Nahrung angehen; letztere wird wohl Futter für ihre Nachkommen erbrechen.

Abb. 122 Vier Welpen bedrängen ihre Mutter, während diese zu fressen versucht; sie gestattet ihren Nachkommen, frisches Futter aus ihrem Maul zu nehmen und zeigt keinerlei Widerstand.

Abb. 123 Die Welpen, die säugen möchten, werden bedroht und mit gehemten Bissen traktiert.

Sie kann auch knurren, nach den Welpen schnappen und sie gelegentlich auf den Boden niederdrücken oder sie mit den Pfoten um ihr Gesicht packen. Der Vater hilft dem Weibchen während dieser Zeit, die Welpen zum Entwöhnen fernzuhalten; er steigt über sie, stößt sie weg und hindert sie daran, der Mutter zu folgen. Er bellt manchmal knurrend und drückt einen Welpen auf den Boden. Dieses Knurren und Festhalten durch den Vater sah man oft bei der gefangenen Familie: Es schien eine Form von Erziehung zu sein. Er benahm sich so, wenn die Welpen besonders übermütig waren und sein Gesicht »anpöbelten«. Diese Erziehung dauerte annähernd zehn bis zwölf Wochen. Am Ende dieser Periode benahmen sich die Welpen ihren Eltern gegenüber respektvoll unterwürfig und versuchten nicht länger, bei der Mutter zu säugen. (Wenn die Welpen in diesem Alter der Leistengegend ihrer Mutter nahekamen, drehte sie sich schnell um, knurrte und zog sich zurück, doch nahm sie sie gewöhnlich an, wenn sie sich ihrem Gesicht näherten.)

Abb. 124 Aktiv unterwürfiges Verhalten des Welpen gegenüber dem Vater wird geduldet.

Nach dieser Zeit schien die Mutter mehr auf die Welpen zu achten, leckte sie häufig und untersuchte sie. In der Folge nimmt dieses mütterliche Fürsorge-Verhalten merklich ab; die Mutter scheint die Welpen zu ignorieren und ihnen aus dem Wege zu gehen, und zwar vom Alter von vier Monaten an während der meisten Zeit des Tages. Gelegentlich nur bewies sie ihre Dominanzrolle. Im Gegensatz dazu fuhr der Vater regelrecht fort, sie zu erziehen. Selbst noch mit vier Monaten erlaubten die Eltern den Welpen, ein Stück Fleisch aus ihrem Maul zu ziehen, blieben dabei passiv und knurrten sie nur selten an. Der Vater zerknackte Markknochen für sie, wenn sie mit etwa zehn Wochen entwöhnt waren, spielte kurze Runden mit den Welpen und erlaubte ihnen, ihn an Schwanz und Ohren zu ziehen. Das Weibchen war sehr viel weniger tolerant, denn die Welpen schienen die Spielaktionen mit ihr nur als Vorwand zu benutzen, um eine ihrer erschöpften und schlaffen Zitzen zu ergreifen.

Abb. 125 Der Vater knurrt und wird den Welpen zur Unterwerfung umrollen.

Innerhalb des Wurfes wurde während der ersten drei Monate langsam eine Dominanzhierarchie eingerichtet. Der Entwicklung dieser sozialen Stabilität, die dazu diente, Kämpfe innerhalb des Wurfes zu vermindern, gingen zahlreiche Kämpfe voraus, bei denen oft ein Welpe von zwei anderen angegriffen wurde. Diese Kämpfe drehten sich um die Rangfolge beim Fressen oder sie entzündeten sich, wenn das Spielen zu rauh geworden war. Oft trat bei solchen Gelegenheiten ein Elternteil in den Haufen von sich windenden Welpen, winselte und leckte sie. Das beendete plötzlich die Streitigkeiten. Ein andermal ignorierten die Eltern die Welpen und ließen sie ihren Kampf fortsetzen bis einer sich unterworfen hatte oder floh.

Mit vier Monaten stritten sich die Welpen ernsthaft um das Futter: Der Besitz bedeutete neun Zehntel des Rechts, und die defensive Aggression des Besitzers wegen der Nahrung wurde selbst von sozial Überlegenen, einschließlich den Eltern, akzeptiert. Bei vielen

Abb. 126 Gelegentlich bestraft der Vater unartige Welpen sanft, indem er sie auf den Boden drückt.

Gelegenheiten sah man einen Welpen sich einem anderen nähern, wobei er unter dem Vorwand von Spielaufforderung versuchte, diesem das Futter zu klauen – ein Ablenkungsmanöver, das oft zu dem Erfolg führte, daß er das Futter des anderen ergatterte. Eine Verfolgungsjagd entspann sich, oder aber der Verlierer lief mit augenscheinlicher Sorglosigkeit herum oder nickte einfach ein. Eine amüsante Sequenz von »das Gras ist auf der anderen Seite grüner« war zu beobachten, wenn zwei Welpen sich – mit Fleisch zwischen den Kiefern – ansahen, plötzlich ihr eigenes Stück fallen ließen und nach dem des anderen grabschten. Es war überraschend zu sehen, wie ein fressender Welpe, wenn der Vater zu nahe herankam, sich plötzlich umdrehte, knurrte und den Vater um die Schnauze packte. Der Vater ging daraufhin weg und ließ seinen Nachkommen mit seiner Nahrung in Frieden. Doch sah man auch den umgekehrten Fall; obgleich die Eltern normalerweise den Kindern durchaus erlaubten, ihnen Futter sogar aus ihren Kiefern zu klauen, blickten sie manchmal »strafend« auf die Jungen, knurrten sie an und hielten die Welpen am Boden fest, dann fuhren sie fort zu fressen. Solche periodische (oder ziellose) Erziehung der Welpen ist vielleicht besser als ständige Disziplinierung, die sie dauernd unterwürfig machen könnte. Oder bedeuten die langen Pausen in der Disziplinierung ein Anzeichen für große Toleranz – eine Zärtlichkeit und ein Verstehen, das an Liebe grenzt? Wir hatten den Eindruck, daß das seltenere Festhalten der Jungen am Boden durch die Eltern, während sie heranreiften, die Konsequenz des Lernens war. Die Welpen lernten zuerst, wie weit sie bei ihren Eltern gehen durften und in welcher »Stimmung« die Eltern waren – Toleranz konnte zu Annahme führen, Gleichgültigkeit zu Abweisung. Sie lernten auch, daß auf einen direkten Blick, ein Knurren, Grunzen oder Knurren-Bellen das Festhalten folgen konnte und vermieden letzteres, sobald sie den direkten Blick der Eltern gewahrten. Das Knurren-Bellen vergrößerte wirksam den sozialen Abstand zwischen Eltern und Welpen, und wieder hatten wir den Eindruck, daß die Welpen lernten, was sie zu erwarten hatten, wenn sie sich nicht zurückzogen, um durch Gesichtslecken um Futter zu betteln oder von der Mutter zu trinken. (Gelegentlich – sogar noch, als die Welpen schon vier Monate alt waren – rief die Mutter sie durch Winseln zu sich heran und kaute Futter für sie vor.)

Schon mit sechs Wochen zeigten die Welpen gruppenkoordiniertes (allelomimetisches) Verhalten, das für Rudeltiere so charakteristisch ist: vor allem zusammen laufen, liegen und schlafen, unisono heulen, oft auch mit den Eltern. Auch wenn ein Welpe ein interessantes Objekt in der Umzäunung untersuchte oder wenn einer zu säugen oder das Gesicht von einem der Eltern zu lecken begann, vereinigten sich die anderen, um mitzutun: Eine Magnetwirkung, wobei die Tätigkeiten des einen die anderen anziehen und heranlocken. Die Eltern wurden von dem ganzen Wurf bestürmt, sobald einer nur begonnen hatte, sein oder ihr Maul zu lecken. Und die Welpen konkurrierten untereinander, wobei sie die Intensität ihrer Aktivitäten oder das Gesichtsstubsen gegen die Eltern steigerten (soziale Vereinfachung), so lange bis die Eltern sich zurückzogen oder knurrten und einen oder mehrere Welpen niederdrückten oder Futter für sie erbrachen. Wenn das Weibchen so bestürmt wurde, stand der Gemahl ihr oft dadurch bei, daß er über die Welpen hinwegstieg oder zwischen sie trat oder ihnen ein Knurr-Bellen verpaßte oder einen direkten Blick.

Wir bemerkten kein Anzeichen dafür, daß die Eltern die Welpen lehrten, wie man große Beutetiere erlegt und letzteres konnte keine Vorkehrung sein, die den Umständen in der Gefangenschaft Rechnung trägt. Welpen reagieren instinktiv auf kleine, sich bewegende Objekte und töten schnell kleine Beutetiere wie Ratten und Mäuse. Wie sie den Übergang zum gemeinsamen Jagen mit den Eltern und den älteren Rudelmitgliedern vollziehen, ist eine andere Frage, die schon früher in diesem Buch erörtert worden ist.

Die große Toleranz und Duldsamkeit der erwachsenen Wölfe gegenüber kleinen Welpen ist nicht nur der Unterwürfigkeit der letzteren zuzuschreiben, sondern, wie ich glaube, auch der Tatsache, daß sie kleiner sind und ihre kindlichen Gesichtszüge eine gewisse Zuneigung auslösen oder die Aggression intoleranter Erwachsener hemmen. Im Gegensatz dazu werden die Nachkommen des vorhergehenden Jahres von den Erwachsenen mit mehr Gleichgültigkeit und weniger Toleranz behandelt. Das erinnert zweifellos an das Verhalten menschlicher Eltern: Der »Auslöser« eines Kleinkindes ist sehr viel stärker als der eines Kindes in der frühen Pubertät.

Die manipulierenden Tätigkeiten einiger gefangener Wölfe sind legendär. Die Wölfe von Dr. BENSON GINSBURG aus Chicago konnten sich gegenseitig die Zwinger öffnen und das Licht und den Wasserhahn im Tierraum aufdrehen. Der männliche Wolf, der im St. Louis Zoo beobachtet worden war (die vorhergegangenen Beschreibungen von elterlichem Verhalten handeln von diesem Männchen und seiner Gefährtin; es war das erste Mal, daß jeder von ihnen Welpen aufzog), ergriff das beschwerte Ende einer Seilrolle und öffnete oder schloß die gleitende Tür, die den Zugang zu einem Auslauf freigab. Wenn dieser mit dem Wasserschlauch gespritzt wurde, machte er die Tür zu und schloß seine Familie drinnen ein. Sobald der Zwinger draußen geputzt worden war, öffnete er die Tür wieder und gestattete seiner Familie wieder herauszukommen.

Der Wolf genießt daher in seiner frühen Kindheit verhältnismäßig große Freiheit; seine Eltern gestatten ihm viel, sind aber nicht übertrieben nachsichtig. Die Jungen werden erzogen und lernen, ihre Eltern zu respektieren. Für die soziale Stabilität ist es wichtig, daß im Lager eine soziale Hierarchie errichtet wird. Die Eltern hindern dies nicht durch allzu große Einmischung, ebensowenig durch Bevorzugung oder Mißhandeln eines Welpen gegenüber anderen. Wenn die Kämpfe allerdings zu heftig werden, dann können die Eltern sie abbrechen. Der Welpe wächst heran und lernt die Topographie des Heimatgebietes des Rudels kennen, dabei wird er langsam als ein rangniederer Jüngling in das Rudel integriert. Sein Status wird zum Teil durch den Status der Eltern bestimmt. Er lernt auch die Grenzen des Heimatgebietes und des Jagdreviers des Rudels kennen und meidet die Territorien benachbarter Rudel. Der erste Winter freilich ist vielleicht die härteste Probe für den Welpen. Die Sterblichkeit ist hoch. Diese biologische Kontrolle – wir erinnern an frühere Ausführungen – fungiert als natürliche Selektion, wodurch sichergestellt wird, daß nur die härtesten, die tüchtigsten, die besten Welpen (wenn überhaupt welche) des Wurfes überleben. Sie können in das Hauptrudel aufgenommen werden oder bei einem ihrer Elternteile und einem oder mehreren Erwachsenen als einem eigenen oder zum Teil angeschlossenen Rudel bleiben. Genau war nicht abzugrenzen, was vorkommt: wie schon früher erwähnt, kann ein Rudel eine Familie repräsentieren oder auch nicht, oder einige Individuen des Hauptrudels können zeitweilig zu dem Familienverband stoßen, so daß es im selben Heimatgebiet ein wechselndes Rudel und ein zweites Rudel gibt.

GORDON HABER (persönliche Mitteilung) hatte während seiner Arbeit an seiner Dissertation über die Wölfe des Mount McKinley Nationalparks die seltene Gelegenheit, das Sozialleben der Wölfe sogar zur »Nest«-Zeit und während ihrer Fürsorge für die Jungen zu beobachten. Die Welpen, so fand er heraus, wurden immer mit einem Babysitter zurückgelassen, einem jungen Weibchen, das der Mutter, wenn sie zur abendlichen Jagd hinausging, im Rang untergeordnet war. Tagsüber lag die Mutter im Busch, 200 bis 300 Meter von der Höhle entfernt, wohin sie alle zwei Stunden zurückkehrte, um die Jungen zu säugen. Die gemeinsame Zusammenarbeit für die Aufgabe, den Welpen Fleisch heranzuschleppen (im Magen oder zwischen den Kiefern), war bei den von ihm beobachteten Familien sehr beeindruckend. Er entdeckte auch bei einer Gelegenheit, daß andere Rudelmitglieder dem verletzten Alpha-Wolf Futter brachten. Solcher Altruismus macht die Tatsache, daß das Rudel ein verletztes Mitglied, ja sogar seinen Führer töten kann – wie es Dr. DURWARD ALLEN im Isle Royal Park erlebte – schwer verständlich.

Im Alter von zehn bis zwölf Wochen werden die Welpen zu geschlagener Beute geführt, die in der Nähe der Höhle liegt, so daß die Erwachsenen in die Lage kommen, sie allmählich gewissermaßen zum zweiten Mal zu entwöhnen. HABER sah auch häufig, wenn die Welpen zusammen spielten, eine Umkehrung der Dominanz, insofern als ein ranghöherer einem rangniederen erlaubte, sich als Dominierender aufzuführen. Möglicherweise war das ein Vorspiel für das Ritual des Knochenüberreichens im Erwachsenenalter. HABER bemerkte, daß ein dominierender Welpe öfters einen Knochen in einer Art spielerischer Statusentfaltung benutzte, um damit herumzuparadieren. Dabei erlaubte er den anderen nicht eher den Knochen anzufassen, als bis er selbst das Interesse daran verloren hatte und der Knochen zum Grabschen freigegeben war. Während er diese Wölfe beobachtete, wurde HABER selbst manchmal beobachtet, und der Wolf stieß ein knurrendes Bellen gegen ihn aus, das zweifellos eine Warnung bedeutete. Ein andermal hatte er den Eindruck, daß der Wolf sich selbst als Köder benutzte, indem er sich ihm zeigte und Laute gab, um ihn von der Höhle und den Welpen fortzulocken. Das hilft mir zu erklären, was eine Wölfin tat, als ich die Höhle mit ihren Jungen betrat, während sie in einer angrenzenden Höhle zurückgehalten wurde. Sie erhob sich und stieß eine ganze Serie von Bell-Geheul gegen mich aus. Das Bellen-Heulen kann auch eine Herausforderung sein, wie CRISLER (1968) berichtet, deren Wölfe diese Laute gegen eindringende Hunde ausstießen. Mein eigener Präriewolf-Hunde-Mischling läßt die Nachbarschaft sein Bell-Heulen hören, wenn fremde Hunde sich nähern.

Es gibt viele Grenzen für das Studium von Interaktionen zwischen Mutter und Kind unter den Bedingungen der Gefangenschaft, wo die Mutter gar keine Möglichkeit hat, den ewig aktiven, auffordernden, verlangenden, saugenden und kauenden Welpen zu entkommen. Die Häufigkeit und Intensität einiger Verhaltensmuster, wie das Drohen zur Vergrößerung des sozialen Abstandes und zum Vertreiben der Welpen, ist in der Gefangenschaft höher, wenngleich das Verhalten dasselbe bleibt. Daher wurden auch die Welpen von vier Würfen mit ihren Müttern, die man kürzlich gefangen hat und im Naval Arctic Research Laboratory in Point Barrow in Alaska beobachtete, oft bedroht und mit gehemmten Bissen traktiert, wenn sie im Alter von sieben bis neun Wochen zu saugen versuchten. Zur Fütterungszeit konkurrierten jedoch drei von den vier Müttern nicht mit ihren Welpen und erlaubten ihnen, das Futter aus ihren Kiefern zu schnappen. Die einzige Wölfin, die keinen ihrer Welpen ans Futter heranließ, bevor sie sich vollgefressen hatte, erbrach kurz darauf das meiste, was sie so gierig verschlungen hatte, für sie. Alle vier Wölfe vergruben das überschüssige Futter im Kiesboden ihrer Zwinger. In der Wildbahn wird überschüssige Nahrung, wenn die Welpen etwas älter sind, in ähnlicher Weise in einiger Entfernung von der Geburtshöhle oder dem allgemeinen Treffpunkt versteckt. Eine meiner eigenen Beobachtungen illustriert wunderbar, wie wenig Mutterwölfe mit ihren Welpen konkurrieren. Ich gab einem der Polar-Würfe eine tote erwachsene Ratte. Der dominierende Welpe nahm sie in Besitz. Die Mutter kam heran, um die Ratte zu beschnüffeln – und wurde angeknurrt und von ihrem achtwöchigen Kind um die Schnauze gepackt. Sie schaute auf, verhielt und lief dann schnell in eine Ecke der Einfriedung, grub dort ein Stück Karibu-Fleisch aus und trug es zu dem Welpen rüber. Er ließ sofort die Ratte fallen. Sie führte ihn dann zu einer entfernten Ecke der Einfriedung, ließ das Fleisch fallen und überließ es ihm, während sie zurücklief und die Ratte nahm.

MURIE berichtet von zwei Wölfinnen, die ihre Höhle teilten, um ihre Welpen aufzuziehen. Um dies weiter zu erforschen, wurden drei verschiedene Würfe und ihre Mütter zu Paaren zusammengesteckt und beobachtet. Bei der einen Kombination gab es etwas Schwierigkeiten zwischen den Wölfinnen, als eine versuchte, die versteckte Nahrung der anderen zu klauen. Die Rangniedere verteidigte ihr Eigentum und ein kurzer Kampf entbrannte, den sie verlor. Keinerlei Aggression richtete sich gegen die Welpen. Bei einer anderen Kombination versuchten die achtwöchigen Welpen der einen Wölfin bei der anderen zu säugen, die sich sehr tolerant verhielt und sie nicht maßregelte, während sie zehn Minuten früher ihre eigenen Welpen für den Versuch, bei ihr zu säugen, bestraft hatte. Die beiden Muttertiere dieser Kombination unternahmen auch viel gemeinsam. Sie spielten, jagten und rangen, grüßten sich aber auch, und eine leckte die Kinder der anderen.

Bei diesen vier Polar-Würfen konnten Lautgebungen mit niedriger Intensität, wie sie normalerweise in der Wildnis nicht zu hören sind (wie das früher beschriebene Auffordern zum Pflegen, Grunzen und Winseln), aufgenommen werden. Ein Grunzen oder ein beschleunigtes Knurr-Bellen schickte die Welpen sofort in ihre Nestkisten zurück. Dieses

Warnsignal tauchte immer dann auf, wenn sich eine fremde Person der Einfriedung näherte. An- und abschwellendes Winseln dagegen brachte die Welpen heraus zum Futter oder zum Aufpassen (Pflegen oder Spielen). Wenn Wölfe in anderen Einfriedungen zu heulen begannen, liefen die Welpen aus ihren Nestkisten und nahmen mit viel Schwanzwedeln und Gesicht-Lecken Anteil daran. Das Drohen während der Fütterung enthielt Knurren und Winseln; die Welpen gaben Laut, blieben gespannt und unbeweglich, und wie bei den Erwachsenen folgten auf Drohungen oft Leckintentionen (oder Lecken ins Leere). Wie LOUIS CRISLER beobachtet hat, versuchen Wölfe, sogar auch Welpen, zunächst durch Lautgeben und nicht durch Beißen Einfluß zu nehmen. Auf eine Folge von kurzen, schwachen Winsellauten folgten die Welpen sofort dem Muttertier, näherten sich ihm und leckten sein Gesicht. Die Mutter erbrach dann – oder sogar schon bevor die Welpen sie erreicht hatten, Fleisch für sie. Das Fleisch war immer frisch und in etwa handgroßen Stücken. Es war, wie in der Wildnis, überhaupt noch nicht verdaut, aber mit Speichel und Magensaft überzogen. CRISLER gibt auch einen klaren Bericht über die Laute in engster Nähe, die sie als »Wolfs-Gespräche« beschreibt. Das Tier gibt eine lange Reihe von innigen und wilden gemischten Schreien und Bellern von sich, die sich alle um eine Stimmungslage ranken. Sie beschreibt auch den Mechanismus des Wolfsgeheuls oder -gesangs als eine Art von Heulen, bei dem die Zunge im Mund aufwärts und abwärts gebogen wird wie ein Posaunenschieber. Bei einem langen Ton wird die Zungenspitze gegen den Gaumen gerollt. Die Töne werden durch eine Veränderung der Wangenanspannung geformt. Wenn sie mit den Wölfen im gleichen Ton sang, wechselten die Wölfe um ein oder zwei Töne. Sie schloß daraus, daß Wölfe Unisono-Gesang meiden und stattdessen Chorgesang vorziehen.

Im Gegensatz zum Wolf bildet der Präriewolf kein Rudel: Eine Familiengruppe kann die Eltern, die Jährlinge und einen Wurf Säuglinge umfassen. Gewöhnlich werden die Jungen, wenn sie das erste Lebensjahr vollendet haben, von den Eltern weggetrieben. Die Eltern gehen bis zur nächsten Brunstzeit getrennte Wege – oder auch nicht. Der Rotfuchs verläßt auch seine Nachkommen oder vertreibt sie, und die Eltern trennen sich ebenfalls bis zur nächsten Brunstzeit, die Wölfin dagegen bleibt nahe der Höhle. Verglichen mit dem Wolf, verbringen sie wenig Zeit mit ihren Nachkommen. Hauptsächlich sorgen sie für ihre vegetativen Bedürfnisse. Gelegentlich spielen sie mit ihnen. Man entdeckte sowohl bei den Würfen von Präriewölfen als auch bei Füchsen eine deutliche Dominanzhierarchie, vor allem bei den Füchsen. Die Intensität und Häufigkeit von Kämpfen ist bei ihnen jedoch viel stärker als bei den Wölfen. Das kann letztlich zum Auseinandertreiben der Jungen führen.

Nach VAN DE MERWER wirken ähnlich trennende Kräfte auch beim Schabracken-Schakal (d.h. Zurückziehen der Eltern vom Wurf und individuelles Zurückziehen innerhalb des Wurfes). Er stellte fest, daß zwischen Wurfmitgliedern Paarverbindungen geknüpft wurden, und demzufolge gibt es einen guten Teil Inzucht durch Bruder-Schwester-Verbindungen beim Schabracken-Schakal. Das könnte ein besonders anpassungsfähiger Mechanismus zur Erhaltung eines weitgehend homogenen Gen-Pools bei verwandten Individuen sein, die über ein Gebiet verstreut sind, auf das sie sich als Folge der Inzucht spezialisiert (und genetisch stabilisiert) haben. Solche Inzucht durch Bruder-Schwester-Verbindungen ist beim Wolf äußerst unwahrscheinlich, weil die Weibchen im Alter von zwei Jahren zur Reife kommen. Ein Jahr früher als ihre Brüder. Im Gegensatz zum Schakal, taucht Inzucht im Rudel eher als innerhalb des Wurfes auf, was wiederum ohne Zweifel die Gen-Stabilität und die Spezialisierung auf einen bestimmten ökologisch passenden Ort oder ein geographisches Gebiet unterstützt.

BURROWS (1968) kommt beim Überblick seiner Studien am Rotfuchs zu dem Schluß: »Ich glaube, das wirkliche Familienleben findet nur statt, solange die Welpen in der Erde sind, und die Verbundenheit bezieht sich nur auf Mutter und Kinder. Der Fuchsrüde mag gelegentlich, etwa während der ersten Lebenswoche, etwas Nahrung bringen, aber er teilt nicht die Verantwortung für das Futter mit der Füchsin. Es ist die Füchsin, die die Welpen füttert und mit ihnen spielt, aber selbst dieses Verhältnis dauert nur wenige Wochen, nach denen es langsam ausklingt. Die Welpen werden mehr und mehr unabhängig, die Besuche der Füchsin werden seltener und die Vitalität des Welpenspiels nimmt immer mehr zu. Diese Vitalität hat, wie ich vermute, zur Folge, daß im August und frühen September einige Welpen von dem Wurf vertrieben werden. Vielleicht bleiben einige Mitglieder des Wurfes zusammen bis zur ersten Paarungszeit, dann gehen sie ihre eigenen Wege. Wir wissen, daß Welpen, sobald der Wurf auseinandergelaufen ist, lange Strecken zurücklegen – markierte ›Jünglinge‹, so fand man heraus, hatten 30 Meilen von ihrem Geburtsgebiet zurückgelegt – und dieses Auseinanderlaufen wird, so glaube ich, von den Füchsinnen unterstützt. Viel Geschrei hört man Ende Juli und, wie ich annehme, stammt es nicht von den Welpen, sondern ist gegen sie gerichtet«.

Wie auch immer der Mechanismus sein mag, der die Welpen auseinandertreibt, für mich gibt es da wenig wirkliche Familie aufzulösen; ich glaube nicht, daß die Familieneinheit eine große Bedeutung für den Lebenszyklus des Fuchses besitzt.

Zwischenartliche Verbindungen bei Caniden

Einige Beobachter berichten aus dem freien Feld von fesselnden sozialen Beziehungen zwischen Caniden und anderen Tieren, wobei es sich nicht um Räuber-Beute-Verhältnisse handelt. Doch zunächst müssen wir das Faszinationsverhalten erörtern, das bei Rotfuchs, Präriewolf, Schabracken-Schakal und Wolf schon kurz erwähnt wurde. Dieses Verhalten, das sich gegen eine Beute richtet, wie etwa eine Ente auf dem See oder ein Kaninchen im offenen Feld, setzt sich im wesentlichen aus einer bizarren Folge von Im-Kreis-Tanzen, Saltoschlagen, Auf-den-Rücken-rollen und Schlängel-Bewegungen zusammen. Möglicherweise pirscht der Canide aus Mangel an passender Deckung nicht die Beute an, sondern entfaltet dieses Benehmen, das die Beute anlocken soll. Sie nähert sich, um zu untersuchen, was da los sei, oder flieht nicht, während das Raubtier langsam näherkommt, wobei es sich so auffällig benimmt. Ähnliches Verhalten sah man bei einem Präriewolf, der einen kleinen Haushund (Chihuahua) zum Spiel aufforderte. Während der Präriewolf tanzte und Saltos schlug, kam er dem Hund näher und näher bis er ihn plötzlich mit den Vorderpfoten anstieß und scheinbar nach ihm biß. Dasselbe Verhalten wurde bei Präriewolf, Rotfüchsen und Wölfen beobachtet, wodurch sie effektiv die Entfernung zwischen sich und der Beute verringerten. Letztere kam neugierig näher oder blieb ruhig und floh nicht, während das Raubtier immer näher kam. Gelegentlich sah man einen Fuchs oder einen Präriewolf sich so wegen einer Krähe aufführen. Doch im letzten Augenblick entkam die Krähe, flog dann zurück und setzte sich in sicherer Entfernung von dem Caniden, der jenes Verhalten noch einmal entwickelte, nieder. Ganz offensichtlich scheint da ein Spiel zwischen den beiden Tieren stattzufinden.

BURROWS und andere fanden heraus, daß der Rotfuchs seine Höhlenregion mit Beutetieren wie Kaninchen und verschiedenen bodennistenden Vögeln teilen kann. Diese offensichtliche Toleranz oder Gleichgültigkeit im Zusammenleben zwischen Beute und Raubtier ist ein mysteriöses Phänomen. Möglicherweise löst die Beute nicht den Beute-Töten-Reflex aus, wenn sie sich innerhalb des Wohnbereiches des Räubers befindet. Das Raubtier reagiert vielleicht nicht auf die Auslösungsreize durch das Beutetier, wenn es nicht motiviert ist, außerhalb seines Jagdgebietes zu jagen. Es kann sein, daß daraus für beide, Beute und Räuber, gegenseitiger Nutzen erwächst. Das Beutetier ist vor anderen Räubern geschützt, die aus dem Höhlengebiet des residierenden Raubtiers abgeschreckt werden, welches andererseits durch die Reaktionen seiner »Hausgenossen« vor möglichen Gefahren, etwa der Annäherung, gewarnt wird.

Der Präriewolf kann eine alte Dachshöhle benutzen und verbringt nur wenig Zeit damit, sein übernommenes Quartier zu vergrößern. Auch der Rotfuchs kann so eine Dachshöhle benutzen, wenngleich alle Caniden fähig erscheinen, ihre eigene Höhle oder eine ganze Reihe von Höhlen auszuheben. Bei den meisten Caniden arbeiten Männchen und Weibchen bei der Vorbereitung der Höhle vor der Geburt der Jungen zusammen, doch beim Rotfuchs scheint das Weibchen für diese Tätigkeit ausschließlich zuständig zu sein.

Abb. 127 Gegenseitige Unterwürfigkeit bei jungem Kojoten und Wolf. Beide rollen sich in die seitliche Unterwerfungslage; man beachte die zurückgelegten Ohren, das unterwürfige Grinsen und die Tendenz, sich auf die nächste Seite zu drehen und das Hinterbein zur Leistenpräsentation zu erheben.

Abb. 128 Erheben der Vorderpfote eines jungen Kojoten, der durch einen Wolf beim Spielen (übertriebene Annäherung) beschlichen wird.

Abb. 129 Anheben des Hinterbeines (Leistenpräsentation) bei einem jungen Kojoten im Spiel mit einem Wolf.

Abb. 130 und 131 Seitliche Unterwerfungslage und passive Unterwerfung eines jungen Kojoten während der sozialen »Untersuchung« durch zwei kleine Wölfe.

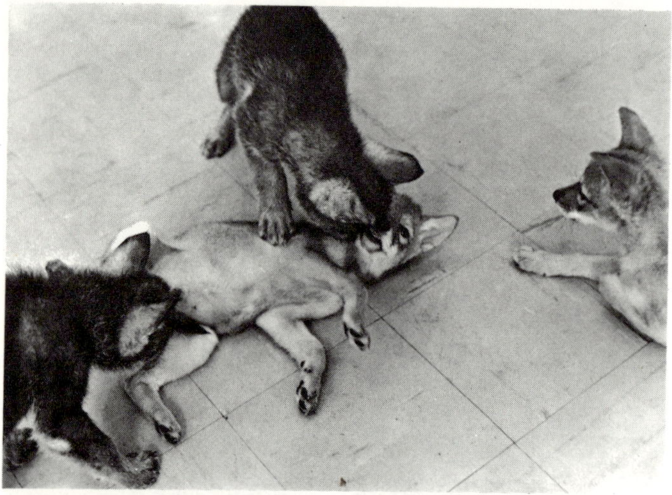

Abb. 131

Abb. 132 Spielsequenzen zwischen einem erwachsenen Wolf und einem Rotfuchs. Aktiv unterwürfiges Verhalten des Wolfes schließt Schwanzwedeln, unterwürfiges Grinsen und Leckintentionen ein; das Pfoteln gegen das Gesicht mag eine Spielaufforderungs-Geste sein.

Abb. 133 Direkter Augenkontakt bei der Annäherung des Wolfes: Der Fuchs zieht sich zurück, zeigt den Spielgesicht-Ausdruck und wedelt mit dem Schwanz.

Abb. 134 Der Wolf wendet den Kopf auf eine Seite, in übertriebener Vermeidung des Augenkontaktes, was man während des Spiels öfters sieht. Der Fuchs entfaltet drohendes Maulsperren mit geringer Intensität.

Es gibt Berichte über Präriewölfe und Dachse, die bei der Jagd offensichtlich zusammengearbeitet haben; der Dachs kann dichtes Dickicht durchdringen, Beute aufstöbern und heraustreiben, die der Präriewolf dann ergreift. Das scheint ein ziemlich einseitiges Verhältnis zu Gunsten des Präriewolfes zu sein, und wirkliche zwischenartliche Zusammenarbeit mag es vielleicht weniger geben als es auf den ersten Blick scheint. Der Rotfuchs hat ein indirektes Verhältnis zu Rindern. Man kann beim Rotfuchs beobachten, wie er eine Rinderherde passiert oder eine abgegraste Wiese, und wie er systematisch mit der Nase unter die Kuhfladen stößt und die darunterliegenden Insekten und Larven aufnimmt.
Präriewolf, Schabracken-Schakal, Rotfuchs und Wolf können gelegentlich mit Haushunden wechselseitig zusammenwirken. Man beobachtete Spielen und nicht-kämpferisches Vertreiben; Bauernhunde sind schon verdächtigt worden, mit Präriewölfen, Schabracken-Schakalen und Wölfen gemeinsam gejagt und sich mit diesen gekreuzt zu haben.
Polarfüchse folgen Eisbären wie Aasfresser. Wieweit Präriewolf und Rotfuchs mit dem Wolfsrudel Kontakt halten, um die Überbleibsel fressen zu können, muß noch untersucht werden. Ein solches Verhältnis würde wahrscheinlich gestört werden, wenn »Schlepptau«-Wölfe anwesend wären – Tiere, die vom Rudel ausgestoßen worden sind und ein schwieriges Dasein fristen, indem sie das aufsammeln, was von der Beute des Rudels liegen geblieben ist. Ähnlich jagt der Schakal, gleich dem Fuchs und dem Präriewolf, nach kleinen Beutetieren unabhängig. Er kann eine engere Aasfresser-Beziehung wie die Hyäne zum

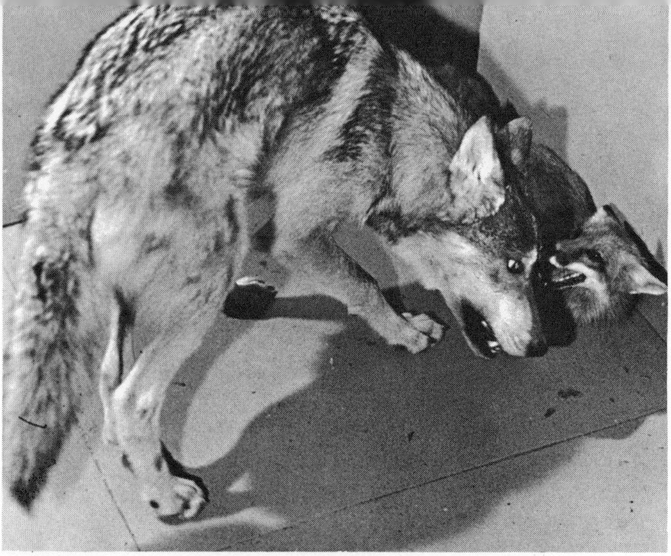

Abb. 135 Bei größerer Nähe zeigt der Wolf seine Augen, indem er seinen Kopf auf eine Seite dreht und dann schnell direkt zum Fuchs hinblickt.

Abb. 136 Der Fuchs rollt sich auf den Rücken und scheint seinen Schwanz dem Wolf zu zeigen.

Abb. 137 Der Wolf packt den Fuchs am Schwanz und zieht ihn rund um die Arena, wobei sich der Fuchs gelegentlich umdreht, um gehemmte Bisse gegen das Gesicht des Wolfes zu richten.

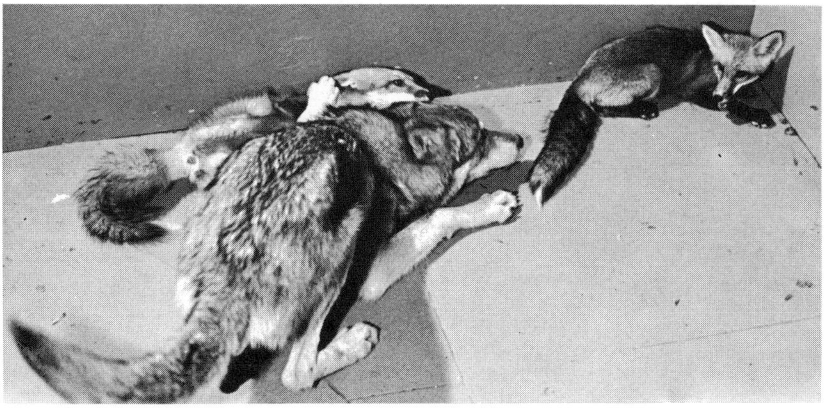

Abb. 138 Der Wolf nähert sich und fordert andere Füchse zum Spielen auf, indem er mit dem Schwanz wedelt und sich auf den Boden drückt, eine Geste, die man als aktiv-unterwürfige Annäherung interpretieren muß.

Löwen und zum Hyänenhund unterhalten. Der Panther bringt nur teilweise gefressene Beutestücke in Baumgabeln unter, um sie vor den aasfressenden Schakalen zu sichern.
Andere Verhältnisse zwischen Caniden sind nur spärlich dokumentiert. Wölfe können die enge Nähe von Präriewölfen und Rotfüchsen tolerieren, aber einige Berichte zeigen auch, daß der Rotfuchs vom Wolf gefressen werden kann. Studien über zwischenartliche Verhältnisse zwischen Caniden in Gefangenschaft zeigen, daß ein erwachsener Rotfuchs und ein Wolfs-Jährling zusammen spielen, ebenso Polarfuchs und Rotfuchs oder Präriewolf und Wolf. Bei dem Wolfsweibchen gab es mit zunehmendem Alter bei dieser Studie eine zunehmende Intoleranz, während das Männchen tolerant blieb. Hund und junger Präriewolf, Rotfuchs und Wolf waren auch sozial vereinbar und sehr verspielt, genau wie junge Goldschakale mit jungen Präriewölfen und Wölfe mit Hunden.
Die Präriewölfe zeigten gegen Ende des ersten Lebensjahres zunehmende Intoleranz, wenn die Paarverbindungen geknüpft wurden. Aggression zwischen Weibchen derselben Art ist bei Hund, Wolf und Präriewolf größer, kämpferisches Verhalten zwischen Männchen dagegen weniger intensiv und mehr ritualisiert. Beim Wolf stellte man eine deutliche Hierarchie zwischen den Weibchen fest, genau wie eine Männchen-Männchen-Hierarchie und eine Männchen-Weibchen-Hierarchie. Verhältnisse zwischen Rudel-Mitgliedern werden auch durch Paarverbindungen in der Paarungszeit und durch das Sich-aneinanderschließen von Mitgliedern des gleichen oder anderen Geschlechts erschwert.
Man sah Spiele zwischen jungen Graufüchsen und Rot- sowie Polarfüchsen, aber in entscheidenden Situationen (Konkurrenz um Nahrung und Beute) war der kleinere Graufuchs überlegen. In Verbindung mit dem Rotfuchs unterstützt diese zwischenartliche Dominanz des Graufuchses die Beobachtungen von Graufüchsen, wenn sie das Jagdgebiet von Rotfüchsen in bestimmten Gebieten der USA übernommen haben (van Wormer 1964). Dies wird durch die Zusammenarbeit und Unterstützung erleichtert, die von den Paarbildungen ausgehen, die bei Graufüchsen ein dauerhafteres Verhältnis als bei Rotfüchsen darstellen.
In Gefangenschaft bemerkte man gemeinsame Lautgebungen verschiedener Arten in Form von gemeinsamem Heulen oder Singen zwischen Dingo und Wolf, Wolf und Präriewolf

Abb. 139 Wölfe, die sich im Geruch eines Bibers wälzen; sie tauchen gleichsam ein und drehen sich dann auf den Rücken, so daß der Stoff auf ihren Nacken und Schultern verteilt ist.

sowie Präriewolf und Goldschakal. Grau-, Rot- und Polarfüchse beteiligen sich im selben Areal nicht an den zwischenartlichen Chören. In meiner eigenen Kolonie vokalisieren die Goldschakale am eifrigsten, und gewöhnlich eröffnen sie den interartlichen Chorus mit den Wölfen und – diesen vorangehend – den Präriewölfen.

Die Reaktionen eines Caniden auf Körpersekretionen – Kot und Urin – eines andersartigen Caniden sind sehr unterschiedlich. Rot- und Polarfuchs wälzen sich nur selten in den Ausscheidungen von Präriewolf, Schakal oder Wolf oder gar fremden Artgenossen. Sie decken gewöhnlich alles mit ihrem eigenen Urin oder Kot ab. Der Graufuchs wälzt sich mit einer Seitwärtsdrehung des Kopfes, indem er Nacken und Wangen mit dem Stoff bedeckt. Unsere Graufüchse zeigen eine einzigartige Reaktion auf Urin oder Kot von Zwingergefährten; sie bedecken solche Ausscheidungen mit ihren eigenen Sekretionen, und zwar müssen dann zwei im Wechsel fünfzehn Minuten lang zehn bis fünfzehnmal genau auf dieselbe Stelle koten oder urinieren. So verhielten sie sich, als wir sie in ein Beobachtungsareal gesteckt hatten. Innerhalb des Zwingers zeigten die Rotfüchse eine bemerkenswerte Akkuratesse und unveränderliche Beharrlichkeit beim Urinieren und Koten in eine Wasserschüssel, die 30 cm vom Boden entfernt am Käfig angebracht war.

Man hat nicht gesehen, daß Präriewolf, Hund und Wolf die Sekretionen fremder Caniden mit ihrem eigenen Kot oder Urin zudecken. Sie tauchen sich normalerweise ein und wälzen sich in solchen Stoffen, so daß die Halsseiten, Wangen und Schultern damit in Berührung kommen. Der Wolf, weniger der Präriewolf, der Graufuchs und ganz selten der Rot- und Polarfuchs wälzen sich in anderem Material wie toter Beute, wobei sie sich ganz daran reiben oder nur das Kinn, die Wangen und die Kehle. Rot- und Polarfuchs bedecken stattdessen die tote Beute oder einen Knochen mit Urin oder Kot. Kommt es mit einem Gleichartigen zur Konkurrenz um Futter, wird dieses Wälzen für den Versuch zurückgestellt, das ungefressene Futter zu erwischen, und alle Caniden werden versuchen, eine Ecke des Kampfplatzes umzugraben. Sie beenden solche nutzlosen Aktivitäten bald, und schließlich liegen sie auf der Beute, um andere daran zu hindern, nach ihr zu greifen.

Das führt uns zu den Unterschieden im sozialen Verhalten der Caniden während des Fres-

Abb. 140 Ein Graufuchs, der seinen Hals und seine Wangen im Geruch eines Eisfuchses reibt. Diese Spezies rollt sich nicht wie die Wölfe auf den Rücken. Beachten Sie den deutlich dunklen Streifen auf dem Schwanz, worunter die Analdrüse liegt.

sens. Normalerweise hilft das Männchen dem Weibchen, Nahrung zu den Jungen zu bringen. Die Wolfsfamilie zeichnet sich dadurch aus, daß die Eltern in der Gefangenschaft ihren Jungen gestatten zu fressen, bevor sie selbst es tun; Auseinandersetzungen um Nahrung zwischen Eltern und Kindern hat man bei Wölfen nie gesehen. Das steht im Gegensatz zu den häufigen Auseinandersetzungen, die man zwischen Hundeeltern und ihren Nachkommen beobachten kann, wenn die Jungen einmal sechs bis zehn Wochen alt geworden sind. Einige Hündinnen zeigen nicht solche Intoleranz, aber die beobachtete Intoleranz kann beim Hund auch einen anderen Ursprung reflektieren oder einen gewissen Einfluß der Domestikation auf soziales und mütterliches Verhalten zeigen.

Bei den Wölfen kann während des Fressens die Vorherrschaft behauptet werden, aber es gibt bei ihnen weit mehr gegenseitige Toleranz beim Fressen als bei verschiedenen Hunderassen (namentlich den Terriern). Eindeutiger nahm man die Vorherrschaft beim Fressen bei Würfen junger Präriewölfe wahr, wohingegen Vorherrschaftsbezüge bei Wölfen erst in einem viel späteren Alter herauskommen. Bei Hund und Präriewolf wird die sagenhaft stabile Vorherrschaft zur Zeit der Fütterung um das Alter von zwölf Wochen fest etabliert. Im Wolfslager herrscht weniger Streit und mehr Toleranz, so daß die Vorherrschaftshierarchie keine solche Rolle spielt. Dennoch treten in manchen Lagern persönliche Differenzen zutage, wenn die sozialen Verhältnisse geregelt werden. Manche Welpen beweisen bei der Verteidigung des Futters größeren Ernst als andere. Tatsächlich beteiligt sich der ranghöchste Wolf – für Spiele und Spielkampfangelegenheiten – wenig oder gar nicht an Auseinandersetzungen mit seinen Gefährten um das Futter. Bei den Jährlingen und vor allem bei den voll erwachsenen Wölfen gibt es beim Fressen eine deutlichere Unterscheidung in der Dominanzfolge. Man kann normalerweise den Alpha- und den Betawolf und die sehr tiefrangigen Individuen erkennen, eine einfache 1-2-3-4-Reihenfolge wird nicht klar. Bei anderen Caniden ist das ranghöchste Individuum während Spielkämpfen gewöhnlich auch das dominierendste bei Auseinandersetzungen um das Futter. Bei Präriewölfen und Hunden hat man mit zwölf Wochen eine stabile Dominanzhierarchie gesehen, aber im krassen Gegensatz dazu zeigen Rot- und Polarfuchswürfe eine ansteigende In-

Abb. 141 Antithese der Ausdrücke: der Wolf nähert sich dem Kojoten, indem er aktive Unterwerfung durch Schwanzwedeln und Ohren- und Lippenzurückziehen und Leckintentionen zeigt. Der viel kleinere Kojote versucht, den sozialen Abstand durch eine Drohhaltung zu vergrößern. Der Kojote ist extrem intolerant gegenüber dem verhältnismäßig rauhen Spiel des viel kontaktfreudigeren und sozialisierbaren Wolfes (Foto R. La Rouche).

toleranz, wiederholtes Futterstehlen sowie intensive defensive und offensive Aggressionen im Zusammenhang mit dem Nahrungsbesitz. Die gegenseitige Intoleranz nimmt so lange zu bis der Fuchswurf auseinanderläuft. Das Hierarchiesystem bei Präriewölfen und Hunden sowie in noch stärkerem Ausmaß der hohe Grad von Toleranz ohne offensichtliche Rangfolge beim Wolf resultieren aus der größeren sozialen Stabilität innerhalb des Wurfes oder Rudels. Der Zerstreuungsmechanismus, der in einem späteren Alter bei den Präriewölfen zum Wirken kommt (und bei den Schakalen: VAN DER MERWE 1953), mag nicht nur das Ergebnis gegenseitiger inter- und besonders intrasexueller Intoleranz vor der Pubertät sein, sondern auch ein Ansteigen der Aggression zu Beginn der sexuellen Aktivität. Beim Rotfuchs, muß man betonen, setzt das Auseinanderstreben schon vor dem Beginn der sexuellen Aktivität ein. So etwas gibt es nicht im Wolfslager; Vertreibung aus dem Geburtshöhlenlager hängt mit der Berufung ins Erwachsenenrudel zusammen; derartige soziale Kräfte, wie zwischen einzelnen Wölfen verschiedenen Alters, finden sich nicht bei den weniger sozialen Caniden.

Die vergleichende Ethologie des Haushundes

Viele Theorien über den Ursprung oder die zahlreichen Ursprünge des Haushundes wurden überprüft (SCOTT und FULLER 1965; FOX 1965). Wir sind der Wahrheit gegenwärtig etwas näher als vor einer Dekade, als man der Meinung war, daß der Wolf, *Canis lupus*, aller Wahrscheinlichkeit nach der direkte oder lebende Vorfahr des Hundes, *Canis familiaris*, sei. Diese Ansicht basiert auf morphologischen und Verhaltens-Kriterien, doch der Beweis dafür ist weit davon entfernt, überzeugend zu sein. Immerhin können wir als Ergebnis vergleichender ethologischer Studien anfangen, mehr über einige Verhaltensmuster, wie sie im Haushund gegenwärtig sind, zu lernen. Als Folge der Domestikation – genetische Selektion oder soziale Umgebung, in der der Hund aufgezogen und dressiert worden ist – mögen einige dieser Verhaltensmuster die folgenden Modifizierungen durchmachen: a) Atrophie oder Hypertrophie, Anhebung oder Absinken der Reaktionsschwelle; b) Auslassung, Wiedereinführung oder Übersteigerung einer oder mehrerer Komponenten einer Verhaltenssequenz; c) Emanzipation und Ritualisierung, wo ein Verhaltensmuster oder eine Komponente in einem differenzierten Motivations-Zusammenhang, verglichen mit anderen Arten, erscheint (d.h. phylogenetische Ritualisierung und Spezialisierung); d) als ein Ergebnis der Sozialisierung und des Trainings können neue Muster oder Kombinationen erworben oder artspezifische Muster modifiziert werden (d.h. ontogenetische Modifikation und Pseudospezialisierung).

Beim Studium gewisser Verhaltensphänomene der wilden Caniden können wir damit beginnen, ihre Absichten oder die Signalwerte und ihre Anpassungsfähigkeit an eine bestimmte Umgebung oder eine soziale Organisation zu verstehen. Wir können auch einen Blick in den Entwicklungsprozeß oder Ontogenie und in die Evolution oder Phylogenie bei nah verwandten Arten (LORENZ 1958) tun. Dieses Kapitel soll verschiedene Verhaltensaspekte des Haushundes behandeln, mit denen der Leser bis zu einem gewissen Grade vertraut ist. Neue Dimensionen dieser Aspekte des canidischen Verhaltens werden durch Vergleichen und Gegenüberstellen der Ontogenie und Phylogenie des Verhaltens wilder Caniden, wie Wolf, Präriewolf, Grau-, Rot- und Polarfuchs, hinzukommen.

Das Bellen und das Territorium

Mit dem Alter von vier Wochen hat der Hund den größten Teil seines Repertoires an Vokalisationen entwickelt – Bellen, Kläffen, Winseln, Knurren und Heulen. Anders als jeder wilde Canide ist der Haushund sehr lautfreudig. Er ist einmalig unter den Caniden mit seiner Neigung, in den verschiedensten Situationen zu bellen. Das bekannteste ist das Bellen gegen Fremde, die nahe oder sogar auf dem Heimatterritorium des Hundes sind. Auch kann sich dieses Bellen dann ausbreiten, so daß einige Hunde in der Nachbarschaft mitbellen, nicht wie die gemeinsam heulenden Wölfe, sondern abwechselnd. Wölfe und Präriewölfe bellen gelegentlich, wenn sie einstimmig heulen; man kann aber auch Bellen, Winseln und langes melodienreiches Geheul hören. Wölfe, Präriewölfe und Füchse bellen gelegentlich in Gefangenschaft, wenn sie aufgeschreckt werden, um ihr Territorium oder ein Stück Fleisch zu verteidigen. Dem Bellen kann ein Knurren, das wie ein »ansteigendes« Knurren klingt, vorausgehen. Einige Jagdhundrassen sind z. B. in England selektiv so gezüchtet worden, daß sie stumme Jäger sind. Möglicherweise wird dieses Merkmal durch ein hemmendes Training ausgebildet. Im Gegensatz hierzu ist bei den deutschen Jagdhundrassen das stumme Jagen verpönt; hier sind lauthals jagende Hunde das Zuchtziel. Andere Sportrassen sind so selektiert worden, daß sie nur Laut geben, wenn die Geruchsfährte besonders stark wird. Der afrikanische Basenji oder sogenannte nichtbellende Hund ist nicht stumm. Wenngleich er normalerweise heulend-miauende und jodelnde Laute von sich gibt, wie der singende Hund von Neu-Guinea, bellt er gelegentlich, wenn er stark erregt ist. Das ist nicht überraschend, wenn der Basenji in derselben Umgebung wie andere Rassen aufgezogen worden ist, die bei jeder Kleinigkeit losbellen.

Es scheint, daß die Neigung zum Bellen und die Stärke der Erregung (Schwelle), die für das Tier nötig ist, um das Bellen auszulösen, dem selektiven Züchten unterworfen worden ist. Weitere Ausbildung durch Training kann diese Schwelle modifizieren. Sicher ist es günstig zum Vertreiben von Fremden, ein stimmgewaltiges Tier wie den Haushund zu haben, der seinen Herrn vor möglichen Eindringlingen warnt. Selektion hat daher wohl beim Haushund das besonders stimmliche Verhalten hypertrophiert, ein Verhalten, das bei seinen wilden Verwandten nur selten zu hören ist. Wir haben auch zu berücksichtigen, daß die Art, wie der Haushund aufgezogen wird, z. B. als Mitglied des menschlichen Familienrudels auf einem eng begrenzten Vorstadt-Territorium, die Neigung zum territorialen Bellen verstärken kann – bis zu einem solchen Ausmaß, daß der Hund Kinder vor Fremden wie seine eigenen Nachkommen beschützt.

Das Überspringen des Bellens von einem Hund auf einen anderen in der Nachbarschaft muß nicht unbedingt eine Mitteilung an sich sein, sondern eher ein Territoriums- oder epideictisches Verhalten. Von WYNNE EDWARDS (1962) wurde dieser Typ des Verhaltens bei verschiedenen Arten eingehend untersucht. Er kam zu dem Schluß, daß es sich wahrscheinlich um einen zusätzlichen Faktor im stimmlichen Verhalten des Haushundes handelt.

Es wird viel diskutiert über die Menschlichkeit der Devokalisierung, des »Entbellens« von Hunden, besonders solcher, die innerhalb von Laboratorien gehalten werden, wo der Lärmpegel für das Personal entnervend sein kann. Für den Laien bietet ein devokalisierter Hund, der vergeblich zu bellen versucht, einen traurigen Anblick. Doch Kolonie-Hunde bellen, weil andere bellen (soziale Erleichterung und gruppenkoordiniertes oder allelomimetisches Verhalten), was durch territoriale Rivalität ausgelöst werden kann, wenn Hunde sich aus angrenzenden Zwingern anbellen oder wenn zwei Hunde miteinander kämpfen oder wenn Menschen, besonders Fremde, in der Nähe sind. Sie mögen dann bellen, um zu warnen oder aber ganz einfach, um zu erklären, daß ihr Zwinger ihr Territorium ist. Bellen scheint wenig mehr als die oben erwähnten Kommunikationsfunktionen zu besitzen, und wir können folgern, daß Devokalisierung keine übertrieben unmenschliche Prozedur ist, weil der Hund sich nur sehr wenig durch Bellen verständlich macht, das ja ein hypertrophiertes vokales Verhalten bei dieser Art ist. Subtilere Mitteilung – die »Sprache« des Hundes – wird durch diskrete Körper- und Gesichtsbewegungen ausgedrückt, die als visuelle Signale be-

nutzt werden, und durch Körpergerüche, Gewinsel, Gekläff und Geknurr ergänzen (wenn auch nicht immer) die mit Furcht und Fürsorgeansuchen, Angst oder Unterwerfung und in der Folge Drohung und Aggression verbundenen Verhaltensmuster.
Im Gegensatz zu diesen veränderlicheren schwachen Lautgebungen, die in unmittelbarer Nähe auftreten, werden stereotypere und lautere Vokalisierungen – Bellen und Heulen – zum Zwecke der Kommunikation über größere Distanzen ausgestoßen. Heulen und Singen treten bei Wölfen und Präriewölfen immer dann als gemeinsames vokales Verhaltensmuster von bisher unbestimmter sozialer Signifikanz auf, wenn einige Individuen beieinander sind. Bei allen Caniden dienen ähnliche Rufe dazu, um Individuen zusammenzuführen (Versammlungsrufe) oder über das Ergehen anderer zu informieren.
schwindet in der dritten Lebenswoche): Wenn man sie in den Schwanz oder Fuß zwickt,
Hier noch eine nicht quantifizierte Beobachtung der Entwicklung von Qualvokalisationen bei Wolf, Präriewolf und Rotfuchs (dieses Aus-Qual-Kläffen muß von den miauenden Rufen aus Qual bei den Neugeborenen unterschieden werden, wenn ihnen kalt ist; es vervokalisieren sie während der ersten vier bis fünf Wochen bereitwilligst. Nach diesem Alter scheint eine Hemmung der Vokalisation einzutreten, wenn man das Tier anfaßt, namentlich wenn es außerhalb seines Zuhauses ist. Dies kann man für ein Zeichen nehmen, daß in der Natur Vokalisationen, die das Vorhandensein eines in Not befindlichen jungen Caniden einem Raubtier anzeigen könnten, einer gewissen Hemmung unterliegen (Angst, unerträgliche Qual und Fürsorge-Rufe), solange das Tier außerhalb seiner Höhle ist.

Urinieren, Koten und Territorium

Im Alter zwischen drei und vier Wochen beginnt der Haushund an einer bestimmten Stelle außerhalb des Lagers zu urinieren und zu koten. Vor dieser Zweit stimuliert die Mutter die Welpen, sich zu entleeren und nimmt dann allen Urin und Kot auf, um das Lager sauber und trocken zu halten. Die Mütter wilder Caniden sorgen in ähnlicher Weise für ihre Nachkommen. Schon von einem frühen Alter an zeigen sich alle wilden Canien an Urin und Fäkalien interessiert. Sie beschnüffeln und untersuchen ihre eigenen Ausscheidungen oder die von anderen Angehörigen derselben Art, und dann urinieren oder koten sie entweder auf den Urin oder den Kot eines unbekannten Tieres oder sie wälzen sich in diesem Stoff.
Füchse vor allem urinieren oder defäkieren auf unbekannte Objekte – seien es nun ein Kleidungsstück, eine Falle oder ein Zigarettenstummel. Auch auf Aasstücke urinieren oder koten sie oder sie wälzen sich in diesen Dingen. Das gilt auch für andere starkriechende Substanzen. Ein solches Verhalten ist durchaus auch bei Wolf, Präriewolf und Hund zu beobachten. Bei gefangenen Füchsen kommt es vor, daß ein Fremder von den Angehörigen der etablierten Kolonie mit Urin bespritzt wird.
Caniden urinieren und koten an bestimmten Plätzen. Bei in Gruppen lebenden oder eingeschlossenen Kolonien kann das ein verschwiegener Platz des Lebensraumes sein, während in der freien Natur besondere Plätze von dem Tier in seinem Heimatgebiet – ein besonderer Stein, Strauch oder Baumstumpf – dafür markiert sind. Dieses Verhalten, bestimmte Stellen auf seinem Territorium zu markieren, nimmt beim Fuchs während der Paarungszeit zu. Das Männchen markiert seinen Brunstweg mit Urin und Kot. Möglicherweise enthält der Urin von Canidenweibchen während der Brunstzeit Pheromone (Lockstoffe), die eine besondere Anziehungskraft auf die Männchen ausüben und das Lokalisieren eines Weib-

chens bei alleinlebenden Arten erleichtert. Bei Sozialarten wie dem Wolf erkennt das ganze Rudel die »Geruchsmarken« seines eigenen Heimatgebietes, und es wird furchtbar erregt, wenn ein fremder Wolf (oder Naturforscher) auf einen ihrer markierten Plätze uriniert hat: Sie schnüffeln dann und urinieren mehrmals, gleichsam um den Geruch des Fremden zu überdecken. Tatsächlich wird fremder Urin, der von jemandem an einem nicht seiner Art entsprechenden Platz hinterlassen worden ist, mit dem Urin des Einwohners abgedeckt (eliminiert).

Alle Caniden haben auf jeder Seite des Analschließmuskels eine kleine Drüse; diese Perianal- oder Circumanaldrüse läßt bei der Defäkation etwas von ihrem Inhalt austreten. Das kann dem Kotgeruch eine besondere individuelle Identität verleihen, die vielleicht für andere Mitglieder desselben Wohnbereichs soziale Signifikanz besitzt. Urinieren und Koten haben sich zu einem umfangreichen Verhalten des Territoriums-Markierens entwickelt, durch welches ein Rudel (bei Wölfen) oder ein Individuum (beim Rotfuchs) Informationen, wie zum Beispiel über die Bevölkerungsdichte der Artgenossen in einem bestimmten Teil, erhalten. Das Rudel oder das Individuum neigt dazu, an bestimmten Plätzen zu urinieren und zu koten, so daß ihre Geruchsmarken, entsprechend ihren Bewegungen in einem bestimmten Gebiet und der Häufigkeit ihrer Rückkehr zu denselben Plätzen, frisch erhalten werden. Beim Rotfuchs und vielleicht auch bei anderen Caniden, steigert sich dieses Verhalten zu Beginn der Paarungszeit noch, wenn das Individuum sein Territorium markiert und absteckt. Die Neigung, unbekannte Objekte wie auch unbekannten Urin oder Kot zu markieren, mag einfach dem Zweck dienen, die Neuheit solcher Stoffe dadurch zu vermindern, daß man sie mit vertrautem Geruch umhüllt. Ähnlich kann das Wälzen in gewissen Dingen (deren Geruch schärfer und deshalb nicht so ohne weiteres durch Urin oder Kot zu maskieren ist) dazu dienen, die Neuheit durch Vermischen mit dem eigenen Körpergeruch des Tieres zu schwächen und dieses an ihn zu gewöhnen, weil es ihn ja »trägt«. Die Gewöhnung kann für das Tier die Neuheit des Geruches – während es ihn trägt – schneller abnehmen lassen als sich der Geruch normalerweise verwischt. Bei sozialen Arten wie dem Wolf kann das dem Individuum zur Unterstützung werden, weil er deshalb mehr soziale Untersuchungen durch Artgenossen erfährt.

Eine interessante umgekehrte Wechselbeziehung hat man zwischen der Intensität der Körpergerüche, besonders von der Schwanz- und Analdrüse, und dem Grad der Soziabilität der Caniden gefunden. Füchse, die am wenigsten sozialisierten Caniden, haben den schärfsten Schwanzdrüsengeruch, und die Sekrete der Analdrüsen sind extrem stark; ihr Geruch haftet für einige Tage. Ähnlich haben der Urin und der Kot der Füchse einen strengen Geruch im Vergleich mit den Ausscheidungen der Präriewölfe und Wölfe. Präriewölfe und Schakale haben mildere Sekretionen als die Füchse, doch für die menschliche Nase – das einzige Instrument, mit dem man bisher diese Substanzen untersuchen konnte – sind diese Sekretionen immer noch stärker als die des Wolfes. Der Haushund kann mit dem Wolf verglichen werden, wenngleich die Schwanzdrüse beim Hund keine Funktion zu haben scheint.

Fremde Gerüche, wie Fäkalien oder der Geruch eines Beutetieres, lösen mit zunehmender Soziabilität eine Neigung zum Wälzen aus, statt sie mit den eigenen Sekretionen (Urin und Kot) abzudecken. Man kann annehmen, daß soziale Caniden, wenn sie mit fremden Gerüchen zu ihren Artgefährten zurückkehren, mehr soziale Untersuchungen erleben, als wenn sie diese Geruchsattraktionen nicht trügen. Diese soziale Unterstützung durch das Wälzen in Geruchsstoffen kann die Wahrscheinlichkeit von agonistischen Attacken und die Befesti-

Abb. 142 Ein Rotfuchs, der die Analdrüse eines Eisfuchses untersucht.

Abb. 143 Ein Eisfuchs bei der Untersuchung der preputialen Region eines Rotfuchsrüden.

Abb. 144 Ein Eisfuchs untersucht die Umgebung des Maules bei einem Rotfuchs.

gung der Dominanz bei bestimmten Rudelmitgliedern bedeuten, wenn so ein Individuum zum Rudel zurückkehrt. Die Konsequenz aus dem Wälzen oder dem Aufnehmen eines fremden Geruches mag dann die Verminderung des sozialen Abstands zwischen den Artgenossen durch die zunehmende Dauer sozialer Untersuchungen sein, welche ihrerseits die Wahrscheinlichkeit agonistischer Interaktionen einschränkt.

Besonders beim Wolf, Präriewolf und Hund tritt das Scharren mit Vorder- und Hinterpfoten nach dem Urinieren und Koten auf. Dieses Verhaltensmuster, das mehr ein atrophiertes Vorhaben ist, Urin oder Kot mit Erde zu bedecken, dient dazu, den Boden zu markieren, wo das Tier etwas ausgeschieden hat, und ist damit ein weiteres territoriales Signal. Die Wahrscheinlichkeit, daß dieses Verhalten erscheint, nimmt zu, wenn das Tier durch die unmittelbare Nähe eines Fremden oder durch die Ausscheidungen eines Fremden aggressiv aufgestachelt wird. Beim Haushund in der Stadt ist es amüsant zu beobachten, wie das Tier vor einem Wohnhaus nach dem Urinieren oder Koten mit seinen Hinterbeinen versucht, den Gehsteig aufzuscharren. So gesehen scheint sich die Geruchsmarkierung von der Gewohnheit des Tieres abzuleiten, an einem bekannten Platz seine Ausscheidungen abzusetzen; man sah dieses Verhalten zum erstenmal bei Tieren im Alter von vier bis fünf Wochen. Später markierten die Jungen aus dem Wurf bestimmte Objekte oder Stellen, die von ihren Eltern bezeichnet waren. Die Markierung richtete sich deshalb nach bestimmten Punkten im Heimatgebiet und hatte damit zwei Funktionen: sie zeigt dem Markierenden an, wer da vorher gewesen ist (d. h. soziale Funktion); und Fremden zeigt es ebenso gut durch die Frische der Markierung und des Punktes an, daß solch ein Gebiet gewöhnlich von anderen besucht wird (d. h. Residenz- oder Territorialfunktion).

Die Entwicklung des Beinhebens bei männlichen Caniden mag nicht nur mit dem Beginn der Keimdrüsen-Tätigkeit, sondern auch mit sozialen Faktoren zusammenhängen. Das Beinheben kann bei sozial untergeordneten Individuen verzögert erfolgen. Der dominierende Wolf einer gefangenen Gruppe dürfte das Bein sehr viel öfter zum Urinieren heben als ein untergeordnetes Männchen, das oft in infantiler Hockhaltung, mit allen vier Füßen auf dem Boden, uriniert.

Natürlich müssen wir den Vorstadthund berücksichtigen, der auf seinem Morgen- und Abendspaziergang an jedem Baum halten muß und eine beachtliche Kontrollfähigkeit des Schließmuskels beweist. Dieses übersteigerte Markierungsverhalten, das vor allem in Gebieten mit hoher Hundepopulation auftritt, ist ein Beispiel für Verhaltenshypertrophie in urbaner Umgebung. Es basiert auf einer instinktiven Verhaltensvorlage, die auch anderen Caniden gemein ist und durch welche die Gebietsmarkierung und das Bewußtsein des Gebietsrituals (im Sinne des Hinterlassens einer Visitenkarte) ein entscheidender Bestandteil der sozialen Kommunikation wird, wenn das Individuum die geschlechtliche Reife erlangt. Ein Hund hebt zwischen 50 und 200 Mal sein Bein auf einer Runde mit seinem Herren, und dies hängt nicht von seinem Drang zu urinieren ab, sondern vielmehr von dem Verlangen, ein bestimmtes Gebiet zu bezeichnen, denn der Hund hebt sein Bein oft als ob er uriniere, doch reicht der Vorrat dafür nicht immer aus. Man muß hinzufügen, daß dieses hypertrophierte Verhalten zum stärkeren Verbreiten infektiöser Krankheiten bei den Caniden, vor allem Hepatitis und Leptospirose, beiträgt. Daher ist es unumgänglich, daß der Hund durch Schutzimpfungen geschützt wird.

Körpermerkmale und visuelle Signale

Beim Wolf und Präriewolf und noch deutlicher beim Rot- und Polarfuchs sind die Seiten des Gesichtes oder die Wangen weiß. Dieses weiße Haar reicht um die Schnauze und grenzt an die schwarzpigmentierten Lippen. Diese weißen Wangen haben zwei Aufgaben: Erstens haben sie die ritualisierten Angriffe auf die Wangenpartie zu orientieren. Man sieht wangenorientiertes Beißen bei allen Caniden, doch am stärksten beim Graufuchs, bei welcher Art sich die Attacken stets ausschließlich auf dieses Gebiet richten und bei welcher die Wangen dicke Haut und Haare besitzen, die – wenn das Tier aggressiv erregt ist – aufgeplustert werden können. Die zweite Aufgabe dieser weißen Zone besteht darin, als Kontrast zu den schwarzen Lippen zu dienen, damit die visuellen Signale, wie das Vorwärts- oder Rückwärtsziehen der Lippen, unterstrichen werden. Bei Wolf, Präriewolf und Rotfuchs werden die Lippen zu einem unterwürfigen Grinsen waagerecht zurückgezogen, oder zu einem spielerischen Grüßen (Spielgesicht), wobei das Maul leicht geöffnet ist und möglicherweise eine Spielbeiß-Intention anzeigt. Bei allen drei Arten können die Lippen auch waagerecht vorgezogen werden, um ein kleines Maul oder aggressive Falten zu machen,

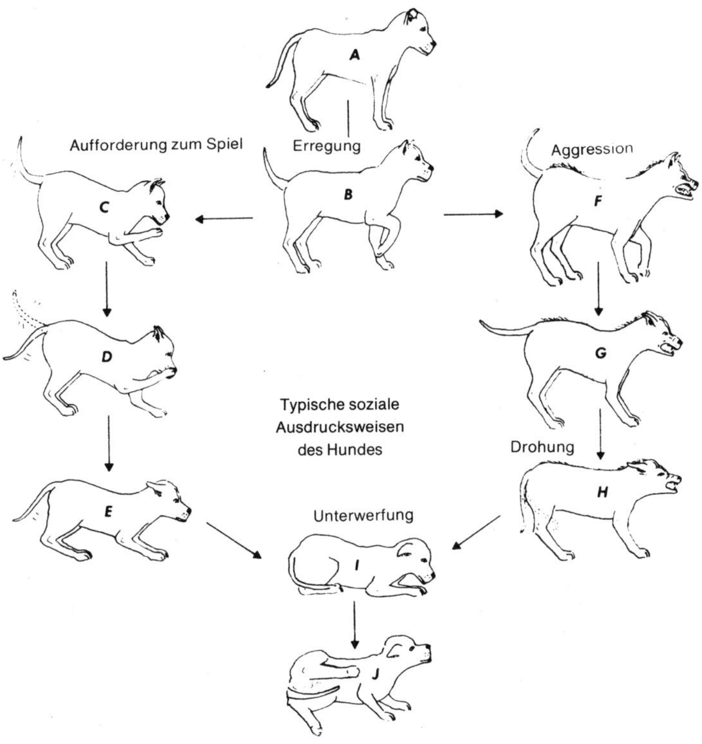

Abb. 145 Schema der Körperhaltungen und Gesichtsausdrücke beim Hund in Relation zum Wechsel des Motivations-Zustandes. Dieses Schema erhellt, wie man die aufeinander folgenden Wechsel im sozialen Verhalten verfolgen kann.

welche bei Wolf und Präriewolf vom Blecken der Zähne durch senkrechte Zurücknahme der Lippen begleitet werden können. Es ist möglich, daß beim Graufuchs die gut entwickelten Wangen primär der ritualisierten Angriffsorientierung dienen und diese Lippenbewegungen nicht wie bei anderen Caniden betont werden, weil diese Ausdrücke beim Graufuchs nur spärlich entwickelt sind.

Beim Haushund kann man ähnliche horizontale und vertikale Lippenbewegungen wie beim Wolf und Präriewolf beobachten, doch bei vielen Rassen ist die Ausdruckskraft solcher Signale durch den totalen Mangel an weißer Wangenmarkierung abgeschwächt; die Wangen haben dieselbe Farbe wie das ganze Gesicht oder sind von langem Haar bedeckt, so daß die Lippen gar nicht zu sehen sind. In diesem Zusammenhang steht auch der ungewöhnliche Ausdruck mancher Hunde, die Menschen »angrinsen«. Bei vielen Hunden sind die Gesichtsausdrücke schwer zu deuten oder zweideutig. Sie können ohne ein Warnzeichen beißen. Das Grinsen der Caniden ist faszinierend: die Lippen sind senkrecht und waagerecht in einer irgendwie aggressiv wirkenden Grimasse zurückgezogen, um die Zähne zu zeigen. Ich sah niemals einen Hund solches gegen einen anderen Hund tun, der Aus-

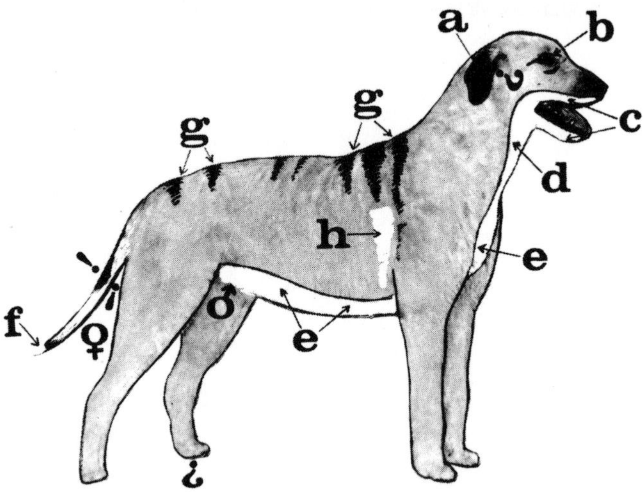

Abb. 146 Darstellung des Prototyps eines Caniden. Summarisches Schema der Körperzeichen, welche sozialem Verhalten zugeordnet werden: Aggression, Unterwerfung (Fox 1969), Gesichtsausdruck (Fox 1970) und soziale Untersuchungen. a) Bewegliche Ohrmuschel bei verschiedenen Gesichtsausdrücken, verweist auf die Sekrete des äußeren Gehörganges (Ohrenschmalz), die gewisse Geruchsfunktionen gegenüber den Artgenossen haben. b) Soziale Reize, die von den Augen ausgehen: direkter Blick, Kopfwenden und Vermeiden des Augenkontaktes. c) Die helle Schnauze kontrastiert mit den dunklen Lippen und steigert das optische Signal der Mundstellung: unterwürfiges »Grinsen«, aggressives Runzeln, usw. d) Die helle Wange und ebenso die helle Schnauze dienen vermutlich der Angriffsorientierung (Wangen-Ringen). e) Die Schutzfärbung der hellen Bauchzone dient als »weiße Fahne« der Kapitulation, wenn das Tier sich auf eine Seite rollt. f) Weiße oder lederfarbige Schwanzspitzen unterstreichen den Verhaltensausdruck des Schwanzes. g) Bestimmte Haarstreifen auf Rumpf und Schultern, die aus drahtigeren, andersfarbigen und längeren Haaren bestehen, gehören zu den Ausdrucksmustern im Kampfverhalten. Das Haarsträuben verstärkt den Eindruck dieser Strukturen noch. h) Senkrechte helle Streifen an den Schultern orientieren die Angriffsrichtung beim Ringen mit den Schultern, !) bezeichnet die Anal- und Schwanzdrüsen-Sekretionen: die Position der letzteren ist durch dunkle Haarbüschel gekennzeichnet. Männliche und weibliche Symbole kennzeichnen den möglichen Sitz von Urin-Pheromonen bei Männchen und Weibchen, und ?) verweist auf die Unterhautdrüsen, die bei der Markierung des Territoriums oder der Spur helfen.

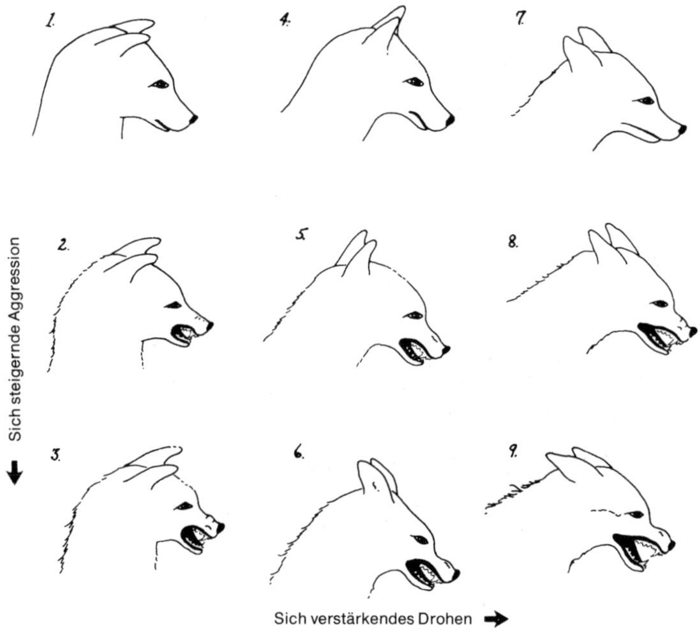

Abb. 147 Schema der Gesichtsausdrücke beim Kojoten (Hund und Wolf sind ähnlich), das die gleichzeitige und aufeinanderfolgende Kombination von bestimmten Bewegungen illustriert. 1–3: Aufgerichtete Ohren, kleiner Mund, aggressive Falten (antero-horizontales Zusammenziehen der Lippen), die der Bewegung Platz machen, das Maul zu öffnen und mit senkrecht zurückgezogenen Lippen zu drohen. Von 4–9 ändert sich die Ohrstellung, das Genick wird waagerechter gehalten und das unterwürfige Grinsen (postero-horizontales Zusammenziehen der Lippen) ist verbunden mit unterschiedlichen Abstufungen des Drohens mit aufgesperrtem Maul und senkrechter Zurücknahme der Lippen.

druck ist nur der Begrüßung menschlicher Wesen vorbehalten. Dieser Ausdruck ähnelt so sehr dem menschlichen Grinsen, daß man vermuten darf, daß Nachahmung zur Aufnahme in das Repertoire des Hundes führte.

Man muß ferner hinzufügen, daß bei allen Fuchsformen und beim Präriewolf ein breites Kieferaufreißen als Komponente des Drohausdrucks zu sehen ist, und beim Präriewolf wie auch beim Pavian kann das Maulaufreißen mit einem Gähnen enden. Man sieht das oft bei jungen Präriewölfen, bei älteren Tieren vermischt es sich mit senkrechtem und waagerechtem Zurückziehen der Lippen. Die senkrechte Bewegung der Lippen fehlt bei den Füchsen. Bei Wolf und Hund sieht man das Kieferaufreißen nur selten; normalerweise höchstens dann, wenn das Tier zwischen Furcht und defensiver Aggression schwankt.

Bei den Caniden haben sich die vergrößerten äußeren Ohren, die Ohrmuscheln, zu einem Gesichtsausdrucksmittel herausgebildet, das in unterschiedlichsten Motivationszusammenhängen wirksam wird, unverhältnismäßig weit mehr als bei den Primaten, bei denen die Ohren verhältnismäßig klein sind. Von der Position des aufgerichteten Ohres beim wachsamen oder dominierenden Caniden können die Ohren mit verengtem äußerem Gehörgang zurückgelegt werden, als Zeichen der Unterwerfung, zur Seite gedreht Angst oder Furcht anzeigen, oder mit nach unten gedrehtem äußerem Gehörgang an die Seiten gewendet werden, als Zeichen von Unterwerfung und Grüßen (siehe Abb. 4). Noch einmal

Abb. 148 Analoge Ausdrucksweise zum menschlichen Grinsen findet man beim Waschbärhund, wenn er seinen Besitzer grüßt. Dieses Grinsen mit offenem Maul ist verbunden mit einem horizontalen Nachrückwärtsziehen und einem vertikalen Aufziehen der Lippen, was auf den ersten Blick wie aggressives Drohen aussieht. Aber die Ohren sind flach angelegt, die Zunge ist herausgestreckt in einer Leckintention und der Schwanz wedelt.

müssen wir an den Haushund mit großen hängenden Ohren, die nichts weiter als ständige Unterwerfung ausdrücken, erinnern, oder an jene Rassen mit kupierten Ohren, die mehr oder minder ständig aufgerichtet bleiben und beständige Wachsamkeit oder Dominanz signalisieren.

Bei allen Caniden wird der Schwanz als sichtbares Signal benutzt, der aufgerichtet oder aufgerollt ist, wenn das Tier erregt wurde, oder zum Unterwerfen gesenkt und zum Grüßen gewedelt wird (Abb. 145). Man kann bei den verschiedenen Arten feine Unterschiede in der Geschwindigkeit und Häufigkeit der Schwanzbewegungen beobachten. Der Wolf ist dabei dem Hund am ähnlichsten. Die meisten Caniden und viele Hunderassen haben eine weiße Schwanzspitze, die die verschiedenen Haltungen und Bewegungen des Schwanzes unterstreicht. Der Wolf, Präriewolf, Rot-, Grau- und Polarfuchs haben auf der Schwanzoberseite einen Punkt oder Strich aus dunklerem Haar, an der Stelle, unter der die Geruchsdrüse sitzt. Diese bei Füchsen besonders gut ausgebildete Drüse gibt einen ambrosiaähnlichen Geruch (beim Graufuchs ist er moschusähnlicher) von sich; beim Wolf und Präriewolf hat man einen ähnlichen, jedoch viel schwächeren Geruch entdeckt. Ich fand niemals einen solchen Geruch bei einem Haushund. Tatsächlich beschnüffeln sie auch nicht dieses Gebiet, wenn sie sich gegenseitig untersuchen – wie ihre wilden Verwandten (Abb. 142). Bei einigen Hunderassen (Malamute, deutscher Schäferhund) hält ein deutlicher Strich oder ein Dreieck von dunklerem Haar fest, wo einst diese Schwanzwurzeldrüse darunter saß. Bei anderen Rassen kann man keine solche Schwanzmarkierung entdecken, während bei wieder anderen Rassen, wie dem rhodesischen Ridgeback (Löwenhund), die neugeborenen Welpen ein Dreieck grober Haare an dieser Stelle haben, das mit zunehmendem Alter allmählich verschwindet. Gelegentlich wächst bei Haushunden, die eine häufigere Hautverletzung durchgemacht haben (Seborrhö), die Schwanzdrüse übermäßig und ist deutlich zu sehen. Sie zeichnet sich als ovale Wölbung unter der Haut ab, etwa ein Drittel unterhalb der Schwanzwurzel. Bei vielen jungen Hunden hat man kein drüsenähnliches Gewebe gefunden, und es könnte sein, daß vielleicht als Ergebnis von Domestikation und selektiver Zucht (vielleicht mit einigen nicht wolfähnlichen Vorfahren des Hundes) die

Schwanzdrüse mehr oder weniger eliminiert worden ist, obleich das visuelle Zeichen der dunkleren Haare, entweder ebenfalls eliminiert oder umgekehrt durch Selektion verstärkt wurde.
Wir sollten auch jene Haushunde berücksichtigen, die mit Stummelschwänzen geboren werden, denen die Schwänze früh im Leben gekürzt wurden oder die mit einem mehr oder weniger ständig erhobenen Korkenzieher- oder Spitzschwanz ausgestattet sind. Solche Modifizierungen von Signalstrukturen, namentlich bei den Stummelschwänzigen, wo das Hinterteil geschwenkt wird (um das Fehlen des Schwanzes zu kompensieren), stellen Variationen der Strukturfunktionen dar, die subtilen Einfluß auf die soziale Kommunikation des Haushundes haben können.

Abb. 149 Ambivalentes Verhalten von Angst und defensiver Aggression bei einem gefangenen erwachsenen Wolf (nach Young und Goldman). Man beachte, daß der Schwanz zwischen die Beine geklemmt, der Rücken gewölbt ist und die Ohren an den Kopf gepreßt sind. Das weite Aufreißen der Kiefer sieht man beim Wolf selten und ist hier verbunden mit postero-horizontalem und senkrechtem Zurückziehen der Lippen.

Die Streifung

Eine andere Körperregion, gegen die das Beißen bei ritualisierten Attacken gerichtet sein kann, ist die Schulterregion. Beim Wolf, Präriewolf und einigen Hunderassen ist dieses Gebiet deutlich durch längere und gröbere Haare, die oft von anderer Farbe als die der übrigen Körperteile sind, gekennzeichnet. Diese Haare können während aggressiver Verhaltensentfaltung zwischen Rivalen aufgestellt werden. Derartiges Haaraufstellen stellt eine autonome Reaktion dar, die in das Repertoire des Tieres aufgenommen wurde, nachdem die Haare in dieser Region strukturell verändert worden waren. Man findet Rumpfstreifen auch bei Wölfen, Präriewölfen und einigen Haushundrassen. Auch diese Streifen sind in die

Abb. 150 Boxen mit den Vorderläufen bei Haushunden (Malaiischer Rasse). Hierauf kann Wangen- oder genickorientiertes Beißen folgen. Der Kampf kann aber auch durch das Wegblicken des einen beendet sein, der damit den Augenkontakt bricht und zwei- oder dreimal die Zunge zum Zeichen von Leckintentionen herausstreckt.

aggressiven Verhaltensmuster eingeschlossen. Vor allem bei Wolf, Präriewolf und solchen Rassen wie Husky und Schäferhund findet sich ein blasser Haarstreifen, der senkrecht hinter jedem Schulterblatt herunterläuft (Abb. 146). Er mag eine ähnliche Funktion wie die früher beschriebenen weißen Wangen haben, ritualisierte Angriffe auf eine bestimmte Körperzone auszurichten. Nur wenn die Aggression extrem hoch wird, steigert sich das ritualisierte Attackieren bei Wolf und Präriewolf zu kehlenorientierten Attacken. Gewisse ritualisierte Hemmer werden wirksam, falls der an der Kehle Gepackte passiv bleibt, qualvolle Laute von sich gibt und die Lippen und Ohren horizontal zurückzieht. Man könnte auch ähnlich argumentieren, die weiße Kehle funktioniere wie ein Anhaltspunkt, aber vergessen wir doch nicht, daß die Bauchunterseite bei vielen Tieren blasser ist, um ihnen die Tarnung durch das Auslassen von natürlichem Körperschatten zu erleichtern. Einige Arten zeigen blitzartig diese hellere Bauchseite, um Artgenossen vor einer Gefahr zu warnen. Diese Tarnungsfarbe kann bei Caniden wie ein Signal benutzt werden: wenn ein unterwürfiger Canide von einem Gegner fortblickt, (siehe unten) kann er seine blasse Nackenregion oder, wenn er in passiver Unterwerfung in der Seitenlage liegt, die ganze blasse Unterseite seines Körpers zeigen. Fortblicken und Seitenlage sind bei Präriewolf, Wolf und Haushund gut entwickelte Unterwerfungsrituale; beim Fuchs ist das weniger der Fall, bei ihm wird die weiße Fahne der Kapitulation gehißt.

Die Tatsache, daß der Graufuchs keine dunklen oder blassen senkrechten Schulterstreifen besitzt, unterstützt die Hypothese von der Orientierungsfunktion dieser Gebiete bei anderen Arten. Denn beim Graufuchs sind Attacken stets nur gegen die Wangen gerichtet. Weitere Bestätigung finden wir beim Speothos, dem südamerikanischen Buschhund, bei dem weiße Wangenmarkierungen fehlen und auch kein wangenorientiertes Attackieren zu sehen war; Angriffe sind ausschließlich auf das Schulter-Genick-Gebiet gerichtet, wo das Haar gröber und die Haut dicker sind als an irgendeinem anderen Teil des Körpers.

Die aggressive Verhaltensentfaltung ist beim Graufuchs extrem katzenartig; Rücken und Schwanz werden gewölbt, alle Rückenhaare sind aufgerichtet und die Annäherung an den Rivalen erfolgt seitlich oder seitwärts. Weniger übertriebenes Rückenwölben hat man auch beim Wolf gesehen, beim Präriewolf, Hund, Rotfuchs und Polarfuchs, aber es ist in vergleichbarer Intensität zum Graufuchs nur bei Mähnenwolf und Marderhund zu finden.

Augenkontakt

Ein gerader Blick von einem Menschen kann einen Haushund einschüchtern oder erregen. Der Autor wurde bei einigen Gelegenheiten nach solchem Tun angegriffen. Andere Hunde schauen ängstlich weg und lecken ihre Lippen (ein Leck-Intentions-Signal!) und lassen sich unterwürfig auf die Seite rollen, heben das obere Hinterbein an und urinieren manchmal. Solches Verhalten findet man beim unterwürfigen, trostsuchenden Haushund. Am besten ist es in solchen Fällen, Augenkontakt, ja sogar Streicheln, das ebenfalls unterwürfiges Urinieren auslösen kann, zu unterlassen.

Für alle Caniden bedeutet ein gerader Blick eine Drohung. Er begleitet Gesichtsausdrücke, die einen Angriff signalisieren. Ein gerader Blick im Zusammenhang mit dem Spielgesicht kommt bei der Spielaufforderung von Hund, Wolf, Präriewolf, Rot-, Grau- und Polarfuchs vor. Ein ängstlicher oder unterwürfiger Hund, Wolf oder Präriewolf vermeidet Augenkontakt, wenn er den direkten Blick eines dominierenden Individuums auffängt. Er wird wegblicken und dabei seinen Kopf auf eine Seite wenden. Dieses Fortblicken und Kopfwenden wurde fälschlich als ein »Den-Nacken(verwundbarsten Teil)-Darbieten« interpretiert – als eine Befriedungsgeste gegenüber dem dominierenden Tier. Wollte der Dominierende in diesem Augenblick angreifen, dann würde er den Rangniederen mit größter Wahrscheinlichkeit bei den Wangen, an der Schulter oder um die Schnauze packen; nur wenn er durch einen wenig unterwürfigen Gegner sehr erregt wird, tritt dieses kehlenorientierte Attackieren auf. Das Fortblicken ist bei den verschiedenen Fuchsarten weniger ausgeprägt. Bei Wolf, Präriewolf und Hund erscheint ausgeprägtes Fortblicken auch während der Spielaufforderung und kann von ausdrücklichem Annähern und Zurückziehen als einem intrinsischen Aktionsmuster, das im Spielverhalten verkörpert ist, gefolgt sein.

Abb. 151 Kampfbereites Umkreisen von zwei malaiischen Hunden. Die Ohren, Schwänze und die Rauhhaarstreifen auf den Schultern sind aufgestellt, der Augenkontakt aufgenommen. Dieses Umkreisen kann enden, wenn einer den Augenkontakt bricht, oder aber der Kampf kann beginnen, wenn einer damit fortfährt, den anderen zu bedrängen.

Abb. 152 Abwenden des Kopfes und Vermeiden des Augenkontaktes durch einen Untergeordneten als Erwiderung auf die Einschüchterung durch den Überlegenen. Der Überlegene steht mit dem Kopf über den Schultern seines Verwandten, womit er die Basis der agonistischen T-Position bildet.

Leisten-Kontakt und -Darbietung

Wenn ein unterwürfiger Hund, ein Wolf oder Präriewolf sich einem seiner Artgenossen oder einem Menschen zu freundlicher Begrüßung nähert, kommt er mit gesenktem Hinterteil und einem in C-Position gewölbten Rücken heran. Er wird nacheinander fort- und der sich nähernden Person zublicken und wiederholt die Zunge zum Zeichen von Leckintentionen herausstrecken. Wenn er ganz nah heran ist, wird der Hinterkörper zu der Person herumgewendet und seitlich präsentiert. Berührt man die Leistengegend dann, bleibt das Tier passiv. Es kann das Hinterbein auf der Seite der Berührung anheben. Diese Reaktion wurde niemals bei den weniger sozialen Rot- und Polarfüchsen beobachtet, aber es war bei Graufüchsen ausgeprägter als bei Wölfen, Präriewölfen oder Hunden. Beim Graufuchs nahm man dieses Verhalten auch bei zwei Individuen, die aneinander geraten waren, als Befriedungsgeste wahr. Beide Tiere erhoben dasjenige Hinterbein, das ihrem Artgenossen am nächsten war.

Erwachsene Hunde umkreisen sich so lange, bis einer (vielleicht der rangniedere) dem anderen gestattet, seine Anal- und Genitalzone zu untersuchen. Wie wir schon früher vermuteten, kann die Leistenorientierung und -Präsentierung seitens eines Rangniederen zur Erleichterung der Genitaluntersuchung durch einen dominierenden Artgenossen von jenem Passiv-Bleiben abgeleitet werden, währenddem die Mutter im Frühleben die Anogenitalzone reinigte und reflexives Urinieren stimulierte. Beim Hund, Wolf, Präriewolf und Graufuchs bleibt diese Neugeborenenhandlung als soziales Verhaltensmuster erhalten. Die Leistenorientierung an sich kann man wohl von der visuellen Orientierung auf die produktiven Zitzen in der Leistenzone der Mutter ableiten, die in späterem Leben durch die Genitaluntersuchungen, vor allem zwischen Männchen, verstärkt wird. Beidseitige Leistenstimulierung kann größere Passivität hervorrufen und deshalb signifikant während der Paarung sein, wo das Männchen aller Canidenarten das receptierende Weibchen mit beiden Vorderläufen von beiden Körperseiten um die Lendenzone packt. Bei vielen Katzen wird die Unbeweglichkeit des Weibchens während der Paarung nicht durch das Umfassen des

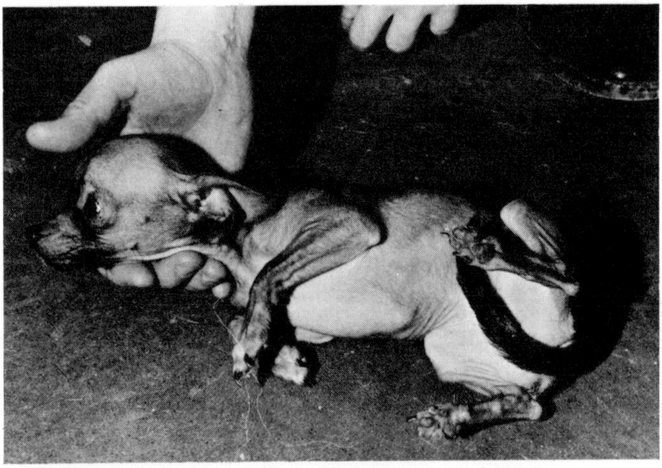

Abb. 153 Passive Unterwerfung bei einem Chihuahua, während er angefaßt wird; oft tritt in diesem Zusammenhang Urinieren auf. Man beachte, daß das Tier den Augenkontakt vermeidet und das obere Hinterbein hebt, um die Leistengegend und die Genitalzone zu entblößen.

Abb. 154 Unbeweglichkeit während der sozialen Untersuchung bei einem Kojoten; das Hinterbein ist angehoben und leicht nach außen gedreht, um die Leistengegend darzubieten.

Abb. 155 Leistenpräsentation bei einem weiblichen Graufuchs als Erwiderung darauf, daß der Autor die Hautfalte an seinen Leisten berührt hat.

Weibchens durch das Männchen bewirkt, sondern durch genickorientiertes Beißen. Es ist von vergleichendem Interesse, daß junge Kätzchen ganz passiv bleiben, wenn sie in derselben Gegend gepackt werden, während die Mutter sie trägt. Caniden tragen ihre Nachkommen üblicherweise nicht in der Art, vielmehr nehmen sie den ganzen Leib der Welpen zwischen ihre Kiefer. Leistenpräsentation und Kontakt kann man mit dem Handreichen und -Schütteln beim Menschen vergleichen, obgleich berichtet wird, daß von einigen Stämmen ein ritualisiertes Grüßen in der Form gegenseitiger Leistenberührung entwickelt worden sei. Bei Hundeausstellungen berührt der Züchter mehrmals auf beiden Seiten die Leistengegend des ausgestellten Hundes, nicht um seine Hinterbeinstellung zu korrigieren, sondern um ihn dazu zu veranlassen, ruhig und passiv längere Zeit in einer Stellung zu verharren. Ziemlich unbewußt nutzt der Hundeaussteller ein natürliches Mittel der Verhaltenskontrolle, wobei seine Reaktionen durch die Erwiderungen seines Tieres verstärkt werden. Unnötig zu sagen, daß der Verfasser gelegentlich durch dominierende Hunde auf ihrem Territorium, die auf Leistenkontakt nicht mit passiver Unterwerfung antworteten, angegriffen worden ist.

Der Geruchssinn

Über die Welt des Geruchssinns der Caniden oder ihre »Umwelt« wissen wir so gut wie nichts. Experimentell ist das ein sehr schwieriges Untersuchungsfeld. Alle Caniden untersuchen den Urin, den Kot, die Anal-, Genitalzone, das Maul und die Ohrregion von Artgenossen und mit Ausnahme des Hundes auch die Schwanzdrüse. Der Rotfuchs und wahrscheinlich auch andere Caniden besitzen zwischen den Zehen liegende Drüsen, die einen besonderen Geruch absondern, der zur Markierung ihrer Spuren beiträgt. Experimente mit Hunden zeigten deren bemerkenswerte Fähigkeit, einzelne Objekte an ihrem Geruch zu identifizieren und daß sie imstande sind, eine frische Fährte aufzuspüren und eine unterbrochene Spur durch Zick-Zack-Suchen wiederzufinden. Der Hund hat ein wohlentwickeltes »Jacobsonsches-Organ« oder eine »Zusatznase«. Zwei Gänge auf jeder Seite der fleischigen Erhebung gerade hinter den oberen Schneidezähnen münden in einem strukturell gut definierten Organ im Nasenhöhlenboden über dem Gaumenbein. Es gibt keine elektrophysiologischen Studien über dieses Organ des Hundes. Dabei nimmt man bei Reptilien allgemein an, daß dieses auch Vomeronasal genannte Organ eine bedeutende Rolle für die Aufnahme von Gerüchen spielt. Das kann bei Caniden genauso gut der Fall sein, denn ihre bemerkenswerten Riechfähigkeiten können zum Teil vom Jacobson-Organ bedingt sein.

(Möglicherweise besitzen die Caniden auch in der Umgebung des Mundes Drüsen, denn sie drücken während der sozialen Untersuchungen sich gegenseitig die Nasen in die Mundwinkel. Der Goldschakal ist so weit die einzige Art, die für die ungeschliffene Nase des Autors einen charakteristischen Geruch besitzt.)

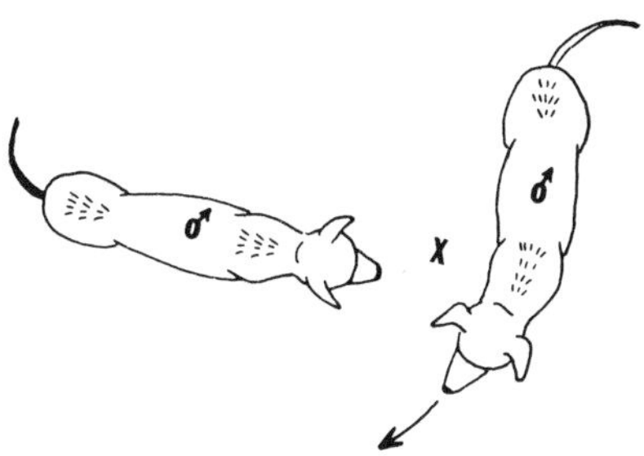

Abb. 156 Dieses Schema klärt über das agonistische Umkreisen und den eventuellen Leistenkontakt bei zwei männlichen Hunden auf. (X) Ein Hund nähert sich und eröffnet das agonistische Umkreisen (Y) wobei einer, gewöhnlich der dominierende, mit der gegenseitigen Leisten-Genital-Untersuchung beginnt (Z). Es kann Anal-Untersuchung folgen, wohingegen Ohren-, Augen- und Maulerforschungen nur dann vorkommen, wenn es kleine Kampfeinlagen gibt.

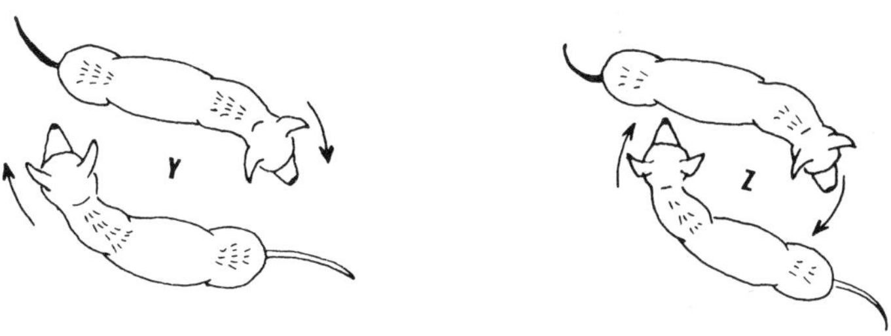

Abb. 157 Hunde reagieren anfangs auf die Abbildung eines Artgenossen so, als wäre das ein anderer Hund. Ohren-Maul- und analbezogene Untersuchungen werden hier angezeigt.

Gesichtslecken und Begrüßen

Sobald die Nachkommen das Alter von drei bis vier Wochen erreicht haben, erbrechen die mütterlichen Wölfe, Präriewölfe oder Rotfüchse Futter für sie. Man findet das auch beim Haushund, wenngleich nicht immer. Manche Züchter haben nichts davon bemerkt, und das könnte einen subtilen Einfluß der Domestikation bedeuten, der zu einer Atrophie einiger artspezifischer Verhaltensanlagen führt. Wenn die Nachkommen heranwachsen, laufen sie auf die Mutter zu und lecken ihr die Mundwinkel; sie wird dadurch zum Wiederhergeben des Futters angeregt. Ein andermal stimuliert der bloße Anblick der Kleinen – ohne alle anderen Anregungen – das Nahrungsvorwürgen. Bei Wölfen und Präriewölfen kann auch der Vater Futter erbrechen. In der Gefangenschaft hat man erlebt, daß sowohl jungfräuliche Wölfe als auch Präriewölfe für Junge ihrer eigenen Art oder aber auch für domestizierte Caniden Futter erbrachen. Man kann sich vorstellen, daß das gesichtsorientierte Lecken als eine soziale Begrüßung vom Futterbetteln zu Beginn des Lebens herrühren kann. Da jedoch Gesichtslecken auch bei handaufgezogenen Hunden, Präriewölfen und Wölfen und bei einem Nachkommen von Hunden, die kein Futter für ihn erbrochen hatten, vorkam, müssen wir annehmen, daß entweder zwischen Futterbetteln, Gesichtslecken und grüßendem Gesichtslecken kein Zusammenhang besteht, oder daß Gesichtslecken als Begrüßungsgeste eine phylogenetisch emanzipierte und ritualisierte soziale Geste, ist abgeleitet vom Futterbetteln.

Beim Hyänenhund hält sich das Futterbetteln und Nahrungerbrechen bis zum Erwachsenenalter. Es hat sich bei dieser Art als ein Mittel zur Unterstützung der sozialen Organisation herausgebildet, das sich nicht auf die Kominanzhierarchie stützt, sondern auf gegenseitiges Verlangen und Geben.

Genetische Selektion (Zucht) bei Hunden

Verhaltensmerkmale, die bei einigen Rassen deutlicher als bei anderen sind, weisen nach, daß familiäre oder ererbte Transmissionen deshalb auftreten, weil diese Merkmale auf eine bestimmte Rasse oder einen Stamm fixiert oder charakteristisch für ihn wurden. So jagen manche Sporthunde beispielsweise ausschließlich auf Sicht, andere auf Geruch. In einem frühen Alter kann man den Schäferhund sehen, wie er den Hühnern im Bauernhof zeigt, wer der Herr ist. Er jagt sie zusammen, lange bevor man ihn irgendeinem Training unterzogen hat. Ähnlich stöbert ein junger Setter Vögel aus ihrem Versteck auf, ebenfalls bevor er darauf trainiert wurde. Die Selektion scheint die Hemmschwelle für bestimmte Verhaltensmuster zu beeinflussen. Man kann durch einen angemessenen Reiz bei der einen Art leichter die Reaktionskomponente eines vorhandenen Merkmals herausholen als bei einer anderen. Und diese gesenkte Hemmschwelle erleichtert weitgehend das Herausholen und Formen der in dem Tier steckenden Anlagen sowie seiner Reaktionen, Reize zu nutzen. Die Selektion für eine gesenkte Aggressionsschwelle kann bei einigen Rassen, wie beim Drahthaarfoxterrier, so effektiv sein, daß man nicht mehr als vier Individuen im selben Zwinger halten kann, wenn man nicht ernste Kämpfe in Kauf nehmen will sowie möglicherweise die Tötung eines Tieres durch die anderen. Man vergleiche dies mit der stabilen sozialen Hierarchie und der Ritualisierung der Aggression beim Wolf. Andere wolfsähnliche Züge, wie das in großen Rudeln Zusammenlaufen (allelomimetisches Verhalten) sind in starkem Maße beim Spürhund, wie dem Beagle und dem FOX-Hound, ausgeprägt. Bei diesen ist die Aggressionsschwelle unüberwindlicher als die Tendenz, zusammen in einem Rudel zu laufen. Genau das Gegenteil scheint man in den Terrierrassen zu finden.

Der Wolf, Präriewolf, Rot- und Polarfuchs sowie der Graufuchs haben eine einzige jährliche Brunst- oder Hitzezeit. Haushunde, mit wenigen Ausnahmen wie dem afrikanischen Basenji, haben zwei Hitzeperioden pro Jahr. Impliziert das nun eine andere Abstammung oder ist das das Ergebnis der Domestikation? RICHTER (1954) vermutete, daß die Hausratte hypoadrenal (fügsam, relativ reaktionsarm) und hypergonadal (fruchtbar, ausgesucht für hohe Fruchtbarkeit) sei und die Wildratte ihr genaues Gegenteil. KEELER (1968) hat bewiesen, daß die Nebennieren wilder Füchse viel größer sind als bei gezüchteten Spielarten, so daß es nicht unvorstellbar ist, daß RICHTER mit seiner Hypothese vom doppelten Oestrus der Hunde recht hätte.

Selektives Züchten und Trainieren holen bestimmte Anlagen, die in dem Tier stecken und durch Training modifiziert werden können, heraus. Bewachen, Hüten, Führen, Leiten oder Apportieren sind Verhaltensmuster, die buchstäblich durch Training erreicht werden können, wenn man durch selektive Zucht die Reaktionsschwelle dafür gesenkt hat. Man kann leichter einen Apportierhund im Feld zum Apportieren trainieren als einen Schäferhund, obgleich letzterem keineswegs die Fähigkeit zum Apportieren oder die Anlge, dazu abgerichtet zu werden, mangeln. Bestimmte Aktionsmuster können selektiv eher gezüchtet werden als die komplizierteren, vorhergehenden Anlagen: es ist leichter, einen Vorstehhund zum Vorstehen abzurichten und einen Spaniel zum Ablegen, als den mehr stürmenden Foxterrier.

Man muß auch hinzufügen, daß selektives Züchten auch die Selektion für bestimmte strukturelle und funktionelle Merkmale einschließt: Der Renn-Greyhound besitzt ein Herz, das einige Male größer ist als das anderer Hunde von ähnlichem Körpergewicht. Sein Körperbau ist dafür geschaffen, sich den Leistungen, zu denen er trainiert wird, anzupassen.

Extreme Selektion für genetische Anomalien – achondroplastische Zwerge, acromegalische Giganten, brachicephalische Gnomengesichter, übertrieben lange Haare und so weiter – sind das Ergebnis sorgfältigster Selektion über Generationen, wobei der Rassestandard oft durch den bizarren Geschmack der Züchter fixiert wird. Der Pekinese wurde vermutlich gezüchtet, um dem Löwen in der orientalischen Kunst zu ähneln. Wir haben viel unternommen, um Körperbau und Verhalten des Haushundes zu modifizieren. Manche »wilden« Merkmale können fehlen oder mit dem Alter verschwinden. Wilde Caniden sind bei der Geburt gewöhnlich dunkelfarbig (möglicherweise, um vor Wärmeverlust geschützt zu sein) und nach drei bis vier Wochen nehmen sie allmählich die Farbe der Erwachsenen an. Viele Rassen von Haushunden haben bei der Geburt dieselbe Farbe wie später, während andere dem Muster wilder Caniden folgen. Ein Wolf beginnt sein Bauchhaar vor der Niederkunft zu verlieren und polstert das Lager mit diesen Haaren aus. Bei den Haushunden werfen manche einige Wochen nach der Geburt der Welpen die Haare ab, andere tun es überhaupt nicht. Domestikation hat eindeutig zu einer Vielfalt von strukturfunktionellen Veränderungen beim Hund geführt, und einige der klaren identifizierbaren Unterschiede wurden in diesem Kapitel beschrieben.

Der Schoßhund

Wir dürfen nicht vergessen, daß der Haushund verrohen oder verwildern und gut in kleinen Rudeln überleben kann. Er kann sich auch mit dem Wolf, dem Schakal und dem Präriewolf kreuzen und viele große Präriewölfe, die irrtümlich für Wölfe gehalten wurden, könnten in Wirklichkeit Coydogs (Präriewolf-Hunde) gewesen sein. Natürlich könnten einige Rassen, namentlich die Spielzeugvariationen, nicht mehr in der Wildnis überleben. Viele dieser Rassen werden gezüchtet und aufgezogen als ewige Welpen. Sie sind von ihren Besitzern derart abhängig, daß sie eine Vielfalt psychosomatischer Symptome wie *Anorexia nervosa*, Asthma, Diarrhoe, Zuckungen, Paralysis der Hinterpfoten entfalten können, wenn man sie von ihrem Besitzer trennt und einem emotionellen Konflikt aussetzt (FOX 1968). Solche Hunde erfüllen bei ihrem Eigentümer oft ein emotionelles Bedürfnis. Sie dienen als Kind-Ersatz.

Einige Hunde, die man sich in frühem Alter zum Haustier genommen hat, können sozial und sexuell eine übertriebene Bindung zum Besitzer entfalten. Andererseits bleiben Welpen, falls sie bis zum Alter von 12 Wochen keinen Menschenkontakt gehabt haben, scheu gegenüber Menschen – das ganze Leben lang. Es gibt zwischen dem Alter von sechs bis acht Wochen eine optimale Periode für die Sozialisierung zum Menschen. Das beeinflußt nicht nur ihre Eignung zum Schoßhund, sondern auch ihre Trainierbarkeit.

Ein Hund gibt ein gutes Haustier ab, weil er ein angeboren soziales Tier ist. In der häuslichen Umgebung wird er ein angenehmes Mitglied der menschlichen Familiengruppe. Probleme tauchen auf, wenn das Lieblingstier allzu sehr verwöhnt wird und wenn man ihm während der Aufzucht allzu viel erlaubt. Wenn es in die sexuelle Reife kommt, kann solch ein »Liebling« anfangen, sich der physischen Dominanz zu bemächtigen, er versucht, seine menschlichen »Rudelgefährten« zu beherrschen. Oft gelingt ihm das, dann hat er wenig Respekt vor Fremden und wenig Beißhemmung auf seinem eigenen Territorium. Der Welpe reagiert wie ein Kind und respektiert Disziplin. Bei den Problemen jugendlicher Hunde und jugendlicher Menschen – soziales Mißverhältnis aufgrund von allzu nachgiebiger Erziehung – gibt es enge Parallelen, sowohl in ethologischer als auch symptomatischer Beziehung.

Der Schoßhund kann viele Enttäuschungen in einem Haushalt wiederspiegeln, deren Ursache er oft auch ist: es war in der Kinderpsychiatrie üblich, zurückhaltende Kinder dem Therapeuten durch ein Verbindungsglied näher zu bringen. Der Schoßhund erfüllt in der Gesellschaft viele Funktionen, in einer Gesellschaft, die jährlich Millionen für Essen, Kosmetika, Medikamente und chirurgische Eingriffe ausgibt, um zahllose Variationen des *Canis familiaris* zu erhalten: einer Spezies, deren Ursprung in unserer eigenen Vergangenheit begraben ist, deren Verhalten wir noch so wenig studiert haben wie unser eigenes. Der Mensch ist wahrscheinlich genauso unwissend über sein eigenes Verhalten wie über das seines engsten Freundes, des Hundes.

Eine endgültige Verallgemeinerung kann man vom vergleichenden Studium der Caniden ableiten: die weniger sozialen Caniden scheinen eine größere Neigung zu Kommunikationen über den Geruchssinn und Gehörssignale entwickelt zu haben (Vokalisierungen). Der hochsozialisierte Wolf hat ein viel breiteres Repertoire visueller Signale herausgebildet, die feinere Abstufungen in Intensität und komplizierter gleichzeitiger und nacheinanderfolgender Kombination (nichtverbale Syntax) zeigen.

Der ebenfalls hochsozialisierte Hyänenhund macht bei dieser Verallgemeinerung eine Ausnahme: Visuelle Signale, vor allem Gesichtsausdrücke, fehlen im Vergleich zum Wolf in ihrer Kompliziertheit bei dieser Art. Hunde scheinen ein geringeres Repertoire von visuellen Ausdrucksmöglichkeiten zu besitzen. Sie sind mit Sicherheit eifriger vokalisierend als Wölfe. Manche Rassen – das mag ein Ergebnis der Selektion sein – zeigen mehr oder weniger Abhängigkeit von Hören, Sehen und Riechen (z. B. Sicht- oder Geruchsjäger).

Literaturnachweis

ALLEN, G. M. (1920), Dogs of American Aborigines, *Bull. Mus. Comp. Zool.* (Harvard), 63, S. 431–517.

ANOKHIN, P. K. (1964), Systemogenesis as a general regulator of brain development, S. 54–86 in W. A. Himwich und H. E. Himwich (eds), *The Devloping Brain*, Band 9, Progress in Brain Research (Elsevier, Amsterdam).

ANTHONEY, T. R. (1968), The ontogeny of greeting, grooming and sexual motor patterns in captive baboons (superspecies *Papio cynocephalus*), *Behaviour* (Leiden), 31, S. 358–72.

BEACH, F. A. (1968), Coital behavior in dogs, effects of early isolation on mating in males. *Behaviour* (Leiden), 30, S. 218–38.

BEACH, F. A. und LEBOEUF, B. J. (1967), Coital behavioir in dogs; 1, preferential mating in the bitch, *Anim. Behav.*, 15, S. 546–58.

BLOME, R. (1686), *The Gentleman's Recreation* (Roycroft, London).

BOLWIG, N. (1964), Facial expression in primates with remarks on a parallel development in certain carnivores, *Behaviour* (Leiden), 22, S. 167–92.

BRUNNER, F. (1968), The application of behavior studies in small animal practice, S. 398–449 in M. W. Fox (ed.), *Abnormal Behavior in Animals* (W. B. Saunders, Philadelphia).

BUCKHOLDER, G. (1959), Movements and behavior of a wolf pack Alaska, *J. Wildlife Mgmt.*, 23, S. 1–11.

BURROWS, R. (1968), *Wild Fox* (David and Charles, Newton Abbot).

CAHALANE, V. H. (1950), Badger-Coyote Partnerships, *Jour. Mammol.*, 31, Nr. 3, S. 354–5.

CAIUS, J. (1576), *Of Englishe Dogges.* Reprinted by A. Bradley, London, 1880.

CHANCE, M. R. A. (1962), An interpretation of some agonistic postures; the role of 'cut-off' acts and postures, *Symp. Zool. Soc. Lond.*, 8, S. 71–89.

COLBERT, E. H. (1939), Origin of the dog, *Natural History*, 43, S. 90–101.

CRISLER, L. (1958), *Arctic Wild*, Harper Bros, New York.

De VORE, I. (1965), Male dominance and mating behaviour in baboons. S. 266–89 in F. A. Beach (ed.), *Sex and Behavior* (Wiley and Sons, New York).

FENTRESS, J. C. (1967), Observations on the behavioral development of a hand-reared male timber wolf, *Amer. Zool.*, 7, S. 339–52.

FOX, M. W. (1964), The ontogeny of behavior and neurologic responses in the dog, *Anim. Behav.*, 12, S. 301–10.

FOX, M. W. (1965), *Canine Behavior*, C. C. Thomas, Springfield, Illinois.

FOX, M. W. (1966), Neuro-behavioral ontogeny. A synthesis of ethological and neurophysiological concepts. *Brain Res.*, 2, S. 3–20.

FOX, M. W. (1967), *Postnatal neuro-ontogeny and behavioral development of the dog.* Unveröffentlichte Doktorarbeit, Universität London.

FOX, M. W. (1968), Socialization, environmental factors and abnormal behavioral development in animals. S. 332–55 in M. W. *Fox* (ed.), *Abnormal Behavior in Animals* (W. B. Saunders, Philadelphia).

FOX, M. W. (1969), The anatomy of aggression and its ritualization in canids, *Behaviour* (Leiden), 35, S. 242–58.

FOX, M. W. (1969), Gehavioral effects of rearing dogs with cats during the 'critical period of socialization', *Behaviour* (Leiden), 35, S. 273–80.

FOX, M. W. (1969), Ontogeny of prey killing behaviour in Canidae, *Behaviour* (Leiden), 35, S. 259–72.

FOX, M. W. (1970), A comparative study of the development of facial expressions in canids, wolf, coyote and foxes, *Behaviour* (Leiden), 36, S. 49–73.

FOX, M. W. (1970), Ontogeny of socio-infantile and socio-sexual signals in canids, *Z. für Tierpsychol.*, (in press).
FOX, M. W. und STELZNER, D. (1966), Behavioral effects of differential early experience in the dog. *Anim. Behav.*, 14, S. 362–6.
FOX, M. W. und STELZNER, D. (1967), Effects of early experience on the development of inter- and intra-species social relationships in the dog. *Anim. Behav.*, 15, S. 377–86.
GOLANI, I. (1966), Observations on the behavior of the jackal, *Canis aureus, L. Israel. J. Zool.*, 15, S. 27–32.
GOLUBEVA, E. L. (1958), Physiology and pathology of the nervous system in animals and man in the early stages of development, *Pavlov J. Higher Nerv. Activ.*, 8, S. 5–12.
GUILDAY, E. (1962), Supernumerary molars of *Otocyon, J. Mammal.*, 43, S. 455–62.
HABER, G. (1968), *The Social Structure and Behavior of an Alaskan Wolf Population,* Northern Michigan University, M.Sc. Thesis.
HEBB, D. O. (1947), Spontaneous neuroses in chimpanzees: Theoretical relations with clinical and experimental phenomena, *Psychosom. Med.*, 9, S. 3–16.
HEDIGER, H. (1950), *Wild Animals in Captivity* (Butterworth, London).
JORDAN, P. A., SHELTON, P. C. and ALLEN, D. L. (1967), Numbers, turnover and social structure of the Isle Royale wolf population, *Amer. Zool.*, 7, S. 233–52.
JOSLIN, P. W. B. (1967), Movements and home sites of timber wolves in Algonquin Park, *Amer. Zool.*, 7, S. 279–88.
KEELER, C. (1968), The genetics of adrenal size and tameness in colorphase foxes, *J. Heredity,* 59, S. 82–4.
KELSALL, J. P. (1960), Cooperative studies of barren ground caribou, *Canad. Wildl. Serv., Wildl. Mgmt. Bull.*, ser. 1, Nr. 15, S. 145.
KLEIMAN, D. G. (1966), Scent marking in the Canidae, *Symp. Zool. Soc. Lond.*, 18, S. 167–77.
KLEIMAN, D. G. (1967), Some aspects of social behavior in the Canidae, *Amer. Zool.*, 7, S. 365–72.
KOLENOSKY, G. B. und JOHNSTON, D. H. (1967), Radio-tracking of timber wolves in Ontario, *Amer. Zool.*, 7, S. 289–304.
KUHME, W. (1965), Communal food distribution and division of labour in African hunting dogs, *Nature*, 205, S. 443–4.
KURTSIN, I. T. (1968), Pavlov's concept of experimental neurosis and abnormal behavior in animals. S. 77–196 in M. W. Fox (ed.), *Abnormal Behavior in Animals* (W. B. Saunders, Philadelphia).
LEYHAUSEN, P. (1956), Verhaltensstudien bei Katzen, *Z. für Tierpsychol.*, Beiheft 2.
LORENZ, K. (1941), Vergleichende Bewegungsstudien an Anatinen, *J. Ornith.*, 89 (suppl.), S. 194–294.
LORENZ, K. (1954), *Man Meets Dog* (Methuen, London).
LORENZ, K. (1966), *On Aggression* (Methuen, London; Harcourt, Brace and World, New York).
MARLER, P. und HAMILTON, W. J. III (1966), *Mechanisms of Animal Behavior* (Wiley and Sons, New York).
MECH, L. D. (1966), The wolves of Isle Royale, *Fauna of the Natl. Parks of the U.S.*, 7, S. 42–169 (Government Printing Office, Washington).
MIVART, St G. (1890), *Monograph of the canidae* (R. H. Porter and Dulan, London).
MORRIS, D. (1956), The feather postures of birds and the problem of the origin of social signals, *Behaviour* (Leiden), 9, S. 75–113.
MORRIS, D. (1966), Abnormal rituals in stress situations. The rigidification of behaviour, *Phil. Trans. Roy. Soc. B.*, 251, S. 327–30.
MURIE, A. (1940), *Ecology of the Coyote in the Yellowstone.* Ch. 3. U.S.D.A. Fauna Ser. 4 (Government Printing Office, Washington).
MURIE, A. (1944), *The Wolves of Mount McKinley*, U.S. Nat. Park Serv., Fauna Ser. 5 (Government Printing Office, Washington).
OGNEV, S. I. (1962), *Mammals of eastern Europe and northern Asia,* vol. II, *Carnivora* (Fissipedia), S. 141–266 (Israel Program for Scientific Translations, Jerusalem).
PIMLOTT, D. H. (1967), Wolf predation and ungulate populations, *Amer. Zool.*, 7, 267–78.
PLOOG, D. W. (1966), Biological bases for instinct and behaviour: studies on the development of social behavior in squirrel monkeys. S. 199–224 in J. Wortis (ed.), *Recent Advances in Biological Psychiatry*, Band VIII (Plenum Press, New York).

RABB, G. B., WOOLPY, J. H. und GINSBURG, B. E. (1967), Social relationships in a group of captive wolves, *Amer. Zool.*, 7, S. 305–11.
RAUSCH, R. A. (1967), Some aspects of the population ecology of wolves in Alaska, *Amer. Zool.*, 7, S. 253–66.
RICHTER, C. P. (1954), The effects of domestication and selection on the behaviour of the Norway rat, *J. Nat. Cancer Inst.*, 15, S. 727–38.
RUTTER, R. J. and PIMLOTT, D. H. (1968), *The World of the Wolf* (J. B. Lippincott, Philadelphia).
SCHENKEL, R. (1947), Ausdrucksstudien an Wölfen, *Behaviour* (Leiden), 1, 2, S. 81–129.
SCHENKEL, R. (1967), Submission: its features and functions in the wolf and dog, *Amer. Zool.*, 7, S. 319–30.
SCHNEIRLA, T. C. (1965), Aspects of stimulation and organization in approach/withdrawal processes underlying vertebrate behavioral development. S. 949–58 in D. S. Lehrman, R. A. Hinde and E. Shaw (eds.), *Advances in the study of behavior*, Band 1 (Academic Press, New York).
SCOTT, J. P. und FULLER, J. L. (1965), *Genetics and Social Behavior of the Dog* (University of Chicago Press).
STENLUND, M. H. (1955), A field study of the timber wolf (*Canis lupus*) on the Superior National Forest, Minnesota, *Tech. Bull. 4, Minn. Dept. Conserv.*
TEMBROCK, G. (1957), Zur Ethologie des Rotfuchses (Vulpes vulpes L) unter besonderer Berücksichtigung der Fortpflanzung, *Zool. Garten*, 23, S. 289–532.
THEBERGE, J. B. und FALLS, J. B. (1967), Howling as a means of communication in timber wolves, *Amer. Zool.*, 7, S. 331–8.
Van HOOFF, J. A. R. A. M. (1967), The facial displays of catarrhine monkeys and apes. S. 7–68 in D. Morris (ed.), *Primate Ethology* (Weidenfeld and Nicolson, London; Aldine, Chicago).
Van der MERWE, N. J. (1953), The coyote and the black-backed jackal: a comparison of certain similar characteristics, *Fauna and Flora*, 3, S. 45–51.
Van der MERWE, N. J. (1953), The jackal, *Fauna and Flora*, 4, S. 4–77.
Van WORMER, J. (1964), *The World of the Coyote* (J. B. Lippincott, Philadelphia).
WICKLER, W. (1967), Socio-sexual signals and their intraspecific imitation among primates. S. 89–189 in D. Morris (ed.), *Primate Ethology* (Weidenfeld and Nicolson, London; Aldine, Chicago).
WOOLPY, J. H. (1968), Socialization of wolves. S. 82–94 in J. H. Masserman (ed.), *Animal and Human* (Grune and Stratton, New York).
WOOLPY, J. H. und GINSBURG, B. E. (1967), Wolf socialization: a study of temperament in a wild social species, *Amer. Zool.*, 7, S. 357–64.
WYNNE-EDWARDS, V. C. (1962), *Animal Dispersion in Relation to Social Behaviour* (Oliver and Boyd, Edinburgh).
ZIMEN, E. (1969), Persönliche Mitteilung. Universität Kiel.

Ergänzende Bibliographie

CARBRERA, A. (1964), On some South American canine genera, *Jour. Mammol.*, 12, Nr. 1, S. 54–67.
CARBRERA, A. (1957), *Catalogo de los Mamiferos de America del Sud*, Mueso Argentino de ciencias naturales, Bernardino Rivadavia, 4, Nr. 1 (Natural Science Museum Publications, Argentina).
CALHOUN, J. B. (1950), Population cycles and gene frequency fluctuations in foxes of the genus vulpes in Canada, *Canad. Jour. Research*, 28, S. 45–57.
CHESEMORE, D. L. (1968), Distribution and movements of white foxes in Northern and Western Alaska,
BALSER, D. S. (1964), Management of predator populations with antifertility agents, *J. Wildl. Mgmt.*, 28, Nr. 2, S. 352–8.
BANNIKOV, A. G. (1964), Biologie du chien viverrin en U.R.S.S., *Mammalia*, 28, S. 1–39.
Canad. J. Zool., 46, Nr. 5, S. 849–54.
CHIARELLI, B. (1965), Interesse sistematico ed evolutivo della cariologia dei Canidae, *Bollettino di Zoologia*, 32, 2, S. 435–44.
CRISLER, L. (1956), Observations of wolves hunting caribou, *Jour. Mammol.*, 37, S. 337–46.
DRIMME, F. (1954), The wild dogs–wolves, coyotes, jackals, and foxes. From *The Animal Kingdom*, 1, S. 424–58 (Doubleday, New York).

EADIE, W. R. (1949), Red fox transports play or training items to new den, *Jour. Mammol.*, 30, Nr. 3, S. 308.

EGOSCUE, H. J. (1956), Preliminary studies of the kit fox in Utah, *Jour. Mammol.*, 37, Nr. 3, S. 351–7, Fig. 1.

FOX, M. W. (1970), *Integrative Development of the Brain and Behavior: Multidiscipline Studies in the Dog* (University of Chicago Press).

GAUTHIER-PILTERS, H. (1962), Beobachtungen an Feneks (*Fennecus zerda* Zimm.), *Z. für Tierpsychol.*, 16, S. 593–604.

GOLANI, I., ZEIDEL, S. und ESHKOL, N. (1969), *The Golden Jackal* (The Movement Notation Society, Tel-Aviv).

HERSHKOVITZ, P. (1961), On the South American small-eared zorro, *Atelocynus microtis, Sclater* (Canidae), *Fieldiana Zoology*, 39, S. 505–23.

HILDEBRAND, M. (1952), The integument in Canidae, *Jour. Mammol.*, 33, Band 4, S. 419–28.

JOLICOEUR, P. (1959), Multivariate geographical variation in the wolf *Canis lupus L., Evolution*, 13, S. 283–99.

KRUUK, H. und TURNER, M. (1967), Comparative notes on predation by lion, leopard, cheetah and wild dog in the Serengeti area, East Africa, *MAmmalia,* 31, S. 1–27.

LAWRENCE, B. und BOSSERT, W. H. (1967), Multiple character analysis of *Canis lupus, latrans* and *familiaris* with a discussion of the *Canis niger, Amer. Zool.*, 7, 223–32.

LINHART, S. B., BRUSMAN, H. H. und BALSER , D. S. (1968), Field evaluation of an antifertility agent, stilbestrol, for inhibiting coyote reproduction, *Transactions of the Thirty-Third North American Wildlife and Natural Resources Conference,* Wildl. Mgmt. Inst., S. 316–27.

LYNCH, J. J. (1971), Of dogs and men, the physiology of companionship, *Scientific American*

MATHEW, W. D. (1930), The phylogeny of dogs, *Jour. Mammol*, 11, S. 117–38.

MECH, D. (1970), *Ecology and Social Behavior of the Wolf: an Endangered Species* (Natural History Press, New York).

NOVIKOV, G. A. (1962), *Carnivorous Mammals of the Fauna of the USSR*, from the translation of the Russian book, S. 34–87 (Israel Programme for Scientific Translations, Jerusalem).

OSGOOD, W. H. (1934), The genera and subgenera of South American canids, *Jour. Mammol.*, 15, S. 45–50.

POCOCK, R. I. (1913), The affinities of the Antarctic wolf (*Canis antarcticus*). *Proc. Zool. Soc. Lond.*, S. 382–93, Abb. 70–74.

POCOCK, R. I. (1935), The races of *Canis lupus*, *Proc. Zool. Soc. Lond.*, 3, S. 647–86.

PULLIAINEN, E. (1965), Studies on the wolf (*Canis lupus L.*) in Finland, *Annales Zoologici Fennici*, 2, S. 215–59.

SCOTT, J. P. (1950), The social behaviour of dogs and wolves: An illustration of sociobiological systematics, *Annals of the New York Academy of Sciences*, Art. 6, S. 1000–1021.

SEITZ, A. (1955), Untersuchungen über angeborene Verhaltensweisen bei Caniden III, Beobachtungen an marderhunden *(nyctereutes procyonides Gray), Z. für Tierpsychol.*, 12, S. 463-89.

SEITZ, A. (1959), Beobachtungen an handaufgezogenen Goldschakalen *(Canis aurens algirensis,* Wagner 1843), *Z. für Tierpsychol.,* 16, S. 747–71.

SETON, E. T. (1923), The mane on the tail of the grey fox, *Jour. Mammol.*, 4, S. 180–82.

STAINS, H. J. (1967), Family Canidae Gray, 1821. Dogs, wolves, foxes, jackals. S. 327–9 in S. Anderson and K. Jones, *Recent Mammals of the World* (Ronald Press, New York).

TINBERGEN, N. (1965), Von den Vorratskammern des Rotfuchses *(Vulpes vulpes L.), Z. für Tierpsychol.*, 22, S. 119–49.

WALKER, E. P. (1964), *Carnivora; Family: Canidae.* S. 1148–67 in *Mammals of the World* (Johns Hopkins Press, Baltimore).

WYMAN, J. (1967), The jackals of the serengeti, *Animals,* June, 1967.

YOUNG, S. P. und GOLDMAN, E. A. (1944), The wolves of North America, *Amer. Wildl. Inst.*, 20, S. 636.

YOUNG, S. P. und JACKSON, H. H. T. (1951), *The Clever Coyote* (Wildl. Mgmt. Inst., Washington, D.C.).